浴帚文存

陈钟英 著

海峡出版发行集团
海峡文艺出版社

图书在版编目(CIP)数据

晓沧斋文存/陈钟英著. —福州:海峡文艺出版社,2019.7(2024.3重印)
ISBN 978-7-5550-1887-2

Ⅰ.①晓… Ⅱ.①陈… Ⅲ.①社会科学－文集 Ⅳ.①C53

中国版本图书馆 CIP 数据核字(2019)第 100605 号

晓沧斋文存

陈钟英　著
出 版 人　林　滨
责任编辑　林可莘
出版发行　海峡文艺出版社
经　　销　福建新华发行(集团)有限责任公司
社　　址　福州市东水路 76 号 14 层
发 行 部　0591－87536797
印　　刷　三河市兴博印务有限公司
厂　　址　河北省廊坊市三河市杨庄镇大窝头村西
开　　本　787 毫米×1092 毫米　1/16
字　　数　280 千字
印　　张　22.25　　　　　　　　插页　4
版　　次　2019 年 7 月第 1 版
印　　次　2024 年 3 月第 2 次印刷
书　　号　ISBN 978-7-5550-1887-2
定　　价　99.00 元

如发现印装质量问题,请寄承印厂调换

1950 年陈钟英毕业于
华南女子文理学院文史系

1950 年私立华南女子文理学院文
史社欢送毕业同学（前排左二为陈钟英）

1954 年在北京大学进修（左二为陈钟英）

1967 年春节前夕，摄于祖
宅屋顶凉台。

1972 年，下放尤溪期间与当地师生合影（前排左二为陈钟英）

1986 年 6 月与福建师大原副校长黄寿祺摄于福建师大操场

1989 年华南女院文理科楼奠基（前排右三为陈钟英）

1991 年 10 月，福建省委原书记项南和华南女院部分教职工合影
（前排左一为项南，前排右一为陈钟英）

2004 年陈钟英将福建省政府奖励给她的轿车捐赠给华南女院

2008 年陈钟英在华南女院百年校庆庆祝大会上致辞

2011 年陈钟英与华南女院老校友在烟台山

2011 年陈钟英等在机场欢送华南女院外教 Betts

2006 年，陈钟英教授当年的学生、同事为她举办 80 华诞寿宴并送此寿匾

2018 年华南女院领导、老校友和外教为陈钟英过生日

目 录

上　编

中　编

下　编

上　编

林徽因诗歌创作散论

　　林徽因（1904—1955）是一位著名的女建筑学家，同时又是一位有成就的女作家、女诗人。1985 年，人民文学出版社出版的《林徽因诗集》，为研究她的诗歌提供了较全面的材料。早在 20 世纪 20 年代，林徽因就参加过"新月派"的文艺活动，但其诗歌大多创作、发表于 30 年代。这时期的"新月派"，正如艾青在《中国新文学大系·序》中所说，"已奄奄一息了"，自 1931 年闻一多写作《奇迹》之后，"已不可能出现什么奇迹了"。它的思想倾向受到进步作家的严肃批评；它的新格律诗的实践虽取得了成绩，却也露出了弊端。加上主将徐志摩的机坠身亡，这一流派濒于风流云散的境地。在这种情况下登上诗坛的林徽因，其创作思想和艺术特色，不全受"新月派"的影响，而呈现出 20 世纪 30 年代诗歌纷繁的复杂、不断演变、非单一化的特有风貌。

一

　　林徽因青少年时代受英美式的教育。中学时代是在北京英国教会办的培华女中度过的。1920 年随其父林长民到伦敦，在那里学习、生活了一段时间。1924 年又去美国学习。因此，林徽因受英美文学影响颇深。在英国，浪漫主义发展得最完备、最规范，而唯美主义也比其他西欧国家流行。这两种思潮对林徽因诗歌创作的影响，

上编

· 3 ·

是显而易见的。她最喜欢的外国作家就有英国的拜伦、雪莱、勃朗宁，印度的泰戈尔等一代浪漫主义文学大师。

主观抒情性是浪漫主义文学最本质的特征。浪漫主义作家往往偏重于自己对理想和幻想的热烈追求。他们极注重主观感情的抒发，崇尚心潮澎湃、激情勃发的创作心理状态。而"灵感说""狂迷说"则是这种创作心态的理论根据。林徽因在一篇论诗的文章中说："写诗，或又可说是自己情感的、主观的，所体验了解到的；和理智的，客观的所体察辨别到的，同时达到一个程度，腾沸横溢，不分宾主的互相起了一种作用，由于本能的冲动，凭着有一种天赋的趣味和灵巧，驾驭一串有声音、有图画、有感情的语言，来表达这内心与外物息息相关的联系，及其发生的悟理或境界。"她认定写诗要忠于内心的"感悟"，并指明"这种感悟"就是"灵感"（林徽因《究竟怎么回事》）。这种主张，正是浪漫主义创作论的反映。

西方浪漫主义作家都致力于对大自然的歌颂，着力于对大自然的赞美、描绘，乃至于欣赏中世纪的田园生活。林徽因显然受此影响。通览她的诗作便可以看出，绝大多数离不开对大自然的描绘。这些诗约可分为两类：第一类是直接对大自然景物的歌颂和抒怀。例如在《谁爱这不息的变幻》里，她歌颂自然界的日月星辰、雨露阴晴、花草盛衰乃至整个人世间的轮回变幻。在《一首桃花》里，她赞美"桃花/那一树的嫣红"，"在有意无意地/生姿顾盼"。在《雨后天》里，她直抒道："我爱着雨后天/这平原的青草一片！"在《给秋天》里，表现了对秋天来去匆匆的无限留恋和惋惜。在《对残枝》里，对梅花残落的枝条表示深深的怜爱。在《十一月的小村》里，把山村的江天、浓雾、茅屋、牧童，描绘得极富田园诗意。这类诗还有《藤花前》《对北门街园子》等。她对大自然美的钟爱简直达到了迷醉的地步。正如她在诗《激昂》中所写的那样，对一切的纯美，她要"献出我最热的一滴眼泪，/我的信仰，至诚，和爱的力量/永远膜拜，/膜拜在你美的面前！"第二类，是以自然景物为中介，表现一种感悟、情绪、信念或隐秘的感情。如在《你是人间的四月天》里，诗人用四月天的诸种景物，巧妙地烘托出年轻母亲对稚子的爱和体察入微的情感体验。《红叶里的信念》，通过去西山赏红叶矛盾心理的描写和对往事甜蜜的回忆，表现了内心一股隐秘的感情。林徽因有些诗表面看似乎是吟咏自然，实则是抒发一种哲理的体验。如《秋天，这秋天》，通过对秋天景色及其盛衰的描绘，道出人的信仰虽经不起现实摧残，但不必消沉，应当像秋天奉献出果实那样献出自己的一切。《山中一个夏夜》《古城春景》《黄昏过泰山》也都隐含哲理色彩。

西方浪漫主义作家由于对现实的不满，作品中常常有一种"返回自然"的倾向。这在林徽因的诗中，则表现为一种对古朴、清远、静幽的情趣和古诗词传统意境的向往与追求。这从其所选取的意象中可窥见一斑。这里有古墙斜阳、百层高塔、琉璃檐角（《深笑》），有高阁古松、檀香木鱼、神龛蒲团、凤凰栏杆、塔顶明灯（《灵感》），有小庙山门、流水小桥、笠帽草鞋（《旅途中》），有古城茶铺、瓜棚田园（《茶铺》），有半藏半挺的老式民居，有古老的石卵小径，还有拄杖沽酒的老翁（《小楼》）。

由于主观抒情性是浪漫主义文学最本质的特征，所以抒情诗这一体裁就自然成了浪漫主义诗人最常用的诗体。收在《林徽因诗集》中的55首诗全是抒情诗，而且爱情诗占一半以上。浪漫主义诗歌往往还带有浓郁的感伤情调。林徽因素有"一代才女"之称，她深有抱负，却长年为病魔所缠，几濒于死，因此，很容易受感伤主义影响。她的部分作品带有慨叹宏愿未了、生死莫测的低沉情调。如《情愿》《莲灯》等。加之，她又受象征主义的影响，致使这种倾向又沾上了波德莱尔的色彩。

上
编

二

过去，一些评介林徽因诗作的文章，往往把她笼统地归为新月派。其实，她的诗歌既有新月派的特点，又对新月派的扬弃，更有新的探索与尝试。

新月派诗人的诗歌主张，可用陈梦家《新月诗选·序》里的一段话做代表。他说："我们喜欢'醇正'与'纯粹'。我们爱无瑕疵的白玉，和不断锻炼的纯钢。白玉，好比一首诗的本质，纯粹又美；钢代表诗人百炼不懈的精神：如生铁在烈火中烧，在铁砧上经过无数次大槌的挺打，结果那从苦打和煎熬中锻炼出来的纯钢，才能经久耐用。"林徽因诗歌的一大特点，正是对这种纯与真的刻意追求。她的诗歌的内容虽比较狭窄，但情感的真挚与坦率充溢于字里行间。她主张写诗要"忠于感情，又忠于意象，更忠于那一串刹那间内心整体的感悟"（林徽因《究竟怎么回事》）。她抒写个人瞬间的情感体验，写哲理的感悟，写爱情，写自然风景，都有观察细腻、意象清新、感情纯真、刻意求工的特点。她的爱情诗，绝无一些新月诗人那种香艳肉感、挑逗揶揄的色彩，而是格调健康，色泽明丽，构思精巧，手法新颖。有的诗一向受论家的赞誉。如《别丢掉》："别丢掉/这一把过往的热情，/现在流水似的，/轻轻/在幽冷的山泉底，/叹息似的渺茫，/你仍要保存着那真！/一样是月明，/一样是隔山灯火，/满天的星，/只有人不见，/梦似的挂起，/你问黑夜要回，/那一句话——你仍得相信，/山谷中留着/有那回音！"这首爱情诗，以热恋一方用急切的口吻向对方倾诉的方式，写往昔幽会的留恋，写物是人非的惆怅，写对心上人食言的担心，写自己的钟情守约和期望。诗中极巧妙地隐去了只有两心知的誓言，那句星夜和空谷回音可做证的话——"我爱你"，但细加玩味，隐语又自可意会。这与当时充斥着滥情与直露的大量爱情诗相比，可谓构思新颖，表现手法独具。因而朱自清先生在《解诗》一文中，谈到新诗的比喻要创新，组织也要创新时，第一首就举林徽因的《别丢掉》做例证。

在诗歌的形式方面，她对新月派的传统既有沿袭，更有突破。新月派诗人是新格律诗的积极倡导者。他们主张"以字音节和谐，句的均齐和节的匀称，为诗的节奏所必须注意而与内容同样不容轻忽的，使听觉与视觉全能感应艺术的美（音乐的美，绘画的美，建筑的美）"。（陈梦家《新月诗选·序》）林徽因很讲究诗歌的格律美。如她诗集中第一首诗《谁爱这不息的变幻》就是一首英国式的十四行诗。另外两首诗《笑》和《记忆》，也都是十四个诗行，并采用两段分法，未尝不受意大利十四行诗格律的影响。同时林徽因还十分注意诗歌外形的整齐，亦即建筑的美。这突出地表现在《深夜听到的乐声》中。整首五个诗节，各三行，两长夹一短，各节内部排列方式一致。分开看，各节外形呈复沓的一致；合起来，第三节为中轴，一二四五节呈倒影对称，给人以视觉美。其他如《笑》《情愿》《仍然》等也是这样，只是节数、行数、字数不尽相同，别有变化而已。然而林徽因并不像新月诗人那样由于过分追求"音节和谐""句的均齐"，致使诗行节奏单调划一，他们甚至为迁就形式上的"美"与"整齐"，不惜束缚内容的表达，诗作多呈方块状，因而被人讥为"豆腐干诗"。显然林徽因已开始突破新月派格律诗的樊篱，力求以能体现内容和感情的"情绪节奏"取代机械的"句的均齐"，以较自然的押韵取代程式化的"音节和谐"。正如石灵在《新月诗派》中所说："后期新月派诗人，已经感到新月派规律本身的缺点，都在努力找新的路，于是他们的方向都各不相同：陈梦家倾向自由诗，林徽因在实验自由诗……"林徽因确是找到了自己的新路，她绝不墨守成规。她的《中夜钟声》可以说明。这首诗写的是一个不能入梦的人听到夜半钟声时的惆怅之感。全诗分三节，第一节七行：

钟声
　敛住又敲散
　　一街的荒凉
听——
　那圆的一颗颗声响
　直沉下时间
　　　静寂的
　　　　咽喉。

　　这楼梯式的诗行排列，很有可能来自法国立体未来派，跟新月派要求"句的均齐"已相去甚远。然而，正是这种排列形式和不均衡的顿数，才把夜半钟声那种忽长忽短、忽高忽低的音响形象及其自然节奏，同时从视觉与听觉上恰到好处地表现出来。
　　第二节七行：

　像哭泣，
　像哀恸，
　将这僵黑的
　中夜
　　葬入
　那永远不见曙星的
　　空洞——

　　短促的诗行，加上短促的停顿，把那断续如抽泣的声响，形象逼真地传达出来。但诗的第三节，句式忽而加长，顿数加多，行数增至 9 行。其中有 6 处加上了表示音响中断或延续的标点符号：

轻——重，……

　　——重——轻……

这摇曳的一声声，

　　又凭谁的主意

　　把那余剩的忧惶

随着风冷——

　　　　纷纷

　　　　掷给还不成梦的

　　　　　　　人。

　　这里，钟声轻重交错的节奏感，尾声徐缓摇曳的连绵感，未成梦者的孤寂惆怅感，借助诗行、顿数、音组长短的变化，表现得淋漓尽致。

　　当时，对于新月派片面追求外在节奏所造成的弊病，一些诗人和林徽因一样已有所体察。闻一多就说过："诗的真实在精神不在外在的音节上，音节毕竟属于外在的属性。"（王康《闻一多传》）而现代派诗人戴望舒在《诗论零札》中说得更精辟："诗的韵律不在字的抑扬顿挫上，而在诗的情绪抑扬顿挫上，即在诗的情绪上。"在同代作家的影响下和个人努力探索的基础上，林徽因写了许多以情绪节奏组织诗行、安排顿数和构架全诗的新作。这许多新作形成了艾青在《诗的形式问题》中所说"有一句占一行的，有一句占几行的，每行都没有一定音节，每段没有一定行数，也有整首不分段的"那样的自由诗架势。这在她的诗歌创作上无疑是一个大进步。

三

　　林徽因诗歌创作的历程，和一些新月派诗人有共同的地方："所

上编

受影响也从 19 世纪浪漫主义逐步转向这个流派在维多利亚时代的变种，世纪末的唯美主义以及哈代、郝思曼、波德莱尔等人。"（蓝棣之《论新月派在新诗史上的地位》）她的诗歌创作中极有借鉴意义的另一面是，对波德莱尔诸人所代表的象征主义手法的实践。中国早期的白话诗在发展过程中，很快就显出自身不足：重说理，比喻"太明白"，"太平凡"，"缺乏暗示力量"。尔后新月派的格律诗曾时髦一阵，但也很快就出现弊端。因而，继续向西方文学学习一些新的表现手法，对促进新诗的发展，无疑是有积极意义的。

象征主义既不欣赏现实主义的典型化和自然主义的琐细描写，也不欣赏浪漫主义的直抒胸臆，而是注重主观的想象与再创造，把视线从外部的物质世界引向内部的精神世界，重视象征与暗示。林徽因的《前后》这首诗就是运用象征主义手法来写的。例如诗的第一节："河上不沉默的船/载着人过去了；/桥——三环洞的桥基，/上面再添了足迹；早晨，/早又到了黄昏，/这赓续/绵长的路……"以往返过渡的船、桥上络绎不绝的足迹以及晨昏的交替这三个描述性意象，象征时间更迭与延续的绵长不断。又如第二节："不能问谁/想望的终点，——没有终点/这前面。/背后，/历史是一片累赘！"意思是说，前路没有终点，如果一味沉湎于过去的历史，那便成了前进的累赘。象征主义手法的运用，使这首哲理诗具有多义性与暗示性，可以作更多向的理解，因此，诗意更含蓄、丰富，给读者留下了更多思索、联想和再创造的余地。她的《静坐》《风筝》《你是人间四月天》等诗篇也都采用这种手法写成。

林徽因善于运用象征主义新奇的想象和远取譬手法。在《深笑》里，她是这样写"笑"的："是谁笑成这百层塔高耸，/让不知名鸟雀盘旋？是谁/笑成这万千风铃的转动，/从每一层琉璃的檐边/摇上/云天？"此诗乍看起来，作为喻体百层的高塔、盘旋的鸟雀，同本体"笑"的距离甚远。但一经联想，那风铃般的清脆高扬、阵阵迭起的笑声，不是和塔的高耸、鸟雀的盘旋向上有着形态上与动感上的相似吗？这种远取譬手法，产生了近取譬所难以产生的顿悟感和新鲜感。又如在《人生》里，把人生比作一支曲子、一条小河，把自己比作歌者和小船。在《一天》里，把12个钟头的来去，比作12个客人的去留。这些新奇的想象和比喻，超脱了当时诗中用比相沿成习的俗套，显得十分新颖，大大增强了诗歌的表现力。

注重"通感"或"感觉移借"，是林徽因诗歌的又一特点。这是一种用声、色、光等各种感觉交错挪移来表现事物、暗示内心微妙感情的手法。在象征主义者笔下，五官往往可以相通。"颜色似乎会有温度，声音似乎会有形象，冷暖似乎会有力量，气味似乎会有锋芒"（钱锺书《旧文四篇》）。在外在世界和人的内在精神关系上，象征主义先驱波德莱尔把哲学上的"对应论"运用到文学上来，认为人的内心活动与自然景象存在着契合感应关系。林徽因在一篇论诗的文章中也有相似的看法。她在《究竟怎么回事》中说，写诗要"顺着直觉认识辨味在眼前或记忆官感所遭遇的意象——颜色、形体、声音、动静，或细微，或亲切，或雄伟，或诡异，经过直觉观察体验之后，再付诸文字去表现"。同时又说："诗中意象多不是寻常纯客观的意象。诗中的云雾星宿、山川草木，常有人性的感情，同时，内心人性的感触，反又变成外界的体象……"可以看出，诗人十分重视内在的诸种直觉和客观外物间契合通感的关系。前面说的《深笑》一诗，本体是笑，喻体是高塔、鸟雀和风铃。笑与铃响均属听觉，塔高耸、鸟盘旋却属视觉。诗人把渐次高扬的听觉感，通过喻体又诉诸人的视觉，凭借视觉及听觉的通感，使笑有了性状感，即所谓"声音似乎会有形象"，从而使本体给人更形象、真切的具感。又如《静院》一诗，对"静"这一难以描摹的状态，通过有触觉感的轻风、有视觉感的黑沉沉屋脊、有听觉感的声音加以烘托，给人以具体感受。

上编

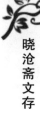

　　林徽因运用的象征主义奇特的观念联络法，也很值得借鉴。以诗《一串疯话》为例。诗的第一节是："好比这树丁香，几枝红杏，/相信我的心里留着一串话，/绕着许多叶子，青青的沉静，/风露日夜，只盼五月来开开花！"第二节是："如果你是五月，八百里为我吹开/蓝空上彩霞，那样子来了春天，/忘掉腼腆，我定要转过脸来，/把一串疯话全说在你的面前！"这首爱情诗初看似不连贯，还有词序跳跃、颠倒、欠缺之感，但一经细读联想，按通常逻辑理顺、补上省略的词语，便能渐次领会全诗完整的意思。

　　对象征手法的借鉴和运用，使林徽因的许多诗篇罩上了一层"朦胧"的光圈。她往往不将所要表达的思想情绪和盘托出，而仅仅通过意象的暗示留下一片联想思索的余地，使人一半在读诗，一半在创作，给读者以再创作的乐趣。正如法国象征主义代表马拉美在《关于文学的发展》中说的那样："指出对象无异于把诗的乐趣四去其三。诗写出来原就是叫人一点一点地去猜想，这就是暗示，即梦幻。"（《马拉美全集》）但象征主义诗人运用暗示手法往往走向极端，造成诗意玄奥神秘、艰涩难解。而林徽因学习象征主义手法时却能力纠流弊，在运用暗示手法和选取象征意象时，十分注意中国传统审美的习惯性和继承性。这可以从《风筝》《莲灯》《题剔空菩提叶》诸篇中看出来。因此，她的诗内容虽偏窄，但不怪诞，表现手法新颖，却不晦涩，不像当时一些象征派诗歌那样"分开来句句都懂，合拢来看有些莫名其妙"（苏雪林《李金发论》）。不过在象征主义影响下，林徽因的诗歌也有明显的不足。她的诗题材比较狭隘，情绪昂扬之作不多，如有的诗篇直接以"忧郁""忧愁"为题，有的则以死作为美的象征。波德莱尔在《随笔》中说过："'欢悦'是'美'的装饰品种最庸俗的一中，而'忧郁'却似乎是'美'的灿烂出色的伴侣；我几乎不能想象……任何一种美会没有'不幸'在其中。"林徽因诗歌的缺陷显然受到这种美学思想的影响。

当然，研究林徽因这类诗，还应联系她的散文、小说、戏剧创作所体现的思想及其为人处世的态度来全面考察。实际上，她更多的时候是十分乐观、旷达，极有活力的。病中"她比一个健康人精力还旺盛，还健谈"；抗战期间她贫病交加，"但依旧充满活力"，坚持工作。她诗中那种忧郁凄愁的情调，除受西方象征主义美学影响外，还带有中国古代诗人那种"为赋新词强说愁"的传统习气。如不顾及全面，单凭此类诗判断其人，那就难免偏颇失实了。

四

在中国新诗发展的早期，由于五四新文化运动的推动，西方各种文艺思潮一齐涌进中国。诗人们往往还来不及加以鉴别，便对之采取全盘吸收或兼容并蓄的态度。但随着时代的前进步伐和个人艺术实践的逐步深入，他们的认识往往不断地提高，创作也随之发生了重大的变化。在林徽因诗歌创作的历程中，我们也看到了这个重大的变化。

林徽因曾对人说过，由于太早接受西方文化教育，自感对中国古典文学造诣不够，对中国的社会现实了解太少，为此，她深感遗憾。她的职业是研究建筑学，为了勘查古建筑的原始面貌，经常要深入穷乡僻壤进行实地调查。这无疑为她增加了一个了解社会的窗口。为了弥补自己生活的局限和不足，她十分注意自觉地通过这个窗口扩大视野。著名的散文《窗子以外》，就是写她走出窗明几净的书斋，接触底层人民生活后思想感情所发生的变化。由于有了这种可贵的变化，她的笔下出现了富有社会意义的作品。例如《年关》一诗，写五光十色、喧嚣杂沓的大都会夜晚。诗人用象征手法，描写年关"神奇可怕的灿烂"之夜，在"灯盏上开着血印的花"的灯影下，城市贫民为生活而劳碌奔波的艰辛。诗篇揭露了大都市光怪陆离的热闹景象所掩盖的凄凉，表现了严肃的富有社会意义的主题。

上编

"九一八"事变后，日本帝国主义的侵略，国家的屈辱，激起了诗人的强烈义愤。目睹流亡进关的大学生的苦况，有感于山河破碎，人民流离失所，林徽因在山东乡间徒步考察途中写下了《九一八闲走》，一诉压抑在胸中的郁闷。她激愤地断言："但我不信热血不在沸腾；/思想不仍铺在街上多少层；/甘心让来往车马狠命地轧压，/待从地面开花，另来一个完整。"深信我们民族沸腾的热血，终要造出另一个完整的世界，表现了对国事的关心和光明未来的信念。

"七七"事变前夕，日本侵略者对中国步步进逼，国家危在旦夕。林徽因同一些爱国人士一道，发起《平津文化界对时局宣言》的签名运动，向当局提出敦促抗日的八项要求。北京沦陷后，她随难民逃往大西南，跟许多贫民一样过着颠沛流离的生活，思想发生了更深刻的变化。这充分表现在她的诗《哭三弟恒》中。她的胞弟在一次空战中，驾着航速低于敌方的老式飞机迎战日机，不幸阵亡。她悲痛至极，写下了这首长诗。诗人高度称赞为民族而英勇献身的精神是"沉默的光荣"，是"时代的诗"。但对这种国家贫弱、科学落后、军械低劣所造成的惨剧，她满腔悲愤地喊出："青年的热血作了科学的代替，/中国的悲怆永沉在我的心底。"这首诗并没有停留在一己骨肉之情的抒发上，而是从弟弟身上生发开去，上升到对千万烈士那种牺牲眼前和将来一切幸福的崇高精神的赞颂。她写道："同你去的兄弟/也是一样，献出了你们的生命；/已存在的年青一切，将来还有的机会，/可能的壮年工作，老年的智慧。"更加可贵的是：诗人的政治视野开阔深邃了，她清醒地看到，在严酷的民族灾难面前，仍有人苟安一时，麻木不仁。诗人在反复抚慰亡灵之后痛心疾首地写道："而万千国人像已忘掉，你死是为了谁！"从而对造成这种麻木不仁的根源提出了严正的抗议。诗人在逃难到昆明期间创作了《茶铺》《小楼》等，写的是歇息的脚夫、小憩的苦力以及大后方贫民艰辛的日常生活。可以看出，她的笔触已从抒写个人狭小天地的生活情趣和纤细的感受，扩大到对国家民族、对社会生活的关注，抒情格调也渐渐明朗激扬了。但十分可惜的是，8年逃难生活完全摧毁了她的健康，使她的肺病加剧，长期卧床不起，因此，在她思想上和艺术上都发生了可喜的变化之后，没能留下更多的作品。最近我们搜集到她写于1948年的一首诗《我们的雄鸡》。从她所选取的意象可以看出：诗人经历了大半生的思考后，正在翘首盼望雄鸡啼出光明的未来。

综观林徽因的诗歌创作历程，可以这样说：当她的一只脚还踏在浪漫主义和唯美主义的新月派领地时，另一只脚已随着诗歌艺术在发展进步，跨进了现代派的行列。她在讴歌自然、讴歌爱情、抒发个人情怀的同时，又在严峻的现实生活的感召下，写下了富有社会意义的诗篇。她是一个不断探求、不断吸收异域文学养分、不断发展着自己艺术个性的诗人。她的诗歌，从一个侧面，反映了20世纪30年代中国诗歌发展链索上急剧嬗变的一环。我们今天认真研究她的创作，对进一步总结"五四"以来新诗创作的经验，仍然是十分有意义的。

林徽因的诗及其他

被称为"中国的曼斯裴尔德"的林徽因，是著名的新月派诗人。她和那位英国女作家一样，像一颗彗星，美丽光亮，生命短促。

林徽因是在新月派接近风消云散时期开始写诗的。她的诗具有新月派提倡的新格律的"三美"——建筑美、音乐美与绘图美。现存的几十首新诗，几乎无一不讲究音乐与韵律。

林徽因和她的丈夫梁思成一样，都是富有创造性的建筑师，艺术情趣更为广泛和多样。她与有些新月派诗人不同，不是方块的格律诗，而是形式比较自由的格律诗。在排列与跨行的处理上，她既能把握住音节的匀整和流动，又能使她的诗歌形式不拘一格，灵活多样，应该说是接近自由诗的格律诗：有整齐的形式、悦耳的音节、和谐的韵脚，极少雕琢，更加自然。例如 1947 年写的《人生》：

人生，
你是一支曲子，
我是歌唱的；
你是河流
我是条船，一片小白帆
我是个行旅者的时候，
你，田野，山林，峰峦。

与大多数新月派诗人一样，林徽因的诗也受欧洲尤其是英国浪漫主义诗歌的影响。但是，外来的影响与中国的传统，总是融汇在一起。林徽因出身福州书香门第，父亲的诗文书法都颇有名气，耳濡目染，潜移默化，因而她的中国古典文学颇有功力。她能作旧诗，还能写扇面。由于她吸收了中国古诗词的语言精华，因而形成了她那清莹的文字与柔丽的风格。

善于用隐喻的手法，写热情而又含蓄的爱情诗，是欧洲浪漫主义诗歌影响林徽因的主要表现之一。她那首脍炙人口的爱情诗《别丢掉》，就采用旧情侣的一方说话的形式表达执着的爱情：

别丢掉
这一把过往的热情
现在流水似的
轻轻
在幽冷的山泉底，
在黑夜，在松林，
叹息似的渺茫，
你仍要保存着那真！
一样是月明，
一样是隔山灯火，
满天的星，
只有人不见，
梦似的挂起，
你向黑夜要回
那一句话——
你仍得相信

山谷中留着

有那回音！

"黑夜"可听人说话，这是隐喻。诗中用含蓄的手法，写出这个情人最要紧的一句潜台词：无论如何我还恋着你，你说的话是收不回的。

虽然在中国古典诗词中也不乏这种以隐喻的手法写热情而含蓄的爱情诗，但是从这首诗的情感与意象的特点来看，似乎更接近欧洲浪漫主义的爱情诗。

在诗篇中书写主人公的孤独感，是欧洲浪漫主义诗歌影响林徽因的另一表现。例如：

心此刻同沙漠一样平，

思想像孤独的一个阿拉伯人，

仰脸孤独地向天际望

落日远边夺异的霞光，

安静的，又侧个耳朵听，

远处一串驼铃的归铃。

——《冥思》

类似这样抒写诗人内心孤独寂寞感的诗篇还有《八月的忧愁》《时间》《十月独行》《午夜铃声》等。

诗人的孤独寂寞感往往发为感物伤时的咏叹，在中国古典诗词中最为常见，在林徽因诗中也属常见。如她的《对残枝》：

梅花你这些残了后的枝条，

是你无法诉说的哀愁！

今晚这一阵雨点落过以后，
我关上窗子又要同你分手。
但我幻想夜色安慰你的心，
下弦月照白了你，最是同情，
我睡了，我的诗记下你的温柔，
你不妨安心放芽去做成绿荫。

这首诗既有西洋短诗的格调，又有中国古诗的情趣，显示了诗人美好的心灵和圆熟的艺术技巧。

在诗歌的语言特色上，林徽因不仅和谐自然地融入了外国诗歌和中国古典诗词的语汇及其表现方法，同时也融入了口语，形成了自己独特的风格。

外国诗歌中常见的诗句的重复，在林徽因的诗歌中屡见不鲜。例如：

这时候满腔的热情
全是你的，秋天懂得，
秋天懂得那狂放，——
秋天爱的是那不经意
不经意的零乱！
　　　　　——《秋天，这秋天》

冬有冬的来意
寒冷像花，——
花有花香，冬有回忆一把。
　　　　　——《静坐》

上编

这飘忽的途程也就是个——
也就是个美丽美丽的梦。

——《莲灯》

对山闪着只一盏灯——两盏
像夜的眼，夜的眼在看！

重复、强调，是加深印象，是渲染气氛，创造特定的意境。

林徽因还善于借古诗的意境来创造适合于烘托她自己感情的诗歌意境。例如：

昼梦
垂着纱
无从追踪的情绪
开了花；
四下里香深，
低覆着禅寂，
间或游丝似的摇移。
悠忽移重影；
悲哀或不悲哀

——《山中一个夏夜》

全是无名，
一闪娉婷。

——《昼梦》

这很自然地令人联想起宋朝婉约派词人的作品来。

《空想外四章》之一《藤花前》，副标题《独过静心斋》，是1936年春天林徽因独自到北海公园静心斋观赏古建筑园林后写成的，全诗如下：

　　紫藤花开了
　　轻轻地放着香，
　　没有人知道……

　　紫藤花开了
　　轻轻地放着香，
　　没有人知道
　　楼不管，曲廊不作声，
　　蓝天里白云行去，
　　池子一脉静；
　　水面散着浮萍，
　　水底下挂着倒影。
　　紫藤花开了
　　没有人知道；
　　蓝天里白云行去，
　　小院，
　　无意中我走到花前。
　　轻香，风吹过
　　花心，风吹过我，——
　　望着无语，紫色点。

　　试与黄仲则的《丑奴儿慢·春日》作个比较：

　　日日登楼，一日换一番春色。者似卷如流，春日谁道迟迟？一片野风吹草，草背白烟飞。颓墙左侧，小桃放了，没个人知。

　　徘徊花下，分明认得，三五年时。是何人挑将竹泪黏上空枝。请试低头，影儿憔悴浸春池。此间深处，是伊归路，莫学相思。

　　林徽因把"小桃放了，没个人知"化为"紫藤花开了，轻轻地放着香，没有人知道"，以表现她独过静心斋这个"独"的意境。林徽因也在花下徘徊，但她没有黄仲则"影儿憔悴浸春池"那种穷愁。她写静心斋的池子是："池子一脉静；水面散着浮萍，水底下挂着倒影。"突出个"静"字，也反衬了"独"。显然她借鉴黄仲则词的表现方法，并撷取适于表现"静"与"独"的意境所需要的语词。

　　林徽因诗词语言的口头话随处可见。例如：

　　　　玮德你真是聪明，
　　　　早早地让花开过了
　　　　那顶鲜妍的几朵，
　　　　就选个这样春天的清晨，
　　　　挥一挥袖
　　　　对着晓天的烟霞
　　　　走去，轻轻的，轻轻的
　　　　背向着我们。
　　　　春风似的不再停住！

　　　　　　　　　　　　——《吊玮德》

　　由于林徽因是个建筑学家，特别擅长美术、雕饰，适于诗歌中体现的"建筑美"不仅仅是诗句外形的匀整，还真把"建筑美"入诗。例如：

是谁笑成这百层塔高声，
让不知名的鸟雀来盘旋？是谁
笑成这万千个风铃的转动，
从每层琉璃的檐边

摇上

云天？

——《深笑》

她还用丹青的妙手，把她的诗篇染成色彩鲜明的画幅。例如：

你来了，花开到深深的深红，
绿萍遮住池塘上一层晓梦，
鸟唱着，树梢头组起细细的交柯，——
白云却是我们，翻过好几层天空。

——《你来了》

黄水塘里游着白鸭，
高亮梗油青的刚高过头，
这跳动的心怎样安插，
田里一窄条路，八月里这忧愁？

——《八月的忧愁》

这种诗中有画，而且色彩特别明艳的尺幅，是林徽因诗歌的另一特色，是新月派其他诗人少有的。

林徽因在小说和散文中所反映的社会生活面，则要比诗歌广阔

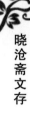

得多。小说《九十九度中》写北京酷暑的一天，张府老太太做 70 整寿，贺客盈门，大摆酒席，而为"美丰楼饭庄"挑酒菜来张府的挑夫却中暑暴卒，遗下孤儿寡妇要靠邻居募捐才能收殓死者。围绕着这条主线，作家还写了形形色色的人物，鲜明地表现了社会问题。

散文《窗子以外》强烈地反映了旧知识分子对自己狭窄的生活圈子的不满情绪。作家写的是她 1934 年暑假到山西考察古建筑时的亲身感受："没想到不管你走到哪里，你永远免不了坐在窗子以内的。不错，许多时髦的学者常常骄傲地带上考察的神气，架上科学的眼镜，偶然走到哪里一个陌生的地方瞭望，但那无形的窗子是仍然存在的。不信，你检查他们的行李，有谁不带着罐头食品、帆布床，以及别的证明你还在你窗子以内的？不是火车的窗子，汽车的窗子，就是客栈逆旅的窗子，再不然就是你自己无形中习惯的窗子，把你搁在里面。接触和认识实在谈不到……"

20 世纪 50 年代初，林徽因和她的丈夫、清华大学建筑学系主任梁思成一道提出保存北京古城面貌，修建"城墙公园"这一很有见地的、新颖的设想。她应北京工艺美术界的邀请，扶病来到了当时濒临停业的景泰蓝工场调查研究，设计了具有民族风格而又适合现代审美要求的新式图案，并亲自参加制作。她所设计的图案色调新鲜明朗，不同于传统的浓暗蓝色，同事们戏称为"景泰白"。这种新品种打开了销路，使传统的工艺走向复兴。她那丰富的建筑艺术和工艺美术修养，使她在清华大学所承担的设计中国国徽的重任中，发挥了最大的作用。她在逝世之前，还完成了矗立在天安门广场上的人民英雄纪念碑图案的设计任务。

建筑学家、诗人林徽因①

　　喧闹的历史长河往往也有平静的角落，负有时誉的人物难免有销声息影或湮没无闻的遭际。但是，随着时代的风云变幻与历史的重新被认识，蒙尘的珍珠，仍然会发出熠熠之光。追踪中国新文学史上一些女作家的足迹，庐隐、白薇、石评梅、林徽因……不正是这样吗？

　　林徽因是个著名的建筑学家和诗人。20世纪30年代初她在"新月诗派"的影响下开始走上文坛。她与丈夫梁思成一道运用现代科学方法研究古建筑学，成为我国这一方面的第一代学者，同时，还以她独具的艺术天才，在诗歌、小说、散文、戏剧等文艺创作领域显露了自己不同凡响的才华。由于她兼通文理，她那用文艺笔法写的建筑学论文与富有"建筑美"的诗歌，同样为当时的文学青年所爱读。此外，她的演艺才能与舞台美术设计的才能，载誉于20世纪二三十年代的京津，使得她享有"一代才女"与"北方才女"的美名。可惜抗战的烽火使她失去了出版诗集的机会；颠沛流离的生活使她失去了健康，几乎中断了文艺创作；中华人民共和国成立后她只生活了6年，一切都还来不及重新认识、重新评价，就与世长辞了。作为建筑学家，她可能千古流芳，因为她曾留下了经典性的名

---

　　①本文系陈钟英、陈宇合著。

上
编

著。作为诗人，半个世纪以来她已逐渐销声息影，鲜为人知。今天在出版她的第一部诗文集之际，我们有必要对这位当今读者所不大熟悉的女作家做个简要概括的介绍，以期有助于对她的作品的阅读。

崭露头角的青少年时代

林徽因，福州人，1904 年出生于杭州。她的祖父林孝恂系前清翰林，历官浙江金华、石门诸州县。她的父亲林长民毕业于日本早稻田大学，专攻政治法律。辛亥革命后林长民曾任国务院参议、司法总长、国宪起草委员会委员长等职，为民国初立宪派名人。徽因小时随祖父母居杭州，由姑母授经书，在表姐妹群中已显出她的早慧。

1916 年林长民在北京任要职，举家迁往北京。徽因进入英国教会办的培华女中读书。1921 年林长民已卸司法总长之任，遂以国际联盟中国协会成员的名义出国考察。他准备带他心爱的长女徽因一起出国。他从故乡福州写信给在北京读书的徽因说明要带她出国的原因："我此次远游携汝同行，第一要汝多观览诸国事物增长见识。第二要汝近我身边能领晤我的胸次怀抱……第三要汝暂时离去家庭烦琐生活，俾得扩大眼光养成将来改良社会的见解与能力。"①信中不但可见林长民的新派思想与心迹，亦可知林徽因青少年时代所受的积极的、有益的思想熏陶。

到了英国，父女二人卜居伦敦一家女建筑师的寓所。林长民与梁启超、汪大燮等人倡组讲学社，忙于与英国议员们周旋。另一方面，林长民也进入了一个包括 H·G·威尔士、E·M·福斯特、托马斯·哈代、K·曼斯菲尔德等的社交圈子，使年轻的林徽因认识了一批当时英国著名的作家与社会活动家。但是，给林徽因最大的影响则是房东女建筑师，她使林徽因立下了终生以建筑为业的志愿与决心。

1924 年春，林徽因已毕业于北京培华女中，正等待出国深造期间，印度诗人泰戈尔访华。刚成立不久的新月社，在胡适、徐志摩等的主持下，假北京协和大礼堂举办晚会庆祝泰戈尔 64 岁诞辰。晚会主要的文艺节目是演出泰戈尔的诗剧《齐德拉》。剧中主角、美丽的公主齐德拉由林徽因扮演。她的流利、典雅的英语与俊美端丽的外表，令该剧的演出臻于妙境。当时北京《晨报》详细报道了演出的盛况，还是个中学生的林徽因已名闻北国了。

"天坛"与"文坛"同时攀登

1924 年秋，林徽因与梁思成同去美国留学。梁思成进宾州大学建筑系。林徽因由于该系不收女生，改入该校的美术学院。她以主要选修建筑系课程的途径来实现自己当女建筑师的理想。1927 年夏，林徽因毕业于宾州大学美术学院后，又进耶鲁大学戏剧学院学习舞台美术设计半年。在美国期间，她曾参加闻一多、余上沅等在美组织的中华戏剧改进社活动。据她在耶鲁大学戏剧学院的同学、美国汉学家费正清的夫人威尔玛·费尔班克的回忆，林徽因那时已开始写诗和散文。威尔玛是个美丽多才的美国女大学生。她的回忆文章称林徽因是"一个很有才华的建筑师和非常有魅力的姑娘。她美貌、活泼、可爱，和任何人在一起总是成为中心人物"（《华盛顿邮报》）。由此可见，林徽因当时的才学、品貌已是何等的出众了。

1928 年春，林徽因与梁思成到加拿大结婚。婚后旅游欧洲两个月才回国。他俩一道被聘为东北大学建筑系教授。林徽因担任《雕饰史》课程。但她力主建筑系要增设专业英语，并愿意亲自授课。她所教的学生短期内即能阅读国外建筑杂志，从而获得了丰富的专业知识，打下了坚实的业务基础。当年她的学生，如今已是我国建筑学界的老前辈，谈及林老师这一远见卓识之举，仍洋溢着敬仰钦佩之情。

上编

1930 年林徽因患肺病，不得不离开教学岗位，从沈阳回到北京就医，借住香山双清别墅休养。在这因病得闲的日子里，她提笔写作，开始了她的作家生涯。从 1931 年 4 月起的《诗刊》《北斗》《新月》等杂志上能陆续地看到她发表的诗歌和小说。作品篇末署明写于香山的有诗歌《谁爱这不息的变幻》《笑》《情愿》《深夜里听到乐声》《一首桃花》《仍然》《激昂》《莲灯》《中夜钟声》等，以及短篇小说《窘》。这些早期的作品已显出了女作家的个人风格与艺术才能。其中数首曾选入陈梦家 1931 年收辑出版的《新月诗选》。

"九一八"事变后梁思成离开东北大学回到北京，接受朱启钤之聘担任中国营造学社研究员、法式部主任。林徽因亦被聘为社员兼校理、参校等职。当时营造学社经费充足，集中了一批国内建筑学界名流，配备了一批得力的青年助手，很有成效地开展对我国古建筑的考察研究工作。1933 年林徽因身体恢复健康后，连续几年多次参加对河北、山西、山东、浙江等地古代建筑的野外考察工作。她的走出书房，走向社会，不仅为我国的建筑学研究做出了出色的贡献，同时对于提高她的思想与文艺创作水平也有重要的意义。

由林徽因执笔写成的《平郊建筑杂录》和《晋汾古建筑预查纪略》两篇文章，刊于《中国营造学社汇刊》。这是她用文艺笔调写出的建筑学论文，是非常别致的报告文学体的学术著作。它不仅引起了建筑学界的广泛注意，也引起了文化界有识之士的浓厚兴趣，黄裳《榆下说书》曾有这方面的记载。

林徽因最好的散文作品《窗子以外》就是记晋汾之行的见闻与感受的。几度野外调查，特别是晋汾 8 县较长时间的奔波，使她敏锐地感觉到：她虽然从窗子以内走到窗子以外，离开沉闷没有生气的城市生活到内地去看看山水古刹，去体验淳朴的人情风俗，可是，"没想到不管你走到哪里，你永远免不了坐在窗子以内的。不错，许多时髦的学者常常骄傲地带上'考察'的神气，架上科学的眼镜，偶然走到哪里一个陌生的地方瞭望，但那无形中的窗子是仍然存在的。不信，你检查他们的行李，有谁不带着罐头食品，帆布床，以及别的证明你还在你窗子以内的种种零星用品……你是仍然坐在窗子以内的，不是火车的窗子，汽车的窗子，就是客栈逆旅的窗子，再不然就是你自己无形中习惯的窗子，把你搁在里面。接触和认识实在谈不到，得天独厚的闲暇生活先不容你"。她认识到窗子以外才有生活的颜色和声音，真正的生活不是在窗子以内的。可是，她不明白为什么自己不论走到哪里，总是被隔在窗子以内。她不明白这个隔阂的性质，也不了解怎样才能真正地走到窗子以外。她否定自己的生活，感到痛苦和烦闷，想走到窗子以外去——实质上是劳动人民的生活中去。在当时，这不能不说是一种可贵的思想。它反映了知识分子中的一部分人要求改变生活圈子，愿意与劳动人民接近的进步思想。

林徽因最好的短篇小说《九十九度中》也是1934年发表的。小说描写在华氏99度的酷暑中，北京城里各阶层的生活状态。主导的情节是张府祝寿，大摆酒宴，而为饭庄挑筵席担子在被太阳晒得滚烫的马路上奔走的挑夫却不幸中暑暴卒。作家用意识流的手法，牵引着读者，跟随饭庄的挑担，走进一个熙熙攘攘的世界：有庆寿的，有成亲的，有享福的，有热死的，有饱腻的，有饥饿的，有索债的，有无聊的……众生百相，聚于三五镜头；酷暑一日，写尽人世辛酸。作品表现了贫富悬殊、阶级对立这个主题。思想性较强，社会意义较大。而1931年发表于《新月》杂志的第一篇小说《窘》，写一个留洋归来、恋爱无成的中年知识分子的窘迫心理，与《九十九度中》相比，就显得思想性与社会意义都淡得多了。

当林徽因的小说创作还不为人们所注意的时候，评论家李健吾就给予她的《九十九度中》颇高的评价。他称《九十九度中》是"最富有现代性"的小说。他赞美这篇小说的技巧："在这样溽暑的一个北平，作者把一天的形形色色披露在我们的眼前，没有组织，却有组织；没有条理，却有条理；没有故事，却有故事，而且那样多的故事；没有技巧，却处处透露匠心。"（李健吾《咀华集》）

20 世纪 30 年代中期也是林徽因诗歌创作最为丰富的时期。抗战前三四年的天津《大公报·文艺副刊》经常发表她的诗作。她作为北方著名女诗人的地位正是此时奠定的。

1937 年创刊的《文学杂志》上连续刊载了林徽因的剧本《梅真同他们》。这是她唯一的戏剧创作。剧本的主角梅真是个新旧交替的大家庭中的婢女。她受过教育，才智品貌胜过小姐们，因此引起了种种纠纷，包括恋爱方面的纠纷。剧本通过这个大家庭的成员们对待婢女的截然不同的态度，反映了"解放婢女"这个在 20 世纪 30 年代还有着积极意义的社会问题。作者原计划写四幕。《文学杂志》连载三幕之后，因作者去野外考察，稿件未能按时寄到，暂停一期。不料抗战全面爆发，《文学杂志》停刊。这部剧本就只有三幕问世。

1933 年至 1937 年，可说是林徽因文艺创作和建筑学研究同时达到了她自己的高峰时期。为了准确地考察天坛的建筑，为了应用现代科技的观念来研究我国古代建筑，她爬上了祈年殿顶，细察这座闻名世界的古代建筑的奥秘。当她高高地攀上天坛的同时，也相当引人注目地登上了文坛。她的"一代才女"的称号就是此时获得的。她正可以大大发挥她那过人的聪明才智，继续向科学与文学这两座高峰攀登时，突然风云变色，人间沧桑。她的生活和创作受到了严重的干扰与冲击。

熬过了苦难的岁月

1937 年夏，林徽因、梁思成等一行去山西五台山地区进行野外调查。他们在深山中发现一座我国最古老的木构建筑——建于唐代的佛光寺。正当他们为这个重要发现而兴高采烈之际，卢沟桥的炮声响了。炮声迫使他们中断工作，辗转回到日军业已兵临城下的北平。林徽因一家匆匆跟随北大、清华的教授们历尽艰辛、辗转逃难到昆明。不久，中国营造学社部分人员也到达昆明。梁思成主持成立古代建筑考察组，准备继续考察西南地区的古代建筑，终因物价飞涨、器材奇缺而一筹莫展。

动荡流离的生活使林徽因必须费很多精力来操持家务。昆明时期的文艺创作明显地减少了，而流传下来的则更少了。从她此时留下的作品中可以看出她对于正在遭受敌人蹂躏的祖国的命运和前途充满信心，爱国与报国的热情溢于言表。例如1939年初所写的散文《彼此》。这篇作品写出了抗日战争时期大后方的知识分子们在祖国危难时刻的共同心声："他感到无论如何在这时候，他为这可爱的老国家带着血活着，或流着血或不流着血死去，他都觉到荣耀，异于寻常的……"作者认为这简单朴实的情感是来自"信念"。她说："信仰所给予我们的力量不也正是那坚忍韧性的倔强？我们都相信，我们只要都为它忠贞地活着或死去，我们的大国家自会永远地向前迈进，由一个时代到又一个时代……"在这篇散文的结尾，作者不仅信心百倍，而且豪情满怀地说："现在一切都是这么彼此，这么共同，个别的情绪这么不相干。当前的艰苦不是个别的，而是普遍的，充满整一个民族，整一个时代！我们今天所叫作生活的，过后它便是历史。客观的无疑我们彼此所熟识的艰苦正在展开一个大时代。所以别忽略了我们现在彼此地点点头。且最好让我们共同酸甜的笑纹，有力地，坚韧地，横过历史。"

昆明遭到敌机轰炸，中国营造学社人员随中央研究院迁到四川南溪县李庄。林徽因一家与执教于昆明西南联大的老朋友们分手，深入中南内地小村庄，过着更加艰苦的生活。此时已是抗战的中后期，物价昂贵，物资匮乏。林徽因肺病复发，不但连药品都买不到，甚至还要靠朋友们的资助才能维持日常的家庭开支。她的健康严重

地被损坏了，经常发烧，卧床不起。就在这种极度艰辛的生活条件下，林徽因并没有怠惰，更没有气馁。她躺在病床上通读"二十四史"，积累了丰富的资料，帮助梁思成写作《中国建筑史》。这是一部中国人第一次写成的自己国家的建筑历史。这是他俩20世纪20年代在国外学习时就立志要写的本国的建筑史。纸窗茅屋，一灯如豆，病骨支离，瘦比黄花，徒有才气，恐难终卷。是炽热的爱国心与多年的理想燃烧起她那不可抑止的工作热情！

在李庄时期，她写了《病中杂诗九首》中的四首《一天》《忧郁》《哭三弟恒》《十一月的小村》，抒发了她的爱国心和在艰难生活中的感受和心情。

抗日战争结束后，梁思成应聘到清华大学主持建筑系的创建工作。林徽因也回到了阔别8年的北京。这时她的身体仍然十分虚弱，不可能担任什么职务。但她在养病之中还为清华大学设计建筑胜因院教授住宅，还时时关心过问清华大学建筑系的教学工作。建筑系的师生们十分尊重她的意见和建议。她并没有什么职务和头衔。他们绝不是出于世俗的眼光——遵从系主任夫人，而是出于对这位才华横溢的建筑师和诗人的由衷的崇敬。

1948年底，人民解放军为保护北京城里的古建筑来访梁思成。他们请梁思成在军用地图上画红圈圈，以便攻克北京城时防备炮火损伤。他们还请梁思成编出全国的古代建筑目录，要在解放全中国时好好地应用它。林徽因协助梁思成编写了《全国文物古建筑目录》一书。这一对视古代建筑为生命的建筑学家做完了这一项为人类历史和未来负责的工作之后，充满信心地、热情地等待着全中国的解放。

为新生的祖国鞠躬尽瘁

中华人民共和国成立后，林徽因被聘为清华大学建筑系教授，被任命为北京市都市计划委员会委员、人民英雄纪念碑建筑委员会委员，被选为北京市人民代表大会代表。她不顾病弱之身，焕发出前所未有的生命力，投入建设祖国的宏伟事业。她以建筑史学家的胆识，和清华大学的同事一道提出首都城建的总体规划，提出保留城墙、城楼等重要古代建筑，并将其改造成为"城墙公园"，以保存北京古城面貌的极有价值的设想。可惜由于"左"的干扰，当时未能实现。但林徽因所持的城墙也是重要的历史文物这一思想，其正确性已被时间所证明。

林徽因既是一位著名的建筑史学家，又是一位优秀的建筑师。在人民英雄纪念碑的建筑工程中，她以自己丰富的雕饰史知识和对人民英雄不朽业绩的景仰之情，精心为纪念碑的碑座设计了图案。她选择象征繁荣富强的牡丹花、洁白不染的荷花与坚贞不败的菊花等传统花卉作为碑座的纹饰，使矗立于天安门广场上的人民英雄纪念碑显得格外庄严瑰丽、伟岸壮美。

北京传统的手工艺景泰蓝，由于制作方法落后，花色品种陈旧，当时已濒临停业的局面。林徽因热衷于扶植此项传统手工艺的复兴。她应邀来到景泰蓝工场进行调查研究、熟悉生产程序，为这个传统的工艺品设计了一批具有民族风格而又便于制作的新式图案，改变了景泰蓝过于浓重的色彩，使其更符合现代的审美趣味。她所设计的产品重新进入国际市场，为景泰蓝的复兴做出贡献。如今她的学生们进入人民大会堂，依然能辨认出哪几种景泰蓝制品是当年他们的林老师所亲手设计和亲自参加试制的。

林徽因和清华大学建筑系的教师们一道接受了为中华人民共和国设计国徽图案的光荣任务。这是她的建筑、美术、文学等多方面的才能得到最大的发挥和最难得的应用的机会。连续几个月，她把自己的全部热情和心血都倾注入这项工作。她支持青年教师提出的天安门图案不用透视图而用立面图的主张，使国徽上的天安门广场显得宽广、深远，气魄更加雄伟。她亲自动手一次次地修改草图，直至全国政协大会一致通过他们所设计的国徽图案。

这位身患重病的杰出的建筑师，在为新生的祖国的经济文化建设事业做出如此重大贡献的同时，丝毫也没有放松她所承担的教学工作。她为清华大学建筑系学生上《中国建筑史》课程，并为研究生开《住宅概论》等课程，还为中央工艺美术学院代培研究生。她的敏锐的思想与渊博的学识常使学生敬佩不已。学生们都爱听她讲课。在她卧病期间，学生们每每围坐床前上课。而她"总以振奋的精神尽情地为学生讲解"（《梁思成文集·序言》）。1954年，在她逝世前不久，她所担任的《中国建筑史》课程，几乎有三分之二是在病榻上讲授的。

就在这1954年，她还抱病为《中国建筑彩画图案·清式彩画》一书写序。文中系统地叙述了我国建筑彩画艺术的源流和演变，并且做了分析、比较和研究，科学地说明了我国彩画艺术在发展变化过程中的优缺点，同时还指出如何结合实际，变化应用，逐渐创作出新的彩画图案。文章充分反映了作者的创新思想与对待建筑艺术遗产的正确态度。

林徽因与梁思成、莫宗江等合写的长篇论文《中国建筑发展的历史阶段》也是发表于1954年。这是她和她的长期合作者共同写成的最后一篇文章。他们力图应用历史唯物主义观点来研究中国建筑问题。文章虽是一个尝试，却表明了作者学习马列主义的热情。

1955年4月1日，林徽因终因久病医治无效，在北京同仁医院逝世，享年52岁。治丧委员会由张奚若、周培源、钱端升、钱伟长、金岳霖等13人组成。4月3日在金鱼胡同贤良寺举行追悼会。北京市市长彭真送了花圈。她的遗体被安葬在八宝山革命公墓。

林徽因文学创作的特色

林徽因的一生过于短暂，但却是充实的、有所作为的。虽然，8

年战乱和长期卧病消耗了她许多宝贵的时光，但她的聪慧和勤奋却弥补了这一切，使得她在建筑学术上与文学创作上都留下了珍贵的财富。尤其是中华人民共和国成立后的 5 年时间里，她的才华得到了最好的发挥，做出了最有价值的贡献。

在中国建筑史上，林徽因的成就是应该载入无疑的。她不仅是我国第一代用科学方法研究古建筑的学者，还是我国向西方学习舞台美术的第一位留学生。早年家庭赋予她的旧学根底，青年时代在国外所受的建筑、美术等教育，造就她成为一位文理兼通、学贯中西的建筑家、美术家和诗人。她的文学创作似乎是偶尔为之，并不着力。在静养病体的山间别墅里，在调查古代建筑的乡村茅屋中，在北京家居闲散的时候，她偶尔提笔，写些诗文。遇有编报刊的朋友索稿，她才交付发表。完全是以副业目之，所以发表量不多。据说她卧床时期常在病榻上写诗，写成后就顺手投入床前的小竹篓里，很可惜这些诗都没有发表。截至目前，我们只搜集到她的新诗 63 首，散文、小说十几篇，剧本三幕。从数量上说是少的，若论质量，无疑可以少胜多，尤其是她的新诗。

从女诗人留下的这 63 首新诗中，完全可以看出她的诗艺与才华。林徽因是在新月诗派接近风流云散时期开始写诗的。无疑的，她是在这一流派的诗歌理论和创作的影响下开始自己的新诗创作。但她没有走进后期新月诗派所走的那条形式主义的窄胡同，她的诗始终保持着个人的独特风格，在艺术上有着较高的成就。

下面我们试从林徽因新诗创作的思想特色与艺术特色两方面来进行探讨。

这一辑新诗是林徽因自 1931 年春至 1948 年间写成的，全是新格律体的抒情诗。个人情绪的起伏变化、感情流线的波动回旋是诗篇的基本主题和主要脉络。当然，20 世纪三四十年代的现实生活实景和时代脉搏的跳动不可能不被诗人所摄取，只不过没占多少篇幅罢了。

也许是对消逝了的美好事物的苦苦追思，也许是因为疾病缠绵剥夺了她的绮丽年华，也许是由于时代的失误造成的痛苦，在各个时期的诗作中，我们都能听到女诗人的低低哀吟。她内心的寂寞，她的怅惘和懊恼，一种剪不断、理还乱的思绪，深深地感染着读者。虽然，这仅仅是诗人个人的感情波涛，个别场合不免带有消极的因素，但她所表露的感情是那样的真挚、纯净，客观上陶冶、净化了读者的心灵。

尽管诗人慨叹过"暮秋梦远，一首诗似的寂寞，真怕看光影，花般洒在满墙"（《空想》），然而，她对生活中的爱的追求却是执着的，不少篇幅都是写爱情的。《深夜里听到乐声》抒写"我"深夜听到了"你"凄凉的弹奏，"我懂得，但我怎能应和？"因为——

　　生命早描定她的式样，
　　大薄弱
　　是人们的美丽的想象。

　　除非在梦里有这么一天，
　　你和我
　　同来攀动那根希望的弦。

如果说《深夜里听到乐声》写爱情还需要顾盼、等待的话，那么在《别丢掉》一诗中，诗人则是通过饱含诗意的画面和隐喻的手法大胆表现执着的爱：

　　别丢掉
　　这一把过往的热情，

现在流水似的，

轻轻

在幽冷的山泉底，

……

"她"要求对方："你仍要保存着那真！"因为说出的那句话是收不回的：

你问黑夜要回
那一句话——你仍得相信
山谷中留着
有那回音！

以《忆》为题的这首爱情诗用非常明朗的色调来烘托爱情的美丽，表现人们对这一美好感情的追求：

我不曾忘，也不能忘
那天的天澄清的透蓝，
太阳带点暖，斜照在
每棵树梢头，像凤凰。

是你在笑，仰脸望，
多少勇敢话那天，你我
全说了，——像张风筝
向蓝穹，凭一线力量。

上
编

诗人的个人生活是优裕的。她有闲吟幽思的工夫，但也有"会唱的喉咙哑成了无言的歌"[《小诗》（一）]的时候。她的祖国饱经忧患，百孔千疮，她的弟弟在对日寇空战中阵亡，她的一家老小过着逃难的生活……于是，在吟唱个人心曲之外，她的诗也写到人民生活的艰难。例如《年关》：

> 一年，又是一年辛苦，
> 一盘子算珠的艰和难。
> ……
> 看，街心里横一道影
>
> 灯盏上开着血印的花
> 夜在凉雾和尘沙中
> 进展，展进，许多口里
> 在喘着年关，年关……

1936 年写于山东乡间的《"九一八"闲走》，深沉含蓄地抒发了诗人对祖国命运的忧虑和对民族未来的厚望：

> 我问秋天，秋天似也疑问我：
> 在这尘沙中又挣扎些什么，
> 黄雾扼住天的喉咙，
> 处处仅剩情绪的残破？
>
> 但我不信热血不仍在沸腾；
> 思想不仍铺在街上多少层；
> 甘心让来往车马狠命地轧压，

待从地面开花，另来一种完整。

1944 年写于四川李庄的《哭三弟恒》洋溢着诗人对祖国的热爱之情。她悲悼弟弟的阵亡，她歌颂弟弟的爱国壮举：

　　弟弟，我没有适合时代的语言
　　来哀悼你的死：
　　它是时代向你的要求，
　　简单的，你给了。
　　这冷酷简单的壮烈是时代的诗
　　这沉默的光荣是你。

由于武器的落后，她的弟弟在成都上空空战阵亡。这使诗人倍感悲痛，而这悲痛是和对当时衰弱的祖国的悲痛联系在一起的：

　　青年的热血做了科学的代替；
　　中国的悲怆永沉在我的心底。

她用充满祖国爱和手足情的话语这样安慰她的弟弟：

　　……啊，弟弟不要伤心，
　　你已做到你们所能做的，
　　别说是谁误了你，是时代无法衡量，
　　中国还要上前，黑夜在等天亮。

若论林徽因诗歌的艺术，应该说她是新月诗派年轻诗人中成就比较高的一位。摆在我们面前的这 63 首诗，篇篇有特色，其中精品

上编

确实不少。总的说，她的新诗的艺术特色主要有下列几点。

首先，诗人最善于用写景抒情的手法，以充满意象的语言描绘出一幅幅自然景物的动态画面，创造了情以景生、景以情显的优美的诗歌意境。

举《八月的忧愁》为例。这首诗共三节，每一节都是用情与景互相渗透的方法来写的：

> 黄水塘里游着白鸭，
> 高粱梗油青的刚高过头，
> 这跳动的心怎样安插，
> 田里一窄条路，八月里这忧愁？

诗人在 8 月的田野上看到这一幅夏末秋初的风景画，可是她的心却充满了忧愁，像田里那窄条路一样，无法舒展。

> 天是昨夜雨洗过的，山岗
> 照着太阳又留一片影；
> 羊跟着放羊的转进村庄，
> 一大棵树荫下罩着井，又像是心！

第二节写夕照下的村庄。牧羊人的归去牵动了她的思绪。她的心犹如树荫下那口井一样空虚。她究竟为什么忧愁呢？

> 从没有人说过八月什么话，
> 夏天过去了，也不到秋天。
> 但我望着田垄，土墙上的瓜，
> 仍不明白生活同梦怎样的连牵。

是忘不了的过去的梦使她魂牵梦萦，使她在现实生活中常有迷惘、惆怅之感。诗中乡间景色明丽，意境清新，映衬出诗人在8月里的淡淡的忧愁。

这种情景渗透的写法在林徽因的诗中是最常见的。有时，她只是写景，不写她自己的内心感情。例如《静坐》一诗的末了6行：

> 一条枯枝影，青烟色的瘦细，
> 在午后的窗前拖过一笔画；
> 寒里日光淡了，渐斜……
> 就是那样地
> 像待客人说话
> 我在静沉中默啜着茶。

我们从诗人对窗前枯枝影和日光渐斜的细微观察中，可以体味出她内心的感受。虽然她只是在"静沉中默啜着茶"，但她的内心并不是那么宁静的。诗人的内心感情已经移到景物中了。景语即情语，这是移情的写法。

韵律流、畅富有音乐美是林徽因新诗艺术的另一重要特色。新月诗派提倡格律诗，讲究音乐美，追求节的匀称和句的均整。有些诗人走向极端，单纯作形式上的追求，写成了方块诗，即所谓豆腐干体。林徽因则不然。她写的诗，节奏根据内容的变化和感情的起伏而自然形成；押韵格式大多是双行押韵或两行联韵；每行的顿数有规律；语言的节奏与诗人的思想感情、作品内容相协调。这就使她的诗音韵悠然，富有音乐美。

诗歌的音乐美在很大程度上要借助于语言。林徽因诗歌的语言不但在节奏、韵律，声调等方面使她的诗臻于音乐美，就是语言意

上
编

象本身也能增强音乐美的效果。例如：

> 给人的理想和理想上
> 铺香花，叫人心和心合着唱；
> 直到灵魂舒展成条银河，
> 长长流在天上一千首歌！
>
> ——《灵感》

> 轻——重，……
> ——重——轻……
> 这摇曳的一声声，
> 　又凭谁的主意
> 　把那余剩的忧惶
> 随着风冷——
> 　　　纷纷
> 　　　掷给还不成梦的
> 　　　　　　人。
>
> ——《中夜钟声》

语言风格清莹婉丽、充满意象又能口语化，这是林徽因新诗艺术的又一特色。中西方文学、建筑、美术等深厚学养，铸造成她独特的语言风格。

例如，她能以尽可能少的语言去暗示尽可能多的意象：

> 记忆的梗上，谁不有
> 两三朵娉婷，披着情绪的花
> 无名地展开

野荷的香夜馥，

每一瓣静处的月明。

——《记忆》

记忆是一种抽象的心理活动，诗人以月下荷花为比喻，用充满视觉意象的语言，向读者传达了她那可见可感的心理活动。

又如，诗人对于笑这种情绪的表达，用上了建筑意象的语言：

是谁笑成这百层塔高耸，

让不知名鸟雀来盘旋？是谁

笑成这万千个风铃的转动，

从每一层琉璃的檐边

　　摇上

　　云天？

——《深笑》

"百层塔""琉璃檐""鸟雀盘旋""风铃转动""摇上云天"这一群密集的意象表现了笑声的美，笑声的深远高扬。这种独特的意境，只有建筑师兼诗人的林徽因才能创造出来。

似这种建筑意象的语言，在林徽因诗作中经常出现。城楼、城墙、古城、深院、石桥、栏杆、高塔等建筑物常入她的诗，或做比喻，或为背景，或起象征暗示作用。

林徽因清莹婉丽的语言风格显然是受中国古典诗词的影响。她的诗篇运用了古诗词的句式和修辞方法。例如：

人去时，孔雀绿的园门，白丁香花，

相伴着动人的细致，在此时，

上编

· 43 ·

又一次湖水将解的季候，已全变了画。

——《去春》

现在连秋云黄叶又已失落去
辽远里，剩下灰色的长空一片
透彻的寂寞，你忍听冷风独语？

——《时间》

外国诗歌流派对林徽因的影响主要表现在新奇的想象和比喻以及诗歌格式多样等方面。例如：

忧郁自然不是你的朋友：
但也不是你的敌人，你对他不能冤屈！
他是你强硬的债主，你呢？是
把自己灵魂压给他的赌徒。

——《忧郁》

心此刻同沙漠一样平，
思想像孤独的一个阿拉伯人；

——《冥思》

对中外文学的意象词语的吸收并融合了北京的口语，运用得极其自然流畅的韵律把诗意加以提炼，展现在读者面前的诗行是那样的清莹婉丽，风格独具。

她的诗有六行、八行、十行、十二行、十四行等，通常是分成两节或三节的，也有多行多节的。有西洋短歌体的，也有中国歌谣体的，由于博采广蓄而显得多姿多样。

总之，林徽因的新诗在新月诗派中算是有独特风格的。她在新诗艺术的探索和形式的开拓方面是有所创新的。在内容方面，她受生活圈子的局限，题材比较狭窄，抒写个人忧愁的篇章多了些。但她同时期写作的小说和散文却完全不是这样的基调，也许她有点"为赋新词强说愁"吧？

林徽因的小说也颇具功力。1931年写的第一篇小说《窘》还带有新月派小说的浪漫主义风格。1934年写的《九十九度中》已是现实主义的佳作了。随后写的《模影零篇》是面对现实人生，但风格上又与《九十九度中》大不一样。《钟绿》《吉公》写她的同学和亲戚，人物更富于个性化，环境也更典型，语言明快中略带幽默，叙事议论以及组织结构方面都很见技巧。《文珍》《绣绣》也是写人，语言、结构等方面显得逊色，似乎是未经作者磨光的工艺品。从这几篇小说所运用的多样化的表现手法，可见林徽因小说创作的潜力。只是她志不在此，1937年后就停笔不作小说了。

林徽因的散文手法也是多样的。有的是用写诗的笔法来写散文，如《纪念志摩去世四周年》；有的是融入小说的笔法来写散文，如《窗子以外》；有的就像她平素与朋友们谈天那样谈笑风生地写着论辩式的散文，如《蛛丝和梅花》；有的是近乎杂感式的笔法，如《彼此》。有趣的是她散文的内容论诗的占了一半；散文的语言有时是欧化的语句与古文句子交互运用，有时又写得平白晓畅如对故人倾心而谈。她的散文和小说一样，分量不多却有自己的特色。

当年熟悉林徽因的人说她像一颗彗星，光亮耀眼而生命短促。也有人称她为"中国的曼斯斐尔德"。这个比喻除了说她的文学风格有点像这位英国女作家外，还含有多才美丽然而不寿这个意思。林徽因的一生，几乎有一半光阴是在病榻上度过的。然而她却奋力工作和写作，在历史上留下了不容忽视的足迹。林徽因逝世已30年了。她在中国建筑史和中国现代文学史上的地位是应当给予充分肯

上编

定的。前者已有公论——她的建筑学论著、她的建筑设计、她所培养的建筑人才都是明证。唯独后者——她在中国现代文学史，特别是新诗发展史上该占什么地位，似乎尚未得到公允的评价。我们认为新月诗派与新月派应该区别开来，而对新月诗派中的成员也应该根据各人的不同情况给予实事求是的评价。20 世纪 30 年代的文坛上，对于新月诗派也有过肯定的意见。例如石灵在《新月诗派》中就肯定新月诗派"在旧诗与新诗之问建立了一架不可少的桥梁"，"是有相当贡献的"。今天看来，当时新月诗派诗人们的大胆尝试、努力探索，特别是对新诗艺术的探索，还是很有意义的。经过他们的辛苦耕耘，新诗的艺术质量显然是被提高了。人们都清楚，在新文学的发展中，新诗的发展最艰难。因为在旧文学中，旧诗的势力最大，最不容易取而代之。所以新月诗派在新诗发展史上所做的贡献是应当得到公正评价的。

至于怎样来评价林徽因，今天比以往的条件更加具备了。熟知她的生活和创作道路的老前辈、老作家还大有人在。她的热爱祖国、追求进步与光明之心始终贯串在她一生的生活和工作之中，后一辈人也还历历可见。她所创作的诗文，原来散见于 20 世纪三四十年代报刊，今天已得到结集出版。其中成败得失，自有持平之论。我们这样想：如果能从全人、全书出发，而又能历史地、实事求是地来评论林徽因，那么这位在文苑科圃早已双负盛名的女建筑学家和诗人，一定会被载入中国现代文学史册，一定会在中国现代文学史中占有她所应得的一席位置。

1985 年 12 月

林徽因年表①

前　言

　　在中外文学史上，不乏这样的现象：有些作家虽然留下了作品，但其生平经历、著述思想等有关传记材料，或因历史贻误、或因个人际遇而未曾留下雪泥鸿爪。时过境迁，查考益难，卒使后人知其作而不知其人，竟成为文学史上无法弥补的缺陷。

　　林徽因，是20世纪30年代崛起而与冰心、庐隐齐名的福建籍女作家。她被列入1931年出版的《当代中国四千名人录》时才27岁。林徽因写诗歌、散文、小说、戏剧，也写文学评论。她还是中国第一代卓有成就的建筑学家。因此，早在30年代她就享有"一代才女"的美誉。中华人民共和国成立后，她是清华大学建筑系的教授，是中华人民共和国国徽和人民英雄纪念碑的主要设计者之一。但由于种种原因，她的作品从未结集出版过。随着时间的流逝，她的生平创作也渐渐鲜为人知，几被湮没。前些年，美国哈佛大学费正清教授，为研究林徽因，曾不远万里，亲自并数次让其夫人到中国收集材料。近年来，港台出版的一些文学史著作，由于著者未见林徽因原作，只好照录内地30年代的评论。国内外有些文章涉及作

---

　　①本文系陈钟英、陈宇合著。

上编

为作家的林徽因时，还出现张冠李戴的现象。由此足见，搜集出版有关林徽因的作品和研究资料是一件很有意义的事。

自 1983 年春起，我们便利用业余时间，着手搜集林徽因的作品，并多次进行调查访问，初步整理出她的生平年表。在工作过程中，得到了作家的亲属、朋友、学生近 50 人的热情帮助与指点；得到人民文学出版社的同志们，和老作家、老教授萧乾、冰心、卞之琳、邵燕祥、曹禺、金岳霖、陈岱孙、孙家琇的大力支持与帮助。《林徽因诗集》1985 年已由人民文学出版社出版了。该社和香港三联书店联合编辑的《林徽因》（"中国现代作家选集丛书"之一）亦将问世。《林徽因年表》已收入该书的资料部分。为了早日提供研究参考，我们先将年表在此发表。鉴于林徽因在文学和建筑学两个领域里均有所成，而过去介绍材料又极为有限，在年表中，我们尽可能多提供些背景材料。但这份年表毕竟是林徽因逝世 30 年之后首次收集整理的，查核考定，尚有待于努力。现在发表，既是为研究工作提供方便，也有就正于大方之意。

年　　表

1904 年　1 岁

6 月 10 日生于杭州陆官巷住宅。祖父孝恂字伯颖，前清翰林，历官浙江金华、孝丰、仁和、石门诸州县。能接受西方政治思想，在同辈中称进步分子。曾在杭州设立家塾，分国学、新学两斋，教育子侄。国学延林纾为主讲，新学延林白水为主讲。父长民，字宗孟，受业于林纾而与白水为朋友。1906 年长民赴日本留学，不久复回杭，在杭州东文学校毕业，再度赴日专攻政治法律，毕业于早稻田大学。1910 年长民与留日同学刘崇佑创办福州私立法政学堂，长民任校长。辛亥革命后长民活动于上海、南京、北京等地，曾任国务院参议、司法总长、国宪起草委员会委员长等职，为民国初立宪派名人。擅诗文，工书法。

1909 年　5 岁

迁居蔡官巷一座大宅院。徽因随祖父母、姑母们居此，与表姐妹们一道，由大姑母林泽民发蒙读书。她年龄最小，似不经意听讲，叫她背书则无不成诵。

1912 年　8 岁

辛亥革命后祖父由杭州移家上海，住虹口区金益里。徽因与表姐妹们入附近之爱国小学，上二年级。

1916 年　12 岁

林长民在北洋政府任职。全家由上海迁往北京，住后王公厂。徽因与表姐妹们同入英国教会办的培华女子中学读书。

1920 年　16 岁

林长民任司法总长 3 个月，被迫去职，以国际联盟中国协会成员的名义赴欧洲游历。4 月，携徽因同行，行前曾致徽因一函云："我此次远游携汝同行第一要汝多观览诸国事物增长见识。第二要汝近我身边能领悟我的胸次怀抱……第三要汝暂时离去家庭烦琐生活，俾得扩大眼光养成将来改良社会的见解与能力。"父女二人卜居伦敦。林长民与梁启超、汪大燮等人倡组讲学社，经常外出活动。徽因在寓所经常与房东英国女建筑师接触。她受这位女建筑师的影响，立志将来一定要学建筑。

7 月，徽因随父往欧洲大陆旅行，先后访巴黎、日内瓦、罗马、法兰克福、柏林、布鲁塞尔等城市，9 月回伦敦。徽因以优异成绩考入 St. Mary's College 学习。

在英伦期间，林长民携徽因进入一个包括 H·G·威尔士、E·M·福斯特、A·韦利、T·哈代、B·罗西尔、K·曼斯菲尔德在内的社交圈子，并在这里结识了徐志摩。

上编

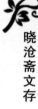

1921 年　17 岁

10 月，林长民携女回国。徽因继续进培华女中学习。

1922 年　18 岁

林徽因认识了梁启超长子梁思成，两人产生了感情。

1923 年　19 岁

徐志摩、胡适等人在北京成立新月社。早期的新月社是以戏剧活动为主要内容的文学团体。林长民、林徽因、梁思成均参加新月社活动。徽因常邀她的表姐王孟瑜、曾语儿一道参加新月社举办的各种文学、游艺活动。

1924 年　20 岁

印度诗人泰戈尔访华，4 月 23 日到北京。文学界在天坛草坪上开欢迎会。泰戈尔发表演说，由林徽因任翻译。吴泳《天坛史话》记载："林小姐人艳如花，和老诗人挟臂而行，加上长袍白面、郊荒岛瘦的徐志摩，有如苍松竹梅的一幅三友图。"

5 月 8 日新月社同人在北京协和大礼堂举办晚会庆祝泰戈尔 64 岁生日。胡适、梁启超发表祝寿演说。泰戈尔致谢辞。文艺节目开始前，由林徽因饰一古装少女仰望"新月"的造型图案，以表示新月社的意思。接着由林徽因主演泰戈尔的著名抒情诗剧《齐德拉》。林徽因饰公主齐德拉，张歆海饰王子阿朱那，徐志摩饰爱神玛达那，林长民饰春神伐森塔。张彭春担任导演，梁思成担任布景。当时剧本尚未翻译，系用英语演出。5 月 10 日《晨报》报道演出盛况，有"父女合演，空前美谈""林女士态度音吐，并极佳妙"等语。

泰戈尔在京期间曾由徐志摩、林徽因、王孟瑜、曾语儿等人陪同前往拜会溥仪。

6 月，林徽因、梁思成同去美国，就读于宾州大学，决定以建筑学为终身事业。由于当时宾州大学的建筑系不收女生，徽因改入该校美术学院，但主要选修建筑系课程。

1925 年　21 岁

林长民受聘于驻京奉军郭松龄，任幕僚长。郭谋反张作霖而自立。长民秘密出京晤郭于锦州，复随军至苏家屯。12 月 24 日进军白旗堡遇伏，郭松龄夫妇被擒。长民在乱军中为流弹所中，遂遇难于小苏家屯，时年五十。徽因尚在美国求学。

1927 年　23 岁

夏，徽因以学士学位毕业于宾州大学美术学院，与梁思成同在 Paul. p. Crade 建筑事务所实习。下半年进入耶鲁大学戏剧学院，在 G·P·帕克教授的工作室中学习舞台美术设计 6 个月。费正清夫人威尔玛·费尔班克著文回忆当时的林徽因，说她"是当时你所遇到的人中能够向任何方向发展的艺术家之一。她可以是一个杰出的设计师、艺术家和诗人，那时，她也写散文，是一个很有才华的建筑师和非常有魅力的姑娘。她美貌、活泼、可爱，和任何人在一起总是成为中心人物"。同年，梁思成以硕士学位毕业于宾州大学建筑系。

1928 年　24 岁

3 月，林徽因、梁思成学成回国前到加拿大渥太华结婚。梁之姐夫系当时中国驻加拿大总领事。婚礼在总领事馆中举行。婚后，旅游欧洲数月，至 8 月 13 日始回国。

梁思成回国后即往东北大学接任建筑系主任。林徽因则回福州探亲。

徽因回闽期间曾应乌石山第一中学之邀，为该校学生演讲，题目为《建筑与文学》。仓前山英华中学亦请她作题为《园林建筑艺术》的演讲。

是年 3 月 10 日《新月》创刊号出版。

1929 年　25 岁

1 月 19 日梁启超病逝于北京，终年 57 岁。

林徽因与梁思成同在沈阳东北大学建筑系任教。梁思成为教授兼系主任，林徽因任教授。她讲授《雕饰史》和专业英语课程。张学良出奖金征求东北大学校徽图案，林徽因设计的"白山黑水"图案获奖。

女再冰出生。

1930 年　26 岁

林徽因患肺病回北京休养，住香山双清别墅。徽因养病期间，徐志摩常来看望她。

1931 年　27 岁

4 月，梁思成应邀回北京，接受朱启钤之聘担任"中国营造学社"研究员、法式部主任。林徽因亦为营造学社社员，历任校理、参校等职，多次参加当时营造学社所组织的对中国古建筑的实地调查工作，并单独或与梁思成合写了调查报告多篇。

1 月 20 日《诗刊》创刊，主编徐志摩，由新月书店发行。

是年 4 月 12 日林徽因写了第一首诗《谁爱这不息的变幻》，用"薇音"笔名，刊于《诗刊》第 2 期。卞之琳在同一期发表《群鸦》《寒夜》等 4 首诗，林徽因约卞之琳到她家见面。接着林徽因在《诗刊》第 3 期发表《笑》《情愿》《深夜里听到乐声》《一首桃花》等诗，署名林徽因。是年 9 月陈梦家编《新月诗选》，收林徽因的《笑》《情愿》《深夜里听到乐声》《仍然》等 4 首诗。另一首同是这年 5 月份写的《激昂》，发表于丁玲主编的《北斗》创刊号。

6 月，写成第一个短篇小说《窘》，刊于《新月》3 卷 9 期。

1932 年　28 岁

3 月，学术论文《论中国建筑之几个特征》刊于《中国营造学社汇刊》3 卷 1 期。

夏，写作诗篇《别丢掉》。这篇作品与 10 月 1 日写的《雨后天》存放了 4 年，1936 年 3 月 15 日同时发表于天津《大公报》文艺副刊。

7月写《莲灯》《中夜钟声》两诗，发表于是年12月《新月》四卷7期。至此，《新月》停刊。

12月与梁思成共同署名的《平郊建筑杂录》（上）刊于《中国营造学社汇刊》3卷4期。

是年，子从诫出生，为纪念宋朝建筑学家李诫，取名从诫。

是年，林徽因为北京大学设计地质馆，并与梁思成共同设计北京大学灰楼学生宿舍。

1933年 29岁

萧乾的第一篇短篇小说《蛋》在天津《大公报·文艺》上发表，徽因欣赏其才，请他来她家面谈，给他热情的鼓励。从此萧乾开始奋力写小说。

是年徽因亦开始向天津《大公报》文艺副刊上投稿。10月7日发表《闲谈关于古代建筑的一点消息》一文，11月18日发表诗《秋天，这秋天》。

12月写短诗《忆》，发表于次年6月出版的《学文》月刊1卷2期上。《学文》月刊封面系林徽因所设计。

1934年 30岁

1月，梁思成署名的研究我国古代建筑技术的重要工具书《清式营造则例》出版，林徽因为本书写了绪论。本书1980年再版。

3月21日在《大公报》文艺副刊发表《年关》一诗。

3月，南京中央大学建筑系毕业生参观河北前蓟县独乐寺，林徽因、梁思成参加考察，并应邀为该校学生讲解。

5月1日在《学文》月刊1卷1期发表短篇小说《九十九度中》及新诗《你是人间的四月天——一句爱的赞颂》。

这年暑假林徽因、梁思成与中国营造学社几位同人作晋汾之游。计停留过太原、文水、汾阳、孝义、介休、离石、霍县、赵城等8

县地方。调查勘测的古建筑不下三四十处，对中国古建筑史的研究做出重要贡献。

9月5日《大公报》文艺副刊发表林徽因的散文《窗子以外》。此文曾选入西南联大编的国文课本。

李健吾的论文《包法利夫人》在郑振铎、巴金、靳以主编的《文学季刊》创刊号上发表，引起当时文艺界的注意。林徽因写一封长信约从未晤面的青年作家李健吾到她家面谈，给予热情的鼓励。

11月，林徽因与梁思成同应浙江省建设厅厅长之邀，前往杭州商讨六和塔重修计划，并往浙江宣平考察元朝古庙。归途，火车停靠徐志摩的故乡硖石站。此行促使林徽因撰写纪念徐志摩的文章。

1935 年　31 岁

3月，《晋汾古建筑预查纪略》发表于《中国营造学社汇刊》5卷3期，署名林徽因、梁思成。从这时起，林徽因不用原来的名字"林徽音"，以避免与当时另一位作家林微音混淆。

3月23日《大公报·艺术周刊》发表《由天宁寺谈到建筑年代之鉴别问题》，署名林徽因、梁思成。文章占该刊全版篇幅，附有摄影数帧。

诗人方玮德病逝。6月1日南京出版的《文艺月刊》7卷6期上发表林徽因的诗《吊玮德》。

6月，《中国营造学社汇刊》5卷4期刊载林徽因等的《平郊建筑杂录》续篇。

6月16日《大公报·文艺副刊》开始刊载短篇小说《模影零篇》之一《钟绿》；8月11日刊载《模影零篇》之二《吉公》。

10月写诗《城楼上》，发表于11月8日《大公报·文艺》。

12月8日，《大公报·文艺》刊载林徽因《纪念徐志摩去世四周年》一文。

是年林徽因应国立北平大学女子文理学院外语系之聘到该校讲

授《英国文学》课程，极受学生欢迎。

1936年　32岁

1月5日《大公报·文艺》发表新诗《深笑》。

2月2日散文《蛛丝和梅花》载于《大公报·文艺》，末署"新年漫记"。

2月14日该副刊又发表她的诗作《风筝》。

3月1日《大公报·文艺》发表林徽因为《大公报》出版小说选而写的《文艺丛刊小说题记》。这个月份《大公报·文艺》除刊载林徽因1932年写的《别丢掉》《雨后天》两诗外，22日又发表她的《记忆》一诗。

4月12日《大公报·文艺》发表《静院》一诗。

5月3日和5月17日的《大公报·文艺》先后发表《无题》和《题剔空菩提叶》两诗。

这年夏天是林徽因身体最健康、创作力最旺盛的时期。她到过山东进行古代建筑的野外调查，同时，还写了不少文艺作品。

标明1936年夏天写作的诗篇有《昼梦》《八月的忧愁》《冥思》等，分别载于《大公报·文艺》8月30日、9月30日、12月13日。

《空想（外四章）》（包括《空想》《你来了》《九一八闲走》《藤花前——独过静心斋》《旅途中》等5首）也是这年夏天写作的。12月发表于卞之琳、孙大雨、梁宗岱、冯至、戴望舒等主编的《新诗》第3期。篇末署"暑中在山东乡间步行"。

《大公报·文艺》6月14日载《模影零篇》之三《文珍》；7月19日载诗《黄昏过泰山》；8月30日载文艺论文《究竟怎么一回事》；11月1日载诗《过杨柳》。

是年秋，写作诗歌《山中》，发表于次年1月29日《大公报·文艺》。

这一年《大公报》为了扩大影响搞了两项活动：第一，出版由林徽因负责编辑的《大公报文艺丛刊·小说选》,共选老舍、杨振声、沈从文、萧乾、李健吾、蹇先艾、沙汀、张天翼、凌叔华、芦焚等25位作家的30篇作品。林徽因的《模影零篇》之一《钟绿》、之二《吉公》也选入该集。第二,由报馆设立一年一度的"文艺奖金",奖给一至三人。评委主要请京沪两地与《大公报·文艺》联系较密切的先辈作家担任。林徽因系其中一人。此外尚有朱自清、杨振声、朱光潜、叶圣陶、巴金、沈从文、李健吾等。

"新月"时期鼎盛的"京派",自徐志摩逝世后日渐衰落。胡适、杨振声等人想使"京派"重整旗鼓,组织一个8人编委会,筹办《文学杂志》。编委有杨振声、沈从文、周作人、俞平伯、朱自清、林徽因、朱光潜等,由朱光潜任主编,商务印书馆出版。

这时,北方的诗人作家们组织一个读诗会,在北京后海朱光潜家中定期举行集会。成员有朱光潜、周煦良、俞平伯、林徽因等。

10月,由平津各大学及文化界人士发起签署《平津文化界对时局宣言》。宣言向国民政府、行政院、军事委员会提出抗日救亡的八项要求。林徽因为文艺界发起人之一。梁思成为中国营造学社发起人之一。

1937年　33岁

1月,《新诗》第4期刊载《红叶里的信念》。1月31日《大公报·文艺》刊《静坐》一诗。

3月,《十月独行》《时间》两诗分别刊于3月7日、14日《大公报·文艺》。《新诗》第6期预告将出版林徽因诗集(题未定)。

《古城春景》发表于4月出版的《新诗》第7期。《模影零篇》之四《绣绣》刊于4月18日《大公报·文艺》。

5月1日,《文学杂志》创刊号出版。林徽因担任封面设计并发表四幕剧《梅真同他们》的第一幕。诗《前后》刊于5月16日《大公报·文艺》。

6月1日，《文学杂志》1卷2期刊载《梅真同他们》第二幕。

7月1日，《文学杂志》1卷3期刊载《梅真同他们》第三幕，同时发表诗《去春》。

6—7月，林徽因和梁思成在山西五台山地区进行野外调查，发现了国内最古老的一座木结构建筑——建于唐代大中十一年（857）的佛光寺大殿。可是，七七事变迫使他们中断了野外调查研究工作。这时正太铁路已不通车，他们历尽艰辛才辗转回到北平。

8月1日出版的《文学杂志》1卷4期的"编辑后记"写道："林徽因女士去山西旅行，《梅真同他们》的第四幕稿未能按时寄到，只好暂停一期，待下期补登。"讵料《文学杂志》从此停刊9年，而林徽因唯一的剧本《梅真同他们》竟成为未完成的作品。

不久，林徽因、梁思成全家离开已经沦陷的北平，与清华、北大的教授闻一多、朱自清、杨振声、金岳霖、张奚若、陈岱孙等同时到达长沙。在长沙不久，住所被日寇飞机炸毁，全家人仅以身免。同年冬在迁往昆明途中，林徽因患肺炎，健康大受损伤。

1938年　34岁

1月初林徽因一家到达昆明，借住当时昆明市长在巡津街的住宅。后因日寇轰炸，在昆明市郊龙泉村租地自建土坯小屋居住。住在城里的清华大学教授们，后来为躲警报，每天来回步行二三十里到龙泉村。梁思成、林徽因的乡间小屋成为朋友们的避难场所。

同年为云南大学设计布局为民族形式的女生宿舍。

1939年　35岁

梁思成患脊椎软骨硬化症卧床，林徽因忙于护理病人，操持家务，加上动荡不安的生活，自此她的文学创作很少了。是年2月昆明《今日评论》1卷2期上刊登她的散文《彼此》。此外，她在昆明时期的诗作有《三月昆明》《昆明即景》等。

上编

1940 年　36 岁

冬，昆明遭日机轰炸，林徽因一家随中央研究院迁四川宜宾附近的南溪县李庄。

1941 年　37 岁

梁思成担任迁址李庄的中央研究院的研究员。全家居住在几间几乎不蔽风雨的农舍里。春天，林徽因肺病复发。从这一年起她经常发烧卧床。在病榻上她通读廿四史，为《中国建筑史》的写作做好重要的资料准备。

是年 3 月，三弟林桓（空军军官）在一次空战中阵亡。

1942 年　38 岁

春，病中写诗《一天》。

1943 年　39 岁

是年，林徽因带病搜集辽、宋的建筑史文献，为编写《中国建筑史》做好资料上的准备。

1944 年　40 岁

春，写《忧郁》《哭三弟桓》两诗。

初冬，写《十一月的小村》一诗。

是年梁思成在林徽因、莫宗江等人的协助下开始写作《中国建筑史》。该书辽、宋部分由林徽因执笔。

同年，在《中国营造学社汇刊》（油印本）7 卷 2 期上发表《现代住宅设计的参考》一文。

1945 年　41 岁

秋，抗日战争结束。梁思成接受清华大学的聘请。他们在李庄等待清华复校工作就绪后动身。几个月时间一家人靠变卖衣物维持生活。

1946 年　42 岁

春，林徽因到重庆。不久即飞昆明小住，与老朋友张奚若、钱端升、金岳霖等相聚。在昆明写了《对残枝》《对北门街园子》两诗。

8月，全家由重庆回北平。林徽因在清华园安家之后，便立即为清华设计胜因院教师住宅。

散文《一片阳光》发表于11月24日《大公报·文艺》。

1947年　43岁

5月4日《大公报·文艺》发表《诗三首》（《给秋天》《人生》《展缓》）。

为解决清华学生的经济负担问题，林徽因倡议并带头组织工艺美术设计组接受校外的设计任务，所得收入则购买颜料、纸张供学生学习建筑绘图时用。

12月，林徽因动肾脏手术。手术前写了《小诗》（一）（二）以及《写给我的大姐》《恶劣的心绪》等。

1948年　44岁

2月，写诗《我们的雄鸡》。

2月22日北平《经世日报·文艺周刊》（杨振声主编）载林徽因诗三组6首：《空虚的薄暮》之一《六点钟在下午》、之二《黄昏过杨柳》；《昆明即景》之一《茶铺》、之二《小楼》；《年青的歌》之一《你来了》、之二《一串疯话》。

林徽因自1942年春至1947年冬所写的诗9首，刊于5月出版的《文学杂志》第2卷第12期，题名《病中杂诗九首》。

12月13日清华园解放了。解放军包围北京城期间，梁思成协助围城部队绘制了北平市内重点保护文物古迹地图。解放军还请梁思成编写全国的古建目录。林徽因协助他完成了《全国文物古建筑目录》一书。后来此书演变成为《全国文物保护目录》。

1949年　45岁

北平解放，林徽因被聘为清华大学建筑系教授。她讲授《中国

上编

建筑史》课程并为研究生开《住宅概论》等专题课。她十分关心供普通劳动者居住的小型住宅的合理设计问题，并亲自做出了多种设计方案。

林徽因和清华大学建筑系 10 位教师一道，接受了为中华人民共和国设计国徽图案的光荣任务。她连续工作几个月，直到方案最后确定。

1950 年　46 岁

林徽因被任命为北京市都市计划委员会委员兼工程师。她和清华大学教师们一道，提出很有远见的首都城建总体规划草案。她还以极大的科学勇气和对人民、对历史负责的精神，抵制当时来自各方面、包括来自外国专家的许多武断的、错误的意见；力主保存北京古城面貌，反对拆毁城墙、城楼和重要古建筑物；提出修建"城墙公园"这一既能保存古文物又可供劳动人民享用的新颖设想。

1951 年　47 岁

林徽因被任命为人民英雄纪念碑建筑委员会委员，参加天安门人民英雄纪念碑的设计和修建工作，并承担为碑座设计纹饰和花圈浮雕图案的任务。

是年，她与梁思成合作写成《城市规划大纲》，并协助梁思成写作《北京——都市计划的无比杰作》一文。

是年，她还应工艺美术界同志的邀请，来到濒临停业的景泰蓝、烧瓷等工艺工场调查研究，熟悉生产程序，为这个传统工艺品设计了一批具有民族风格的新式图案，并亲自参与试制。同时，还为工艺美术学院培养研究生。

1952 年　48 岁

春，北京午门楼举办"伟大的祖国建筑"展览。东北工学院建筑系师生来京参观，请林徽因为他们做中国古建筑的报告。

林徽因在繁忙的工作之余，还应《新观察》杂志之约，为"我们的首都"专栏撰写了一组介绍我国古建筑的文章:《中山堂》《北京市劳动人民文化宫》《故宫三大殿》《北海公园》《天坛》《颐和园》《天宁寺塔》《北京近郊的三座"金刚宝座塔"》《鼓楼、钟楼和什刹海》《雍和宫》《故宫》等,连载于本年《新观察》第 1 期至第 11 期。

署名梁思成、林徽因的《祖国的建筑传统与当前的建筑问题》一文,刊于本年《新观察》第 16 期。

是年,林徽因参加中南海怀仁堂的内装修设计工作。

本年第 18 期《新观察》刊载林徽因为在北京召开的亚洲及太平洋区域和平会议而写的文章:《和平礼物》。文中所附的礼物图案,是她最得意的学生和助手常莎娜在她的指导下设计绘制的。林徽因参加这个大会,并与印度代表互赠头巾。

1953 年　49 岁

10 月,中国建筑学会成立,选举第一届理事会,林徽因当选为理事,并担任《建筑学报》编委。同时还兼任中国建筑研究委员会委员。

1954 年　50 岁

《建筑学报》1954 年第 2 期刊载林徽因与梁思成、莫宗江合写的《中国建筑发展的历史阶段》一文。

这年春天北京兴建西颐宾馆,梁思成、林徽因担任顾问。

6 月,林徽因被选为北京市人民代表大会代表。8 月 10 日《北京日报》介绍她的简历:"林徽因,女,汉族,50 岁,北京市都市计划委员会委员兼工程师,清华大学教授。"

这一年林徽因身体已极度衰弱,经常卧床。她所担任的《中国建筑史》课程,几乎一大半是躺在床上讲授,学生围坐床前听讲而完成教学任务的。

上编

1955 年 51 岁

4 月 1 日上午 6 时 20 分，林徽因终因久病医治无效在北京同仁医院逝世。4 月 2 日《北京日报》刊登讣告。治丧委员会由张奚若、周培源、钱端升、钱伟长、金岳霖等 13 人组成。4 月 3 日在金鱼胡同贤良寺举行追悼会，遗体被安葬在八宝山革命公墓。墓由人民英雄纪念碑建筑委员会负责修建。墓碑上刻着"女建筑师林徽因之墓"9 个大字。碑文下方是一块晶莹的汉白玉石，上面镌刻着一簇簇具有民族风格的花圈和饰带。这就是为人民英雄纪念碑碑座雕饰试刻的一个样品，人们把这块刻样奉献给它的制作者——墓的主人，为她谱写了一篇罕见而独特的墓志铭。

1986 年 7 月第二次修改

耀眼的"小橘灯"

——读冰心散文札记

"四人帮"被粉碎之后,春回大地,百花竞放。新作家新作品不断涌现。老作家重新握起被迫放下十余年的心爱之笔,焕发青春,挥毫不倦。每当看到这一批八十上下高龄的老作家发表新作或重版文集时,人们总感到特别欣慰与兴奋,总是如饥似渴地读着他们的作品,总想和朋友们谈谈自己的心得体会。因为久旱干涸的心田特别需要雨露的滋润,在沙漠上生活太久了,一旦见到绿洲,谁都忍不住要大声地赞美几句。最近我读了老作家冰心新版的《小橘灯》,这种感觉便油然而生。

新版的《小橘灯》收集了冰心自中华人民共和国成立以后至"文革"前的富有代表性的主要散文作品。题材多种,体裁多样,表现形式多姿多彩。这本读物,冰心是为儿童写的。它不仅能培养小读者具有健康的思想、良好的品质,还能使他们情操优美、志趣高尚,而且有助于语文修养的提高。就是大读者们看到这位年近八旬的老作家,以那么饱满真挚的感情,那样清新隽永的文笔,描绘了我们时代沸腾多彩的生活和纯真的儿童世界,也会和小读者一样,掩卷三赞,爱不忍释。

这部基本上从作家自中华人民共和国成立以后出版的《归来以后》《小橘灯》《拾穗小札》等五个散文集选编而成的新版《小橘

上编

灯》，描写社会主义建设的题材占着显著的地位。1951 年冰心从国外回到朝气蓬勃的祖国。她说："一踏上了我挚爱的国土，我所看到的就都是新人新事：广大的工农兵大众，以洋溢的主人翁的自豪感，在疮痍初复的大地上，欢欣辛勤地劳动，知识分子们的旧友重逢，也都说：'好容易盼到了自由独立的今天，我们要好好地改造，在自己的岗位上，努力地为新社会服务！'"①冰心就是怀着努力为新社会服务的满腔热情，到群众中去，向工农学习，写新的篇章。欣逢建设社会主义的火红年代，她尽情地引吭高歌，"歌颂伟大领袖毛主席和中国共产党，歌颂伟大祖国翻天覆地的变化，歌颂创造我们幸福生活的英雄人民……"②这个集子收了她十几篇描写热火朝天的社会主义建设的作品，运用多种艺术手法，通过各个不同侧面，多姿多彩地反映了祖国翻天覆地的变化。

《我们把春天吵醒了》是很有特色的反映亿万人民建设社会主义的巨大热情的篇章之一。简直是一首散文诗，一篇美丽的童话。春天"像一个困倦的孩子"爱睡懒觉。"6 亿 5000 万人商量好了，用各种偌大的声音和震天撼地的动作来把它吵醒。"作家生动有致地描写春天被吵醒后的大地：昆仑山化雪、江河溢满、早已等得不耐烦的人们忙着引水入渠、翻开土地、施肥下种。接着，种子一个劲地往上钻："深深地吸了一口春天的充满了欢乐的香气，悠悠地伸开两片嫩嫩的翅叶……"6 亿人民"在矿山里开出了春天，在高炉里炼出了春天，在盐场上晒出了春天，在纺机上织出了春天，在鲜红的唇上唱出了春天，在挥舞的笔下写出了春天"。被吵醒的春天一睁开睡眼就惊讶地说："伟大呵，你们这些建设社会主义的人们！"作家别出心裁地用诗的语言和童话的形象交织成的美丽乐章，热情歌颂辛勤地建设社会主义的 6 亿人民。

---

①②冰心：《从"五四"到"四五"》，《文艺研究》1979 年创刊号。

《雪窗驰想》也是歌颂建设社会主义的"一代风流人物",写法也很别致。文章开头,作者舒缓地写"驰想":从窗外雪景想到四部古典小说中有关雪景的描写,继而自然地想起了毛主席《沁园春·雪》中的北国风光,顺着背诵出"数风流人物,还看今朝"的诗句,触及文章的中心了。似是信手写来,实则略有铺陈。接着,作者又驰想她上月去邯郸访问的所见所闻。农民见大雪纷飞,高兴地说:"小麦盖上三层被,明年枕着馒头睡。"不用一个"雪"字,却描写了雪兆丰年。"驰想"至此,作者巧妙地把笔锋一转:勇敢勤劳的农民,是不会"枕着馒头睡"的,他们要年年争取更大的丰收。这轻轻的一笔,照应了前面的"风流人物",又起了篇末点题的作用。前头大段的"驰想",至此都落到实处。这篇随感式的散文,与侧重抒情的《我们把春天吵醒了》写法完全不同,但都发挥了散文的特长:短小自由,拈得起放得下,从心所欲,丰富多彩。

中华人民共和国成立后,冰心外事活动频繁,出国参观访问多次。在她的创作中,国际的题材自然占很大的篇幅。选入这部集子的有关描写国际反帝斗争和各国人民友谊的主题约占一半。其中写中日人民友谊的《樱花和友谊》、写中印人民文化交流的《观舞记》,最富有诗意。冰心在中华人民共和国成立前到过日本,中华人民共和国成立后曾三次访问日本。她对日本人民感情最深厚,了解最深切。在《樱花和友谊》中,她写自己多次看到日本的美丽樱花,而1961年4月13日"我在金泽萝香山上所看到的樱花,却是我所看过的最璀璨、最庄严的华光四射的樱花"。樱花早已是中日人民友谊的象征了,这一次更为璀璨、庄严——日本司机为了要开车送中国作家代表团回国,竟将预定的罢工时间推迟一小时。听到司机谦和地回答中国朋友说:"促进日中人民的友谊,也是斗争的一部分呵!"作者激动地借景抒情:"这时候我忽然看到,山路的两旁,簇拥着雨后盛开的几百树几千树的樱花!这樱花,一堆堆、一层层,好像云

上编

· 65 ·

海似的，在朝阳下绯红万顷，溢彩流光。"把樱花的形象与日本人民的斗争、中日人民的友谊联结起来，更加诗意盎然。冰心特别喜爱印度的文学艺术。她曾翻译过印度的诗歌、戏剧名著。《观舞记》写她看印度舞蹈家卡拉玛姐妹来华演出的观感。以抒情诗的笔调开头，一连用10个自然段抒写："我应当怎样地来形容印度卡拉玛姐妹的舞蹈？"创造出了浓郁的艺术气氛。第二部分用工笔画的技法来描绘印度舞蹈家的舞蹈，细致入微地描绘出一肌一容，尽态极妍的卡拉玛·拉克希曼的舞姿，几乎用了所有的形容舞姿优美的词汇。最后一部分是歌颂印度悠久的文化艺术，赞美中印人民的友谊，以印度伟大诗人泰戈尔的名言结束全文。感情真挚、诗意浓郁是冰心的国际友好题材作品的两大特色。

当然，冰心创作中最主要的题材是儿童题材。新版《小橘灯》收了她自中华人民共和国成立以来写作的著名儿童文学作品：《陶奇的暑期日记》《小橘灯》《再寄小读者》等，还收了她的很有影响的报告文学《咱们的五个孩子》、通讯《十三陵工地上的小五虎》、散文《只拣儿童多处行》《和演戏的孩子一起看戏》等。在这些作品中，冰心塑造了在党的培育下茁壮成长的新型的小主人公们的鲜明生动的形象。冰心一向关怀革命事业接班人的健康成长，一再用她所独创的书信、日记、短小散文等艺术形式，用她对儿童怀有特别的深情所凝练成的既清新隽永又明白晓畅的语言来为小读者们写作。50年来，在三个不同的时代中，冰心三次创作了《寄小读者》。这三寄小读者，说明了老作家对儿童的无限热爱以及她那永不衰退的创作热情。

优美的儿童文学作品《小橘灯》在冰心的创作中占有重要的地位。它不但集中表现了冰心独特的艺术风格，而且有助于了解20世纪40年代冰心的思想。

1957年的春节冰心写了这篇《小橘灯》。用她常用的回忆往事的形式，写她在中华人民共和国成立前在重庆的一段往事。大年除夕的下午，她到郊外访友不遇，却见到一个来她朋友住处打电话请医生的八九岁小姑娘，而且还上小姑娘的家去探望她生病的母亲。小姑娘在极端困难的环境中所表现出的坚强、乐观的精神深深地吸引了作者。天黑时她告辞出来，小姑娘敏捷地用大红橘皮制作一盏小橘灯递给她说："天黑了，路滑，拿这盏小橘灯照你上山吧！"临别时她像安慰似的告诉作者说："我爸爸不久就会回来的，那时我妈妈就会好了。"还用手势比画说："我们大家也都好了！"于是作者写道："我提着灵巧的小橘灯，在黑暗潮湿的山路上慢慢地走着。朦胧的橘红的光，实在照不了多远；但这小姑娘的镇定、勇敢、乐观的精神鼓舞了我，我似乎觉得眼前有无限光明。"

这篇散文的主题是希望，充满希望的未来。40 年代在重庆时期的冰心，已经看出了中国的希望在哪里。她说："1936—1937 年，我在欧美游历了一年，使我对资本主义世界，感到了不满和失望。回国来正赶上了'七七事变'！我又到了我国的大西南——云南的昆明，和四川的重庆，尤其是在重庆，我看到了蒋介石政府不但腐朽反动而且奸险凶残，中国的希望是寄托在中国共产党，和党领导下的、真正抗战的中国工农大众身上的。"[①] 显然，基于这样的思想认识，在当时的山城重庆，冰心偶然邂逅被捕入狱的共产党员的小女儿，从她身上得到的教育和鼓舞才能那样深刻难忘，直至多年后，每逢春节都会想起那盏小橘灯，想起那个小姑娘的一家人。如果不是对党有一定的认识，当时冰心就不可能捕捉住这个意义重大的题材，就会像过眼云烟一样地随风飘去，就不可能在 12 年之后回忆起来还是那样饱含无限的深情和诗意。

---

① 冰心：《从"五四"到"四五"》，《文艺研究》1979 年创刊号。

冰心曾经说过：散文可以写得铿锵得像诗，生动曲折得像小说。[①]前面提到的《我们把春天吵醒了》《樱花和友谊》等，就写得铿锵得像诗。用抒情诗的笔致写散文，是冰心散文艺术风格的第一个特色。《小橘灯》主要是写人叙事的，对话不少，有点像小说，但作品的整个艺术境界却充满了诗情画意。你看：在那黑暗笼罩下的山城，一个访友不遇的成年人，手提着一盏灵巧的小橘灯，心中被送给她这盏灯的八九岁小姑娘热情、勇敢的话语所燃烧，在黑暗潮湿的山路上慢慢地走着。这朦胧的橘红的光，渐渐放大，辉耀四方，无限光明……作家简直是用诗画的形式来表达她的希望的主题。在那黑暗浓重的山城中，她探索出了走向光明之路。这发出红光的小橘灯，虽然还有点朦胧，却照亮了她前进的道路。试想，如果作家不用抒情诗的笔法，不创造这样如诗如画的意境，又怎能如此深刻而又含蓄地表达出作品的主题思想呢？

感情细腻澄澈是冰心散文艺术风格的另一个特色。20世纪20年代她写《寄小读者》时，曾用"不绝如缕，乙乙欲抽"8个字来形容自己为小读者写作时的情怀。那时，她把自己的喜怒哀乐乃至内心极其细微的感受，都对小读者娓娓而谈。她的作品写得情文相生、自然动人。中华人民共和国成立后，冰心写了五本散文集，感情细腻仍然不减当年。例如：《小橘灯》中，"我"与小姑娘的几次对话，"我"的内心感受，以及12年来"我"对小姑娘一家人的殷切怀念等，莫不流露出作者细腻而又澄澈的感情。

冰心的散文笔调轻俏灵活，文字清新隽丽，早在五四时期就有"冰心体"之誉，早已形成了她独特的艺术风格。冰心认为："文章写到有了风格，必须是作者自己对于他所描述的人、物、情、景，有着浓厚真挚的情感，他的抑制不住冲口而出的，不是人云亦云东

_____

① 冰心：《关于散文》，《小橘灯》1979 年版。

抄西袭的语言，乃是代表他自己的情感的独特的语言。"①冰心的抒情的、感情细腻澄澈的风格，需要这种独特的语言和笔调来体现，而冰心文笔的独创一格，又是和她的"多读书、善融化"，善于吸取文言文凝练简洁的长处，融化成为流利晓畅、隽丽清新的白话文分不开的。《小橘灯》的文字与笔调，就富有作者所独具的这一艺术风格。

看来冰心自己也很喜爱这篇《小橘灯》。它第一次出现在冰心在中华人民共和国成立后出版的第一本集子《归来以后》。第二次，冰心索性用它作集子的题名，那就是 1960 年出版的散文集《小橘灯》。今天，粉碎"四人帮"之后，冰心重新出版她自中华人民共和国成立之后的创作选集，又名之曰《小橘灯》，并在后记中谦虚地称之为"不显眼的儿童读物"。这是老作家虚怀若谷、永不停步的表现。经历过"四人帮"文化专制主义的寒冬，再来诵读新版的《小橘灯》，使人感到光华四射，特别耀眼！这不仅是老树新枝、花繁叶茂，格外令人宝爱，更主要的是，作家那一颗热爱社会主义祖国、热爱少年儿童的赤心，和她那半个世纪以来为人们所称赞的细腻委婉、清新优美的文笔，融中外古今于一炉的独特的艺术风格。

现在，冰心正勤奋地写作《三寄小读者》。在新长征的路上，她有许多经验教训要告诉他们。她要努力地为这些"21 世纪四个现代化的执行者"服务。冰心在《〈小橘灯〉新版后记》中说："因为我们革命接班人的健康成长，是有关于在本世纪末把我国建设成为四个现代化的社会主义强国的头等大事，我这个老文艺工作者，也要'老当益壮'，在有限的岁月里，为这件头等大事做出无限的努力。"尽情地挥笔吧！可敬可钦的老作家，祝愿您一直写到 21 世纪！

_____

① 冰心：《关于散文》，《小橘灯》1979 年版。

上编

漫谈冰心与庐隐的文学创作

冰心与庐隐是同时出现在五四时期的新文坛上的福建籍的女作家，她们像两颗耀眼的星星在黎明的天空中熠熠发光。人们一谈起五四新文学运动，就会想到冰心和庐隐。这两位女作家只相差一岁，同是福州人，同在北京度过自己的青少年时代。她们是这样的相近，而又是这样的不同。庐隐不幸早逝，1934 年这颗巨星就陨落了。因此，本文所谈的是五四运动后 15 年中的冰心与庐隐，而且是浮光掠影式地漫议，目的不在于比较而在于认识。

五四运动的产儿

没有五四运动便没有冰心和庐隐。冰心说过："我在'五四'以前，做梦也不会想到我会以写作为业。"的确，她念的是理科，她的愿望是当医生，为她多病的母亲医病，是"五四"风暴把她从宁静的校园里掀出来的。当时北洋政府法庭公审被捕的"火烧赵家楼"的学生，冰心和北京女学界联合会宣传组组同志被派去旁听，宣传组组长指定她们把听审的感想写下来，自己找个报纸发表，以扩大宣传，于是冰心写下了《听审记》，寄给在北京《晨报》当编辑的表兄刘放园。几天后她的文章就登出来了。在《新青年》《新潮》等杂志的启发下，在放园表兄的鼓励下，不久，她的第一篇小说《两个家庭》就用"冰心"这个笔名在《晨报》副刊上刊载了，从此，她

"写滑了手"，连续发表短篇小说，从理科改读文科，奠定了通向作家的路。

此时的庐隐阅历比冰心丰富。她曾在安徽、河南等地教过书，见到社会的腐败，尝过生活的艰辛。她常常觉得如骨鲠在喉，不吐不快。正好老师在文学概论课堂上讲到了创作的冲动，她认为她正有此种冲动，于是便开始尝试创作。她写了揭露包办婚姻、控诉金钱罪恶的《一个著作家》，第一次用"庐隐"这个笔名，由郑振铎介绍刊在茅盾主编的1921年第1期《小说月报》上。从此，庐隐也连续写短篇小说。她和冰心一样，最初都是以"问题小说"步上文坛的。

1921年1月4日文学研究会成立，庐隐参加在北京中山公园举行的成立大会。她的入会号数登记为"13"。冰心没有出席成立大会，但她由许地山、瞿世英介绍参加了这个中国现代文学史上最早的一个文学社团。她的入会登记号为"74"。从此，冰心和庐隐在"为人生"的鲜明旗帜下踏上了文艺创作的征途，成为五四运动所诞生的第一代中国女作家。

妇女解放问题的探索者

冰心在《冰心全集·自序》里回顾了她的"爱的哲学"在中学时代已经形成。从"五四"至20世纪20年代末，冰心的创作确实离不开爱——母爱、对儿童的爱、对大自然的爱。这一时期不论是小说、散文还是诗歌，大部分的篇什是宣传"爱的哲学"。对于五四运动中最突出的问题之一——妇女解放问题，她虽有触及，但不像庐隐那样苦苦探索，追根究底。

在"五四"初期写的第一篇小说《两个家庭》中，冰心对照地写了两个资产阶级知识分子家庭，说明"家庭的幸福和痛苦，与男子建设事业能力的影响"。她赞赏三嫂关心三哥的事业，"红袖添香

上编

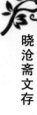

对译书"，给家庭带来了幸福。她批评陈太太没有受过学校教育，只知打牌装扮，不知管理家庭教育孩子，又以"不尊重女权""不平等"为借口来抵制陈先生的劝导，终于毁了家庭。1933年冰心写了《我们太太的客厅》。在这位虚荣的银行家太太的"沙龙"里，冰心展览了一批无聊的文学教授、诗人、哲学家，批评了这位太太一味侈谈女权，实际上是个不爱丈夫和孩子，只顾自己享乐的庸俗的女人。

由这两篇创作时间相隔14年的作品可以看出，冰心一贯反对曲解女权，重视妇女在家庭中的地位与作用。虽然这只是资产阶级式的男女平等，但在半殖民地半封建的旧中国仍是有其积极意义的。

冰心笔下的劳动人民女儿的形象倒是富有鲜明个性的。如被她称为"我第一个好朋友"的金钩寨农民的女儿六一姐，为人是多么的练达（《六一姐》）。那佣人的女儿冬儿，可是个倔强的、大胆的、勇力过人的农村姑娘（《冬儿姑娘》）。联系到冰心在20世纪40年代初期写的一组女人（《关于女人》），还有奶娘（《我的奶娘》）、张嫂（《张嫂》）等劳动妇女的形象，也都是很有个性的，作家都是以赞赏、钦佩的态度来描写她们的。

庐隐，也许是她那坎坷的命运所驱使吧，她艰苦地探索着人生，不写母爱与对大自然的爱，而写女知识青年们在感情与理智冲突下的苦闷。她对人生进行探索，同时也探索了妇女解放的道路。被五四运动唤醒的一代女知识青年，她们反对封建压迫，要求个性解放、婚姻自由、男女平等。不久运动落潮了，封建势力依然存在，她们的命运并没有改变。于是，她们苦闷、彷徨，陷入悲哀之中而不能自拔。庐隐自己就是一个接受新思潮最快最坚决的新女性。她从最初写比较尖锐的"问题小说"（例如《灵魂可以卖吗》），转而成为一个"悲哀的叹美者"，其中固然有个人的因素，也有着那个时代的投影。她不断地挣扎，与自己的命运苦斗，因而也对那个时代中国妇女的出路问题作了种种的探索。

在早期的、也是她的成名之作《海滨故人》中，庐隐就写了包括她自己在内的 5 个女大学生在恋爱问题上的苦闷。她们都是很有抱负的人，恋爱与婚姻的失意，使她们感叹："十年读书，得来只是烦恼和悲愁，究竟知识误我？我误知识？"1924 年以后，庐隐的同学们都先后结婚了。她自己也尝到了恋爱的苦果。她连续写了几篇作品，反映受过高等教育的女子进入家庭后的苦闷心情。她干脆宣告："想望结婚的乐趣，实在要比结婚实现的高兴得多。"（《前尘》）她激愤地说："受了高等教育的女子，一旦身入家庭，既不善管理家庭琐事，又无力兼顾社会事业，这班人简直是高等游民。"（《胜利以后》）她失望地告诉世人："当我们和家庭奋斗，一定要为爱情牺牲一切的时候，是何等气概？而今总算都得了胜利，而胜利以后原来依旧是苦的多乐的少，而且可希冀的事情更少了。"（同上）1927 年她仍在痛苦地寻问何处是归程。她写道："结婚、生子、作母亲……一切平淡的收束了，事业志趣都成了生命史上的陈述……但谁能死心塌地的相信女人是这么简单的动物呢！"（《何处是归程》）

1930 年庐隐重建了原已破碎的小家庭，与李惟建东渡日本度蜜月。这时，她写了一篇题名《今后妇女的出路》的杂文，指出："今后妇女的出路，就是打破家庭的藩篱到社会上去，逃出傀儡家庭，去过人类应过的生活，不仅仅做个女人，还要做人，这就是我唯一的口号。"显然，在这里我们看到了女作家此时的精神振奋、气宇轩昂，但是这条易卜生指出的道路，已由鲁迅先生《娜拉走后怎样》作了回答。妇女解放问题取决于社会制度。

具有独特的创作个性与风格的作家

1978 年聂华苓回国访问，第一次见到冰心。对于这位 40 年前她就已经十分喜爱的老作家，聂华苓有个很精当的比喻："她那个人就

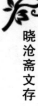

是一座非常典雅的象牙小雕像，年代久了，有些变色了，但还是细致得逗人喜爱。"庐隐的性格却大不相同，她是属于豪放型的。据她亲友的回忆，她平时爱说"那我可不在乎"。写作的时候，她桌上摆的是一壶香茗、一包香烟。

同是"五四"第一期的女作家，同属"为人生"这个现实主义流派的作者，冰心和庐隐在创作内容的大方向上有一致的地方，那就是反封建、追求个性解放、同情被侮辱被损害的人们。在表现方法的总倾向上，她们也有别于文学研究会的男性作家，即她们都喜欢表现自我，主观的色彩比较浓厚。

但是，由于她们的家庭出身、社会经历、文化教养，以及性格、气质等的不同，她们的创作个性与风格显然很不相同。

冰心是在文化教养较高而又极其温暖幸福的家庭中长大的，当海军军官的父亲给她提供了从小就接触大海和大自然的特殊环境。冰心 11 岁已看完了全部《说部丛书》以及《西游记》《水浒传》等书，还能作旧诗、试写旧小说。她的创作准备可以说是从孩童时期就已经开始了。她读了 4 年的燕大文学系，又到美国威尔斯利女大专攻英国文学 3 年。当通讯集《寄小读者》一篇篇寄回祖国之时，冰心已经成为饱学之士了。回国以后，冰心兼任教授和作家，小家庭也十分美满。她的一切都是顺利的、完好的。她的创作之所以大部分是爱的赞歌，主调是母爱，这就容易理解了。庐隐则不然，她生不逢时。她的出生之日正值外祖母逝世之时。思想守旧的母亲嫌弃她，出任长沙知县的父亲嫌她在途中号哭，粗暴地要将她抛入大海。6 岁时，父亲病逝，庐隐随母投奔在北京当官的舅父。从此，她过的是寄人篱下的黯淡岁月。后来由于她自己的挣扎，考上官费的五年制女子师范。毕业后在北京、安徽、河南等地的中小学任教，薪水收入要负担家庭，同时还要与家庭抗争之后才得以用自己的积蓄来念大学。她那爽朗旷达的性格是在对生活的重压作斗争中养成的，不如此她就有被压垮的危险。所谓"四公子""不羁的天马"等自号，是她获得个性解放后的豪言壮语。可惜她太重感情，片面理解恋爱自由，把自己的婚姻问题复杂化了，此后好多年她一直生活在苦海中，她的创作也染上了浓重的悲观厌世的色调。

卢隐到中学毕业那一年才开始看小说，一年里看了200本左右。她曾试写一个长篇，失败了，便改读短篇小说，学写短篇。卢隐的小说受中国旧小说和诗词的影响很深。这个痕迹在人物描写和语言运用上尤其分明。后期的小说语言趋于口语化。她的散文作品语言更直切流利，胜过小说。

冰心作品的语言一开始就有自己的风格。中国古典诗词的影响虽也历历可见，但她已巧妙地使之散文化了。20世纪20年代后期，她的散文集《往事》《寄小读者》出版时，评价界就肯定冰心语言风格的独创性，誉之为"冰心体"。

冰心的创作受外国文学的影响是肯定的。她的诗集《繁星》《春水》是在泰戈尔哲理诗的影响下写成的。她的博爱思想和对儿童对大自然的挚爱，也曾受到这位印度诗圣的熏陶。她的散文吸收了英国诗歌散文流畅清新的长处，她的小说却带着英国式的幽默情趣。20世纪30年代初写的《我们太太的客厅》已见端倪，40年代初写的《关于女人》则更为浓厚。但是，正如评价家们所说的，冰心做的仍然是"中国女红"。外国的影响只在她的艺术精品上抹了一些色彩。

卢隐的创作基本上不受外国文学的影响。我们所看到的只是她将外国名著引入她小说的情节，作为主人公的一种行动或心理状态的衬托而已。她前期作品的格调与布局接近中国旧小说。后期作品如《女人的新》已有现代小说的格局：结构比较完整，人物性格比较鲜明。在描写的客观性和语言的明白晓畅等方面，比前期作品都有长足的进步。

上编

· 75 ·

总之，从艺术性这个角度来看，庐隐的作品较为粗糙。她喜欢采用自传的写法，穿插了过多的书信、日记，显得散漫和随意性。冰心则能做到像契科夫所说的："女作家应当不是写，而是在纸上刺绣。"

由于生活圈子比较窄小，这两位女作家的创作题材都比较狭窄。冰心的作品多半写母亲、父亲、弟弟、她自己以及周围的一些人。庐隐的作品写的也是她自己、她的同学、朋友和爱人。不过在反映社会生活的广度上，庐隐却胜于冰心。

虽然冰心过多地歌颂母爱，庐隐描写男女恋爱也太多了，而各有其消极的因素，但从"五四"反封建的任务出发，从当时提倡个性解放、婚姻自由和男女平等的要求来看，她们的创作反映了"五四"的精神，是有进步性的。

庐隐逝世将近半个世纪了。冰心在新文学园地上已经辛苦耕耘了60多年。我们为庐隐的不寿而深深惋惜，否则她一定会和冰心一样地倾注自己全部的爱，以自己独特的艺术风格，歌颂今日中国妇女的真正获得解放。作为冰心和庐隐的故乡人民，我们衷心祝愿硕果仅存的冰心大姐健康长寿，祝愿她为新时期的文艺事业做出新的贡献。

庐隐和她的创作

庐隐是五四新文学运动第一期的作家。她和冰心一样，是"五四"的怒潮把她们从女子学校的寂静氛围中唤醒的。没有五四运动便没有冰心和庐隐。

"五四"初期，她俩都成为各自学校的学生会干部，为学生运动奔走呼号。接着，她俩又都拿起笔杆继续战斗，写作反对封建压迫的"问题小说"，从大学的课堂里把稿件投向当时提倡新文学运动最有力的报刊。只要翻开 1921 年改革后的《小说月报》，几乎每期都能看到庐隐或冰心的作品。这两颗一出现就颇为耀眼的文坛新星，并不因为她们同是福建籍的女作家而引人注目，而是由于她们各有自己的独特风格，一出手便不凡。庐隐的《海滨故人》与冰心的《寄小读者》打动了不少青年人的心扉。当时的评论界常常把她俩相提并论。今天 50 岁以上的知识分子大约很少有人不知道庐隐的，而年轻一代恐怕就感到十分陌生了。因此，重新介绍和研究这位在中国现代文学史上有过影响，可是几乎被冷落了三分之一世纪的女作家，确实是很有必要的。

庐隐原名黄英（1898—1934），福建闽侯县人。她的父亲是前清举人，母亲是个不曾读书的旧式女子。庐隐出生之日，正值外祖母逝世之时。于是母亲迁怒于她，把她扔给乡下奶妈抚养。虽然这时她已有三个哥哥，她是父母的第一个女儿，可还是生不逢时。3 岁，

上编

父亲任湖南长沙知县，才把她接回同往长沙。但她天生脾气拗傲，加上舍不得离开奶妈，终日号哭不止，更使家人嫌弃。6岁，父亲患心脏病突然去世。一群孤儿寡母被舅舅接去北京。庐隐就在她的这位任农工商部员外郎兼太医院御医的舅舅家里继续度完她的不幸的童年。

1912年，庐隐考上官费的五年制女子师范学校，处境大大地改观了。正如她在《自传》中写的："因为我自己奋斗的结果，到底打破了我童年的厄运。"虽然她不满学校的规矩太严、压迫太狠，但她却第一次尝到了友情的温暖。从中学三年级开始，她拼命读小说，读过200多部中国古典小说、通俗小说和林译小说，当然也包括当时流行的言情小说。这培养了她对文学的爱好，也给她播下了感伤的种子。她日后所具有的豪放性格，也在这个时期逐渐形成。

1917年，庐隐毕业于女子师范学校。那时的大学不招女生，庐隐只能走就业这条路。她先后在北京公立女子中学、安徽安庆小学、河南女子师范学校当教员，教园艺、体育、家事、国文、历史、地理等课程。一年多的教学实践，使庐隐深感学问不够，只能再读书，不能再教书了。她决计升学深造。

1919年，庐隐考入国立北京高等女子师范（女师大前身）国文系。进入北京女高师是庐隐一生的重大转折点。如果她固守在安庆或开封，也许她只能成为黄英老师而不能成为作家庐隐。她倔强地掌握着自己的命运。母亲因经济负担问题反对她上大学，她用自己教书的积蓄来交学费和膳宿费。庐隐进入女高师的第一年，正值五四运动的浪潮席卷全国的一年。她身居五四运动的中心——北京，又在学生运动最活跃的大学里读书，立即接受新思潮，喜爱新文学，成为新派人物。在大学三年里，她写了十几万字作品。著名的小说集《海滨故人》中的部分篇章就是这一时期写成的。

中篇小说《海滨故人》是庐隐的成名之作，1923年10月开始在

《小说月报》上连载。这正是庐隐事业上获得成功而生活上招致失败的时候。她不顾亲友们的反对而与使君有妇的北大高才生郭梦良结婚。1925 年秋，郭梦良病逝，留下 10 个月的女儿郭薇萱，这对庐隐的打击自然是无比的沉重。后来，她回故乡福州不到一年又去上海，在大厦大学附中教几个月书。1927 年 3 月离开上海回到久别的北京。在北京，庐隐当过编辑，做过中学校长，与同病相怜的好友石评梅为伴，有时放声痛哭，有时酣歌狂舞。当时有一家法文报纸直称她为"中国的浪漫女小说家"，在一般人的心目中也认为庐隐过于浪漫。其实庐隐是个貌似浪漫、实则严谨的人。她的狂歌当哭与烟酒自醉，是为了减轻生活给她的重压。

1930 年春，她与青年诗人李惟建东渡日本，并宣告结合。当年冬天他们就回国，寄寓杭州西子湖畔，专门从事文艺创作。他们的女儿李瀛仙（后改名李恕先）就诞生在杭州。不久为生计所迫，迁居上海。庐隐到上海工部局女子中学任国文教员，直到 1934 年 5 月 13 日因难产患重病不幸逝世。

庐隐的一生是饱经忧患、坎坷不平的一生。她只在人间生活了 36 年。她的创作道路只有 14 年。她是一位终生不离教育岗位的作家。除了在东京 10 个月、在杭州半年不教书外，她都是一边教书一边写作，口耕笔耘，辛苦劳作。她的坎坷不平的生活道路，在她的创作道路上留下了鲜明的印记。

直接被五四运动唤起创作热情的庐隐，一开始她的目光是注视着社会问题的。1921 年初，她发表第一篇作品《一个著作家》，描写金钱毁灭了真正的爱情，控诉金钱的罪恶。接着她连续发表文章。《一封信》写贫家女儿被恶霸强占为妾以至惨死的悲剧；《两个小学生》揭露军阀政府屠杀参加请愿的小学生的罪行；《灵魂可以卖吗》叙述纱厂女工的不幸遭遇，提出"灵魂应享的权利"问题。茅盾认为："向'文艺的园地'跨进第一步的庐隐，满身带着'社会运动'

的热气！虽然这几篇在思想上和技术上都还幼稚，但五四时期的女作家能够注目在革命性的社会题材的，不能不推庐隐是第一人。"随着五四运动的落潮，庐隐的热气消退了，她的目光转向她自己以及她的同学和朋友。《海滨故人》最能代表她这一时期的创作特征。这篇作品写某大学 5 个女同学组成旅行队到海滨避暑度假。她们性格各不相同，但都是很有抱负的人。几年的学校生活和爱情的波折，使她们都卷入了愁海。尤其是露沙（即庐隐）因与梓青（即郭梦良）恋爱，更是不能自拔。她们的事业、理想都成了泡影，只求在海滨"留一爱情之纪念品，以慰此干枯之人生"。作品以梦幻一样的情景结束，明显地流露出作者的悲观厌世思想。1925 年以后，个人生活的不幸，使庐隐陷入更大的悲哀之中。她这一时期所写的、后来收入《曼丽》和《灵海潮汐》两个集子中的作品，大部分都是被浓重的悲哀笼罩着。与李惟建的恋爱、结合，使庐隐的生活有了重大的改变，思想也有所转向。这一时期写的中篇小说《归雁》《象牙戒指》、短篇集《玫瑰的刺》和长篇小说《女人的心》色调就比较明朗些。

总的说来，庐隐小说的基调是悲哀的。她自己也说："我简直是悲哀的叹美者。"这自然是由于她个人的经历和她所受叔本华厌世哲学的影响。但由于她所写的是她自己以及她同时代青年人的思想与遭遇，而她又是那样天真地袒露自己的心曲，所以她的作品能反映出时代的一个侧影。茅盾说："我们现在读庐隐的全部著作，就仿佛再呼吸着五四时期的空气，我们看见一些'追求人生意义'的热情的然而空想的青年们在书中苦闷地徘徊，我们又看见一些负荷着几千年传统思想束缚的青年们在书中叫着'自我发展'，可是他们的脆弱的心灵却又动辄多所顾忌。"这段论述对我们理解庐隐小说中大量描写的青年知识分子的形象是很有帮助的。至于庐隐作品的价值，唐弢曾说过："'五四'的主要精神是反封建。所有反抗旧礼教、反抗买卖式的婚姻、争取恋爱自由等等，在庐隐的作品里有着鲜明的反映。"这是十分公允的评价。

庐隐的小说大多采取自传式的书信体或日记体，文字流利自然，并不炫奇斗巧，但缺少琢磨锤炼，故事结构也显得松散拖沓。1929年以后写的中长篇小说，语言结构和技巧都有明显的进步。1930年写的《东京小品》，文笔犀利明快，显露了她写作散文杂感的才能。1936年作为遗著出版的中篇《火焰》，反映上海军民奋起抗击日寇侵略的"一·二八"之战，表明作者努力突破旧题材的可喜成就。可惜她过早地逝世了。

庐隐逝世时，她的同学冯沅君在巴黎撰文纪念。文中有这样一段话："讲到她的作品，读者自有公论。我呢，我虽不讳言其中的瑕疵，然在新文学运动的第一期的作者中，我觉得庐隐是值得纪念的一个。"庐隐的作品从 20 世纪 40 年代以后就不见再版了，今天我们应该重新出版它，让读者认识这位在中国现代文学史上有过不可忽视的影响的女作家，让读者给予这位才气纵横然而命途多舛的女作家以公正的评价！

略谈《席方平》

　　蒲松龄的《聊斋志异》是我国优秀的古典短篇小说集。它的写作特点被鲁迅先生概括为："用传奇法，而以志怪。"（《中国小说史略》）作品通过谈狐说鬼或述异闻故事来批判当时的社会、政治，揭露丑恶的现实。因此，读《聊斋志异》，就要透过虚妄怪诞的狐仙鬼灵的形象来认识现实社会的种种人物，透过曲折离奇的情节和故事来辨别人世间的恶行或者美德。《席方平》是《聊斋志异》中的名篇。它是以深刻揭露清朝统治阶级的残暴贪婪、官僚机构的腐败黑暗而成为我国古代短篇名著的。

　　《席方平》写的是一个孝子为父申冤到阴曹地府与冥王、郡司、城隍等各级官吏作斗争的故事。作者写席方平是个"忠孝志定，万劫不移"的孝子，又是一个"大冤未申，寸心不死"的斗士。他的孝行感动了冥王手下执刑的小鬼，也感动了玉皇大帝的外甥二郎神。然而最使我们感动的却是他那不屈权势、不为利诱、百折不回、万劫不移的斗士的性格。

　　席方平的父亲在世时为里中富室羊某所欺，死后又被羊某贿赂的狱吏所虐。羊某仗其豪富，生前做阳世的霸王，死后仍做阴间的恶魔。席方平不忍其父被强鬼欺凌，魂入阴曹地府代父申冤。到了狱门，他听说"狱吏悉受贿嘱"，便大骂："父如有罪，自有王章，岂汝等死魅所能操耶！"他照王法办事，先向城隍控告，结果被羊某

"内外贿通"，城隍反而判他不是。席方平又向郡司告状，结果"备受械梏"。他不屈不挠，拒绝关说者所许的千金，定要向冥王诉讼。谁知这个阴间的最高统治者也接受了贿赂，使得矛盾斗争更加复杂化了。作品主要篇幅是描写席方平与冥王的斗争。他们连续斗了几个回合。席方平有勇有谋，死而又死，生而复生，情节曲折有趣，人物性格鲜明。

第一回合是冥王"不容置词，命笞二十"。席厉声问："小人何罪？"冥王装作没听见。席边挨打边喊："活该被打，谁叫我没钱呢？"这样一针见血的揭发，当然更加激怒了冥王。他便动起了火床刑。这第二回合着重写席方平刚烈的性格。受刑后，他骨肉焦黑，痛极，苦不得死。可是当冥王问他："敢再讼乎？"他却大义凛然地答道："大冤未申，寸心不死，若言不讼，是欺王也。必讼！"于是不可避免地要斗第三回合了。冥王动了阴曹地府的极刑——锯解。席方平虽然痛不可禁亦忍而不号。连执刑的小鬼都喝彩："壮哉此汉！"另一小鬼也感动地说："此人大孝无辜，锯令稍偏，勿损其心。"这一段写得特别有声有色。层次的安排、细节的设计都极其缜密，读之令人仿佛身受目睹。这种酷刑绝非人所能忍。作品连续三次写席方平所受的痛楚："痛不可禁"，"其痛倍苦"，"痛欲复裂"。幸有小鬼的同情，席方平才得九死一生。他看到地府全是官官相护，身罹酷毒，冤不能申，决定向天庭告状。正奔驰间，冥王派遣的盯梢者追上来了。这一回冥王改变了手段，用"千金之产、期颐之寿"来引诱席方平。席方平确是铮铮铁骨，刀锯斧钺不能屈，千金重利不能淫。这一回合他又战胜了。于是冥王使出极其阴险毒辣的一手，把席方平强行推入人世，投胎为婴儿。但是他坚决反抗到底，"愤啼不乳，三日遂殇"，第二次从生到死。他"魂摇摇不忘灌口"，奔赴天帝所居的地方，向上帝殿下九王告冥王等人的罪状。于是，不但他父亲得以申冤，而且父子两人还同返人间过了长久的富裕生活。

上编

作品的结尾虽带有因果报应的色彩与寄希望于更高统治者的幻想，但这是300年前的作品，应该说是瑕不掩瑜，更不至于遮掩席方平这个坚强不屈、百折不回的斗士形象的光辉。

蒲松龄是用现实主义与浪漫主义相结合的创作方法来写《席方平》的。他以阴曹地府为主要背景，错杂地描写人世与阴间。不论人们对神鬼的观念有何不同，在封建社会里，一般人对于天官地府、神鬼狐魅的传说还是熟悉的。蒲松龄便以此作为虚构文学作品的社会基础，借神鬼狐魅的形象来抨击黑暗现实，寄托自己的理想。由于作家处处着眼于现实，使得作品的怪诞性与现实性统一起来，而强烈的现实性往往盖过怪诞性。展示在读者面前的是贪赃枉法、鱼肉百姓的清朝各级官吏的丑恶嘴脸，与托尔斯泰《复活》中法庭审判场面一样出色，一样真实动人。

《席方平》的现实主义主要表现在作家所塑造的正面形象和作品所批判揭露的社会现象的典型性上。除此之外，细节的真实、叙事的技巧也是加强现实主义的重要因素。举席方平与冥王斗争这个场面为例。作品不是直接写冥王如何受贿，而是通过逆旅主人告席方平"今闻于王前各有函进，恐事殆矣"来写冥王的受贿，预示席方平与之斗争的艰巨性。锯解的场面写得更是具体细腻、真实生动。如"锯方下，觉顶脑渐辟，痛不可禁，顾亦忍而不号。闻鬼曰：'壮哉此汉！'锯隆隆然寻至胸下。又闻一鬼云：'此人大孝无辜，锯令稍偏，勿损其心。'遂觉锯锋曲折而下，其痛倍苦。俄顷，半身辟矣。板解，两身俱仆。"动刑的过程全由席方平的痛觉与听觉的角度写出，逼真可信。"俄顷，半身辟矣"，下接着写"板解，两身俱仆"，细节的真实使得虚幻的情景、虚构的情节仿佛真实的一般。

小说家的叙事技巧十分重要。《聊斋志异》写的全是神鬼狐魅的故事。蒲松龄如无杰出的叙事技巧，500篇小说难免雷同落套。《考弊司》也是用闻人生魂游地府的形式来揭露清朝吏治的黑暗，与

《席方平》主题相同、手法类似。但它主要的情节是割髀肉和剥衣服，用妓院的肮脏比喻官府的腐败。《席方平》则以孝子勇斗阴间地府为父昭雪冤狱的情节来表现这一主题。情节的丰富性与多样化，决定于作家的构思艺术，而情节的引人入胜的安排，则决定于作家叙事的技巧了。

《席方平》前半部写到席生惨遭锯解之后，佯答冥王"不讼矣"，立即被送还阳界。接着作家以"席念阴曹之暗昧尤甚于阳间，奈无路可达帝听"这一句开始小说的后半部分，预示席生将要再作一场新的斗争，同时直接批判当时社会的暗昧，阴曹的暗昧只不过"尤甚"而已。席方平奔驰云天寻访二郎神时，不意冥王来软的一手，紧接着又险些误坠人寰，不能自拔。作家在平静的叙述中陡起波澜，达到了惊心动魄的效果，足见其叙事的技巧。

灌口二郎秉公执法惩办冥王、郡司、城隍等贪官污吏，为席方平父子解难申冤，这是小说情节发展的必然结果。因为这是作家的理想所托，也是读者的愿望所在。小说如果到此结束，尚未足称奇。作家在描写"当堂对勘，席所言皆不妄。三官战栗，状若伏鼠"之后，安排了二郎神的判词。这份判词占一定的篇幅，可以说是作家借以斥责当时的贪官污吏、豪富强梁。其词声势凌厉，骂得痛快淋漓。例如："勘得冥王者：职膺王爵，身受帝恩。自应贞洁以率臣僚，不当贪墨以速官谤。而乃繁缨棨戟，徒夸品秩之尊；羊狠狼贪，竟玷人臣之节。斧敲斤斫，妇子之皮骨皆空；鱼食鲸吞，蝼蚁之微生可悯。"又如："羊某：富而不仁，狡而多诈。金光盖地，固使阎罗殿上，尽是阴霾；铜臭熏天，遂教枉死城中，全无日月。"这哪里是阴间的判词，简直是人间的控诉书！这一份判词增添了作品现实主义的光彩。

小说的结尾部分写席方平父子得到二郎神的厚贶，并有专人护送归里。"席乃抄其判词，途中父子共读之"。他们十分珍惜这份判词。到家之后，父子两人先后复话，"及索抄词，则已无矣"。这又是浪漫主义的手法。清初文字狱那样残酷，怎能允许作家对封建统治机构作如此直接而大胆的批判？利用神鬼的形象和神出鬼没、飘忽无定的情节来反映现实，运用真实的艺术细节和高度的叙事技巧来加强现实主义成分，这是蒲松龄《聊斋志异》的一大创作特色，在《席方平》篇中有着更卓越、更成功的体现。

林译《茶花女》的最早刊本

商务印书馆新编的"林译小说丛书",选编了林纾翻译的西洋小说10种,其中有林译的第一部小说《巴黎茶花女遗事》,这使我不禁回想起年轻时读过的这本小说译文的最早刊本——福州吴玉田刻印本。林纾译的西洋小说近200种,它的先后版本很多,印行地区也相当广。这本在福州雕版印行的《茶花女》却是世所罕知的版本。阿英、赵景深有关晚清小说的著述都不见提及,近几年出版、发表的论述中国近代文学的书籍文章,谈到林译域外小说,也大多以商务印书馆出版的"说部丛刊"为依据,所以我想,就我所知关于这个版本的一些情况向读者简略介绍一下,不是没有意义的。

《茶花女》一书,系林纾在福州译成,它首先在福州出版是很自然的。这个刊本于光绪二十五年(1899)雕版告成,可能先一年付梓。书仿袖珍本形式,长18厘米,宽11.5厘米,每页9行,每行20字。中缝刻"巴黎茶花女遗事"7字书名,单鱼尾,下注页数。全书120页,不分卷,也不分段落,无断句。页首书名下面,不署作者和译者姓名。文前有一段小引,低两字。最后一页末行,刻"福州吴玉田镌字"7字。毛边纸本,字系老宋体,极清晰。封面白纸书签及扉页用浅绿色纸,上印《巴黎茶花女遗事》7字,审其笔迹,当系林纾自书。扉页后面有"己亥正月板藏畏庐"8字。此书传本甚稀。现在福建省图书馆所收藏的是已故名画家陈子奋的旧藏

上编

本，书尚完好，但封面、书笺和扉页都散失了。

听福州父老说，这一初刻初印本《茶花女》，当时只印100部，分赠为他按原书原原本本口述这个故事并为他校阅译文的王寿昌、魏瀚和他本人有关系的亲友，没想到一出版便不胫而走，供不应求。是年6月，上海便有人以"素隐书屋"的名义，"托昌言报馆代印"，用铅笔排版翻印，线装，有光纸，四号字，一册，公开发售。扉页书名旁边还有"书经存案翻刻必究"8字。因为吴玉田刻本《茶花女》流传极少，后来海内学者都把这"素隐书屋"本认为是林译小说最早版本，如朱义冑《春觉斋著述略》（春觉斋为林纾室名）、阿英《晚清文学丛钞》、赵景深《晚清小说史》都是这样说的。

吴玉田，福州人，清道光末，在福州城内南后街巷口东侧，经营一家刻坊，用自己的名字作招牌。他雕刻的手艺精细，印书又认真负责，在福州颇负盛名，生意因之日臻兴隆。吴玉田死后，子孙继承旧业，先后承印的书籍数以千卷计，都得到好评。如同治间修纂的《福建通志》的大部分、大部头的张伯行《正谊堂全书》、郭柏苍《云在堂丛书》等，都是他们刻印的。严复翻译的《天演论》，其最初刊本也是出于他们之手。这一家刻坊在福州存在近百年，对传播文化和推动本省出版事业的发展是有一定的贡献的。直到20世纪40年代，手工雕版的印刷业为新兴的机器印刷业所完全取代了，它才告停歇。

《茶花女》出版之广受欢迎不是偶然的。首先，这是外国的爱情故事，情节新奇，引人入胜，而译文是中国传统的典雅的古文辞，能够为人们所接受。其次，译者林纾是有名的举人，他的文笔素获文苑称许。因此当时在福建士林有名望的知识分子对这位"狂生"的"创举"并不非议，反而加以揄扬。后来林译西洋小说之风行一时，实肇基于此。

严复就有《甲辰出都呈同里诸公》绝句云："孤山处士音琅琅，

皂袍演说常登堂。可怜一卷《茶花女》，断尽支那浪子肠。"陈衍（石遗）也有《为林琴南题〈巴黎茶花女遗事〉后》诗云："曾论懿德回心院，西土重生加他邻。事到无聊说因果，夫人汧国是前身。"

严复和陈衍都是林纾好友，为林译作品题词倒不足为奇。有趣的是小说译本出版后一年，八国联军打进北京城，疆村词人朱祖谋等几个"大名士"，在沦陷区秘密唱和，竟把《茶花女》的故事作为填词的题材。他们所辑的《庚子秋词》乙卷里，收有《咏巴黎马克格尼尔》词三阕，调寄《调笑转踏》。以西洋的小说故事入词，在当时也可算是一个创举，可见这一译作传布之迅速。而故事感人之深，影响之大，于此可见一斑。

这三阕《调笑转踏》的作者是朱疆村、王鹏运（鹜翁）和刘福姚（忍庵）。兹录朱词如下：

> 茶花小女颜如花，结束高楼临狭邪；
> 邀郎宛转背花坐，双宿双飞新作家。
> 堂堂白日绳难系，长宵乱丝为君理。
> 肝肠寸寸君不知，鲍子坪前月如水。
> 月如水，妾心事，结定湘皋双玉佩；
> 曼陀花外东风起，洗面燕支无泪。
> 愿郎莫惜花憔悴，憔悴花，心不悔。

他们三人的词作，都把西洋人物的生活情趣中国化了，有如林译这部小说把男女爱情融化在中国文学艺术的具体环境中一样。有人誉二者是"异曲同工"；也有人说是"隔靴搔痒"。在中国早期翻译西洋文学作品中出现这种现象是很自然的，殊无必要深究。

上编

《茶花女》和福建的因缘

凡到北京去旅游的人，不少都在那里观看过世界著名歌剧《茶花女》的演出。这部以描写法国风尘女郎玛格丽特不幸的爱情为主题的故事，150年来，以其缠绵悱恻的动人情节，深深地吸引着全世界的观众和读者。

在世界文学里，以风尘女郎为主角的作品是很多的。莫泊桑的《羊脂球》，托尔斯泰的《复活》，中国的《杜十娘怒沉百宝箱》《桃花扇》等都是，《茶花女》不过是其中之一而已。从欧洲文学史的角度来看，小仲马还算不上什么大作家，但是他的小说和话剧《茶花女》却享有世界声誉，影响至今不衰，甚至还超过了第一流作家的作品。这在文学史上也是比较少见的现象。

小仲马（1824—1895）的《茶花女》，发表于1847年，接着又由作者自己改编为话剧，1852年开始上演。作品的故事是：巴黎商店女工玛格丽特沦为风尘女郎后，终日与贵族公子周旋。她年轻貌美，心地纯洁，厌恶眼前的生活，但不能自拔。税务局局长的儿子阿芒是个涉世未深的热情青年。他对玛格丽特真诚的爱，终于唤醒了玛格丽特对幸福生活的向往。她典首饰，卖马车，与阿芒隐居乡间，过着新生的生活。可是，在等级森严、世情虚伪的当时法国社会，这件事被视为大逆不道。阿芒的父亲横加干涉，以儿子的前程和女儿的婚事必须有"清白"的门风为名，软硬兼施地逼迫玛格丽特与阿芒断绝关系。玛格丽特终于在疾病和悲伤的双重折磨下奄奄一息，待阿芒从国外赶回巴黎，奔至玛格丽特的病榻前，这个出身低贱、心灵高尚的巴黎姑娘，紧握着阿芒的手，离开了那罪恶的人间。

1852年，小仲马的话剧《茶花女》在巴黎初次上演，就受到观众热烈的欢迎，以致小仲马极为得意地打电报向当时尚流亡在布鲁塞尔的父亲大仲马报喜。电文写道："巨大、巨大的成功！就像我看到您的一部作品初次上演时所获得的成功一样……"大仲马很有风趣地回答他："我最好的作品就是你，我亲爱的孩子！"

由意大利著名歌剧作曲家威尔第和剧作者庇阿维根据小仲马原著改编的歌剧《茶花女》1853年3月6日初演于威尼斯。虽然开头曾遭到失败，但不久即赢得全欧声誉，后来被公认为世界著名的古典歌剧。

小说和话剧《茶花女》在中国早期的翻译文学史和话剧运动史上也有过相当重要的影响，而且还留下了不少轶事趣闻。

第一个把小说《茶花女》翻译成中文的是林琴南。1898年夏天，林琴南的好友魏季渚告诉他，法国小说很好看，要他翻译一些过来。林琴南推辞说他不能译。魏季渚再三请他试试。林琴南提出条件要魏季渚请他游鼓山，他才肯翻译。当时，魏季渚是马江船政工程处的负责人，开艇游一趟鼓山绝非难事。于是，他们请懂法文的王子仁同往。就在"莲叶被水，画艇接窗"的秀丽闽江中，由王子仁口授《茶花女》，林琴南便动笔翻译了。

1899年，用"古文义法"翻译的《巴黎茶花女遗事》出版了。"中国人见所未见，不胫而走万本"（见《福建通志》）。小说轰动一时，使原来是古文家、画家的林琴南走上了"不懂外文的翻译家"道路。虽然他毫无准备当翻译家，偶然的机会却使他从此成为翻译家了。尽管他的翻译并不忠于原文，"信笔行之"，常有增补脱漏的现象，但在晚清至五四运动以前的寂寞文苑中，却起了谁也意想不到的作用。鲁迅、郭沫若都谈到他们青少年时代喜欢读"林译小说"。鲁迅还称赞他的译笔："文章确实很好。"冰心在《我的故乡》一文中，回忆童年时期所读的书籍时曾说："……还有我祖父的老友林纾（琴南）老先生翻译的线装的法国名著《茶花女遗事》。这是我以后竭力搜求'林译小说'的开始，也可以说是我追求阅读西方文学作品的开始。"应该说，小说这种体裁在中国文学上和社会地位上的提高，"林译小说"，最先是《茶花女》的译本，起了不小的作用。

严复 1904 年出都留别林琴南诗，有"可怜一卷《茶花女》，断尽支那荡子肠"之句。说明《茶花女》译本在当时的影响，也说明林琴南的译作博得了"中国第一手"名译家严复的赞扬。可是当康有为写诗赠林琴南，捧他的翻译"译才并世数严、林"，却惹得严复和林琴南都不高兴了。严复根本瞧不起不识外文的林琴南，羞与为伍，岂容并称"译才"？林琴南呢？他希望人家捧他的古文，不希望人家提他的翻译，何况写的是严、林，未免喧宾夺主。这两位同乡朋友所闹的小矛盾，不过是文人好名的笑话，但由于他们两人在中国早期翻译史上的地位和《茶花女》一书的名气，却成为文坛轶事趣闻一直流传下来。

1907 年初春，在日本东京的中国留学生所创办的名叫春柳剧社的话剧团，第一次演出的剧目就是《茶花女》。这次虽然只演其中的第三幕，却写下了中国话剧运动史的第一页。在此之前，中国还没有话剧这一艺术形式。值得一提的是日本新派演员藤泽浅二郎帮助演出这一幕戏。还必须一提的是扮演玛格丽特的就是后来成为弘一法师的李叔同。这位在中国美术史、音乐史、戏剧史上都有过贡献的大艺术家，当时正在东京上野美术学校西洋画科学习，研究钢琴音乐和作曲，同时又创办春柳剧社，自己还担任演员。他演的"茶花女"博得日本文艺界的好评。当时日本的《芝居杂志》（即戏剧杂志）刊登一篇文章称赞他："李君的优美婉丽，决非日本的俳优所能比拟。"（见林子青编《弘一大师年谱》）一位男演员能扮演外国风尘妇女，而且演得"优美婉丽"，并不算奇闻，因为在中国戏曲史上类似的例子还是有的。最奇的是李叔同从翩翩的艺术家一变为朴素的专科教师，再变为遁世的弘一法师。他39岁（1918年）到杭州西湖虎跑寺出家，63岁（1942年）在泉州开元寺圆寂。对于他个人，这应该说是个悲剧了，因为他出家的第二年，就爆发了五四运动，在"五四"洪流的推动下，也许他会走向天安门而不至于遁入空门了。对于中国艺术史，尤其是话剧运动史来说，这的的确确是一大损失。

由此看来，小仲马《茶花女》与福建文学颇有因缘：第一个中文译者是福建闽侯林琴南。第一个演"茶花女"的演员李叔同，在福建度过他的后半生。还有一个第一是，《茶花女》布景也以福建的演出最好。1915年，福建原春柳社社友李天民组织的文艺剧社曾上演过《茶花女》。按欧阳予倩的回忆，当时福建的布景做得最好。可惜当年在福建演出《茶花女》的史料，如今已不易得了。

1859年，大仲马总结自己的创作方法与小仲马的不同点是："我从我的梦想中汲取题材；我的儿子从现实中汲取题材。我闭着眼睛写作；他睁着眼睛写作。我绘画；他照相。"这倒真是知己知彼之论。小仲马的《茶花女》所以获得巨大的成功，就在于作家真实地反映了七月王朝时代的法国，把那些贵族和上层人物的"相"照了下来。上面说过，歌剧《茶花女》在意大利初演时并不受欢迎。作曲家威尔第1854年2月16日给他的作品崇拜者、那不勒斯的巨贾契查列·德·桑克季斯的信中写道："啊！您不喜欢《茶花女》？这个在威尼斯如此不走运的罪人！我努力使它驰誉全世界！当然不是在那不勒斯，你们那儿的僧侣修士们害怕在舞台上看到自己暗中做出的举动，其实这些举动最好是比如在乔亨一类的公共场所的光天

上编

化日之下做出。"（见《威尔第书信选》）可见《茶花女》这个"相"照得意大利上层人物很不舒服。但是人民喜欢它，因为它取材于现实生活，写的是普通人的悲欢离合、男女主人公的情深义重、社会黑势力的可鄙可憎。这样通俗化的内容易为人们所接受，而话剧、歌剧的形式又为广大观众所喜爱。一个多世纪以来，《茶花女》脍炙人口，远远超过文学史上第一流作家作品所能享有的声誉，就应该不是偶然的事了。

论列夫·托尔斯泰创作

　　列夫·尼古拉耶维奇·托尔斯泰是俄国批判现实主义的代表作家。他继承了普希金、果戈理等现实主义创作传统，吸收了西欧资产阶级文学创作经验，发展了俄罗斯文学。他写了许多优秀的文学作品，在世界文学中有很高的地位。

　　托尔斯泰是一位成就比较大的作家，但他的思想和创作比较复杂。正如列宁所说的："托尔斯泰的作品、观点、学说、学派中的矛盾的确是显著的。"

　　1828 年 8 月托尔斯泰出生在俄国中部的土拉省雅斯纳亚·波良那的一个贵族家庭。父母早死，从小是在笃信宗教的姑母和外国家庭教师的教育下，在古老的贵族庄园里长大的。1844 年，进喀山大学学习。初念东方语文系，后转入法律系。他爱读卢梭和孟德斯鸠的著作，受到西欧资产阶级启蒙思想的影响，开始对沙皇专制制度产生不满。后来他对大学教育不感兴趣，只读到三年级就离开学校回家自学。兄弟分家，他分得雅斯纳亚·波良那庄园，拥有 330 个农奴。托尔斯泰为缓和与农民的矛盾，以维护贵族地主的统治，从资产阶级人道主义出发，进行农事改革。1856 年写的中篇小说《一个地主的早晨》里的主人公涅赫留道夫，就是作者托尔斯泰青年时代的肖像，他不要官衔和大学文凭，回家"帮助"农民，想做个"好主人"，认为选定这条"特别的道路"会给他带来幸福。农民认

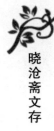

为这是贵族老爷的欺骗，拒绝他的"帮助"。涅赫留道夫的希望幻灭了。他只好对天叹息。这反映了托尔斯泰青年时代的理想和现实的矛盾。

1851年5月，托尔斯泰到高加索当志愿兵，一直在高加索直到1854年初。在这期间，他开始了文学创作。1851—1856写《童年》《少年》《青年》等自传体三部曲。作品通过人生的三个重要时期，描写主人公贵族青年尼古林卡的性格和观点的形成过程。尼古林卡受同学涅赫留道夫的影响，认为"人类的使命是经常地进行道德的自我完善"。他渴望纯洁的和高尚的生活。然而，贵族社会的种种丑行恶德却不断地影响着他，使他的内心充满了矛盾和斗争。作者把贵族生活美化了，写得充满田园诗的意味。在托尔斯泰这部早期作品中，已显露出他的批判与探索的精神和心理分析的艺术手法了。

1854年11月，托尔斯泰参加克里米亚战争中的塞瓦斯托波尔战役，根据亲身的经历写了《塞瓦斯托波尔的故事》。克里米亚战争是沙俄向外扩张侵略，和土耳其、英、法等帝国主义争夺殖民地的战争。托尔斯泰从民族主义立场出发，歌颂俄国士兵在战争中的英勇精神，并宣扬资产阶级的人道主义。他写道："两者必居其一：或者战争就是疯狂；或者，如果人创造出这种疯狂来，那么人就一定不是理性动物。"因此，他建议让两个兵士作战，"因为它是更合乎人道的"。

1857年，托尔斯泰初次出国，看到西欧资本主义社会种种罪恶。他根据在瑞士避暑地琉森的见闻，写成短篇小说《琉森》，副标题是"德·聂赫留尔夫公爵日记摘录"。中心事件是记叙："1857年7月7日，在琉森那家头等阔人下榻的瑞士旅馆门前，有一个流浪乞食的歌手，曾唱歌弹琴达半小时之久。约有100位人士听他演唱。歌手曾三次求大家给他一点东西。没有一个人肯给他任何东西，甚至有许多人还嘲笑他。"托尔斯泰用宗教道德观点批判揭露资本主义社会的罪恶。在作品中，他指责这种现象的"冷酷""不公平"，表示"我要让这小小的人（指歌者）能够跟所有这群人平等"。另一方面，他又宣称："谁心里有这样一个善与恶的绝对标准，使他能计量所有瞬息即逝和错综复杂的事实呢？……我们有一个，并且只有一个毫无错误的指导者——宇宙的精灵；他渗入我们大家和每一个人心中，给每一个人灌注对一切应有的事物的渴求；正是这个精灵叫树木向着太阳生长，叫花卉在秋天里投下种子，并且叫我们本能地互相亲近。"托尔斯泰认为人根本无力判断善恶，只有神在主宰一切，支配一切。这表现了作家企图以道德的自我完善来改造社会的思想倾向。

19世纪50年代末，围绕着如何使农民摆脱农奴制压迫的问题，俄国思想界展开激烈的斗争。车尔尼雪夫斯基、杜勃罗留波夫、涅克拉索夫等革命民主主义作家通过《现代人》杂志，鼓吹革命民主主义思想，号召农民起来推翻沙皇专制制度。托尔斯泰由于贵族世界观的影响，和革命民主主义者持不同的立场，对他们抱敌视的态度。在革命高涨时期，他和屠格涅夫、冈察洛夫等一起离开了《现代人》杂志。

1861－1862年，托尔斯泰写了中篇小说《哥萨克》。研究者认为这部作品是托尔斯泰早期创作的小结。它反映了作家世界观中的民主主义成分增长，托尔斯泰"学说"的逐渐形成。小说主人公奥列宁是个没有读完大学的贵族青年，因为不满意贵族社会的虚伪，感到精神空虚，一个人来到风景优美的高加索，希望过一种接近大自然的、单纯的"新的生活"。与高加索山民接触之后，他的外表和心灵都有些变化，开始想到要"为别人生活"，应当"自我牺牲"等。可是，奥列宁终于成不了哥萨克的自己人。他向哥萨克美人玛丽亚娜求婚，由于他的贵族阶级的偏见——自私和嫉妒，与高加索人民有很大的距离而遭到玛丽亚娜的拒绝。奥列宁最终又回到贵族

上编

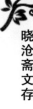
社会去。这反映托尔斯泰开始想要摆脱贵族社会，接近人民的思想愿望，但实际上还不能摆脱贵族阶级的偏见，和人民的距离还是很远。奥列宁的悲剧、他的探索的失败，反映了作家本人寻找不到出路的苦闷。

19世纪60年代围绕着农奴制的改革问题，俄国社会上发生了激烈的思想斗争。1861年从上而下地宣布废除农奴制，俄国经济基础发生了剧烈的变化，封建的经济基础迅速地崩溃了，资本主义经济蓬勃地发展。这一切，不能不引起托尔斯泰的密切注意，不能不反映在他这一时期的创作之中。因此，在1862年写完中篇小说《哥萨克》之后，托尔斯泰便转向反映广阔的社会生活和重大的思想内容的长篇小说的写作。他的三部代表作中的两部，是在这一时期写成的。

长篇小说《战争与和平》是一部兼有史诗、历史小说和编年史特色的巨著，共四大部，主要写上流社会贵族生活和1812年的卫国战争。从1805年俄奥联军和拿破仑军队在奥国会战写起，写1812年法军侵略俄国、鲍罗金诺大会战、莫斯科大火、俄罗斯人民的反击、法军的溃退，最后到1820年十二月党人运动前夕为止。小说把描写贵族生活和卫国战争两条线索交织在一起，逐步展开故事情节，反映俄国社会面貌。

长篇小说出场人物很多。据研究者统计，一共有559个地位、年龄、性格、精神面貌、道德修养各不相同的人物。1812年卫国战争成为这许多人物活动的中心，而对待1812年卫国战争的态度成为作家判别人物的标准。小说主要写四个贵族之家，托尔斯泰就是以这个标准来衡量他的主人公的。

1. 保尔康斯基家族

远离朝廷的庄园贵族。作者怀着深厚的感情来描写他们，从资产阶级的道德观点出发来赞扬他们，把他们写成是正派贵族的代表。

老保尔康斯基公爵因与朝廷宠臣的意见不合，退休回家。他是一个聪明而严厉的人，经常使周围的人畏惧。1812年的卫国战争也把这个老人震动了。他在临死前的几天还竭力帮助俄国军队，并表现出了要与城池共存亡的爱国老将军气概。他鼓励儿子到前线作战，为俄国和沙皇效忠。但在政治上，他是十分保守的，他始终坚持君主政体和农奴制度的原则。

他的儿子，年轻的安德烈·保尔康斯基公爵是长篇小说的中心人物之一。托尔斯泰把他写成是贵族阶级的优秀代表者，赋予他许多优点，并把作家本人的一些重大的思想也寄托在他身上。安德烈是个高级军官，沙皇的侍臣，参加重大的军事会议，提出作战计划，为政府出谋献策，对沙皇忠心耿耿。他风度优雅，聪明而博学。在上流社会看来，他的一切都很出色，都无可非议。最主要的是，安德烈是一个意志坚强、十分自信的人。他分析和研究一切事物，对上流社会的那一套习俗感到很冷淡，他想亲手建立自己的生活。在作品第一部里，安德烈渴望荣誉，崇拜拿破仑。在阿斯特拉里奇战场受伤之后，安德烈躺在战场上，仰望着头上高高的无际的天空。这个天空使他产生许多新的思想。最后，他得出结论："是的，除了这个无边无际的天空，一切都是虚空，一切都是欺骗。"这时，安德烈感到拿破仑也是个渺小的、没有价值的人。自然的纯洁、庄严和伟大高于荣誉、虚荣和权力。因此，产生了消极厌世的思想。

身体复原回到祖国之后，安德烈住在庄园中，从事一些农事的改革。他从贵族自由主义的观点出发，把一个田庄的农奴变成自由的农奴，在另一些田庄用免役税代替劳役制。这只是缓和农民的反抗而已。这时，安德烈对生活的看法还是阴暗和失望的。

1812年的卫国战争来临了。安德烈积极投入保卫祖国的战斗，他不愿坐在参谋部，而直接到战场上参加作战，表现出爱国主义的精神。在波罗金诺战场上受了重伤之后，安德烈的思想又有了新的变化。在垂死的安德烈面前出现了永恒的爱的原则。他饶恕了与他一起受伤的阿那托里——他的情敌，虽然他过去一直渴望着报仇。这时，他反而为这种要报仇的错误思想而流下热泪。安德烈心里想到："对我们的兄弟，对那些爱我们的人，对那些恨我们的人的同情、爱，对我们的敌人的爱；是的，上帝在世界上宣传的、玛丽公爵小姐教过我而我过去不懂的那种爱——这就是使我不愿意与人生离别的那种东西，这就是留给我的那种东西，假如我活下去的话。但是太晚了。我知道了！"

安德烈领悟到人生的意义在于博爱，他原谅仇敌，饶恕损害，信奉不抵抗主义。安德烈形象反映了托尔斯泰主张摆脱个人欲望的禁欲主义和爱一切人的人道主义思想。

2. 罗斯托夫家族

老罗斯托夫伯爵也是远离朝廷与政治疏远的庄园贵族，也是作家认为道德高尚的正派贵族的代表。作家有意美化他，说他关心农民疾苦，农民称他为"好东家"。罗斯托夫家的生活带有家长制的特点。在俄国资本主义发展的时期，封建家长制的生活方式必然与新的资产阶级关系发生冲突。在小说中，托尔斯泰描写了罗斯托夫一家合乎规律的解体和失去以前的安宁。仅仅因为年轻的罗斯托夫后来的幸运：娜塔莎嫁给彼埃尔·别素霍夫，尼古拉娶了玛丽亚·保尔康斯卡娅，他们才免于破产。

罗斯托夫一家的生活方式与保尔康斯基家是完全不同的。保尔康斯基家的气氛是紧张而阴沉的，罗斯托夫家里则经常充满了愉快、随便的气氛。

尼古拉·罗斯托夫的形象与安德烈、彼埃尔是对立的。作家写他是贵族中的平庸之辈，是贵族阶级中层人物的代表，而安德烈、彼埃尔则是贵族阶级的优秀代表者。

娜塔莎·罗斯托娃是长篇小说的女主人公。托尔斯泰献出了自己全部的艺术家的诗意来描写她。这个形象在古典作品中是比较动人的。娜塔莎动人之处就在于她青春的力量、精神的纯洁、感情的充沛。在作品的开头，娜塔莎是一个黑眼睛、大嘴巴、不美丽然而十分活泼的女孩子。对娜塔莎的这个肖像描写，可以作为托尔斯泰艺术手法的很好说明。与那些不高明的作家相反，托尔斯泰没有把正当发育年龄的娜塔莎写成美丽的、迷人的姑娘，娜塔莎的形象是逐渐发展、成长起来的。到了有名的描写她参加大舞会那几章，娜塔莎才成为人人所注目的、惹人喜欢的姑娘。托尔斯泰极力写她的青春魅力不可抗拒地影响着周围的人。

同样，托尔斯泰也从对待1812年卫国战争的态度如何来考验他的女主人公。在莫斯科撤退时，她主动卸下家具，用大车安置伤员，表现出她对卫国战争的积极态度。托尔斯泰认为娜塔莎是最理想的妇女典型。年轻时聪明、活泼、美丽；结婚以后，把自己放在"丈夫的奴隶"地位，自愿做贤妻良母，对"妇女的权利""夫妇的关系"等问题丝毫不感兴趣。和彼埃尔结婚以后的娜塔莎，肖像也变化了，成为一个强壮的、美丽的、生育很多的母亲，她的心灵完全看不见了。作者通过娜塔莎的形象，表达宗法制的妇女观点，那就是妇女的义务只是生育孩子、热爱家庭，不应该参加社会活动，不应有任何独立的思想志趣。作者有意用娜塔莎的形象与车尔尼雪夫斯基《怎么办》中薇拉形象的妇女个性解放的观点相对立。

3. 别索霍夫家族

小说一开始就描写老别索霍夫伯爵临终时思念他的私生子彼埃尔以及遗产继承权的斗争。彼埃尔·别索霍夫和安德烈一样是《战争与和平》的中心人物，是优秀贵族的代表者。托尔斯泰通过这个形象表达了自己的政治态度和思想观点。作家描写彼埃尔形象的原则是强调他的神情自然，这是上流社会所没有的特点。彼埃尔继承4万农奴和无数财产，曾到法国留学，受到西方资产阶级文化的影响，

上编

崇拜拿破仑，称他是"伟人"。年轻时在彼得堡过放荡的生活，参加"共济会"（源于中古的秘密团体，以友爱互助为目的，会员散居世界各地，人数达4000多万）后，为博爱教义所吸引，思想发生变化，宣扬基督教教义，企图通过宗教道德改变上层社会的黑暗和腐败。在个人生活上，他厌恶爱仑的纵欲淫荡，和她脱离夫妇关系，后来和娜塔莎结婚。1812年卫国战争爆发后，彼埃尔积极参加反侵略的正义活动。莫斯科危急时，他怀刀想刺杀"人类公敌"拿破仑而被捕。彼埃尔不满意亚历山大的专制暴政。在1820年时，认为"弦拉得太紧"，"不可避免的事变快要发生"，参加"秘密团体"进行秘密活动。这在一定程度上反映了十二月党人革命前夕的政治形势。彼埃尔受时代影响，有一定的革命要求，但没有达到十二月党人的革命高度。他反对专制暴政，但不主张推翻沙皇的统治。他主张改革，但改革的目的只是为了不要普加乔夫起来"屠杀"他们的"子女"，为了"大家的福利和大家的安全"，实际上是为了挽救贵族社会的危机。这也反映了托尔斯泰在19世纪60年代对农民革命的恐惧心理。

在民主主义革命运动蓬勃发展的19世纪60年代，车尔尼雪夫斯基等革命民主主义作家已经在《怎么办》等作品中塑造了平民知识分子典型，揭示了资产阶级民主主义的社会理想，而托尔斯泰还是在贵族中寻找自己的理想的人物，这充分暴露了他的贵族世界观的局限性。

4. 库拉金家族

与上述三家不同，库拉金家族是无德无行的宫廷贵族。作家通过华西里·库拉金公爵和他的女儿爱仑等揭露宫廷贵族的贪婪、冷酷、虚伪，揭露上层贵族腐朽生活。在俄罗斯人民与法国侵略军进行生死搏斗之时，在祖国存亡之秋，他们依然醉生梦死出入舞会、宴会，过着荒淫无耻的生活。库拉金公爵是利欲熏心的野心家，他的女儿爱仑是"美丽的动物"和"罪恶的化身"。父女两人几乎用强迫的手段谋取了彼埃尔的百万财产。爱仑嫁给彼埃尔之后，继续过放荡生活，她的弟弟阿那托里也一样。道德败坏和精神堕落是库拉金一家的特征。

在19世纪60年代进步思潮的影响下，作家在《战争与和平》中表现了一些进步的倾向：反对拿破仑的侵略，肯定卫国战争的正义性，表现俄国人民英勇战斗的精神。作家除了描写优秀的贵族阶级的代表人物积极参加卫国战争外，也写到了普通士兵和人民群众的英勇作战。例如屠升大尉所领导的炮兵连全体官兵和拉耶夫斯基炮垒上的炮兵们，他们不惜一切代价坚守阵地，打击敌人，直到全军光荣牺牲为止，这些都是作品的精华部分。

托尔斯泰完成了《战争与和平》这一项巨大的工作之后，立即开始了为下一次巨大的文学工作做好各方面的准备。他读了很多书，还亲自参加农事活动。他写信告诉费特："我写作、砍柴、耕田、割草……"在给乌鲁索夫的信中说："我现在同农民一起割草已经有6整天了，我能够给你描写的不是不愉快的心情，而是我在这工作中感到的幸福。"1870年，托尔斯泰在给费特的信中写道："我读了很多莎士比亚、歌德、普希金、果戈理、莫里哀的作品，关于这些作品，我有许多话想同你说。"这时，历史题材仍然吸引他的注意，他曾经想写一部彼得一世时期的长篇小说。但是，历史主题被现代主题打断了。1873年初，托尔斯泰的妻子索菲亚写信给自己的妹妹说："昨天（3月19日或20日）列夫忽然意想不到地开始写取材于现代生活的长篇小说。这部小说的情节是关于一个不忠实的妻子以及由此发生的悲剧。"这就是指长篇小说《安娜·卡列尼娜》的写作。实际上托尔斯泰的构思始于1870年。而这部取材于现代生活的长篇小说的构思并不是偶然产生的。19世纪六七十年代沸腾的、动荡的社会生活使作家不能漠然置之，对于现代生活中的重大问题，

上编

不能不给予必要的回答。在 1870 年 11 月 17 日写给费特的信中，托尔斯泰谈到他长时间构思《安娜·卡列尼娜》所进行的艰巨的思想准备："……我感到悲哀，什么也没有写，痛苦地工作着。您简直想象不到，我在这不得不播种的田野上进行深耕的准备工作对于我是多么困难。考虑，反复地考虑我目前这部篇幅巨大的作品的未来人物可能遭遇到的一切。为了选择其中的百万分之一，要考虑数百万个可能的际遇，是极端困难的。我现在做的正是这个。"长篇小说一共写了 5 年，作品以其所反映的社会生活的广泛、深刻，所塑造的艺术形象的生动、丰满，以及艺术技巧的精湛卓越，而列为世界古典文学的第一流作品。

现从四个方面来分析《安娜·卡列尼娜》这部长篇小说。

1. 生动的历史画卷，广阔的生活图景

长篇小说主人公列文说了这样一句话："现在在我们这里，一切都翻了一个身，一切都刚刚开始安排。"列宁认为"对于 1861—1905 年这个时期，很难想象得出比这更恰当的说明了"。（《列·尼托尔斯泰和他的时代》）长篇小说正是反映了俄国历史这个转折点——封建农奴制度崩溃了，"一切都翻了一个身"，包括经济基础与上层建筑都"翻"了。资本主义制度开始建立了，"一切都刚刚安排"，当然，也是包括新的经济基础及其上层建筑都"安排"下来了。

小说开头的两句就是："幸福的家庭都是相似的，不幸的家庭各有各的不幸。奥布浪斯基家里，一切都混乱了。"这个混乱，还不仅由于奥布浪斯基因奸情败露，妻子和他吵架而引起的。这里面还有更深刻的经济原因。作品自始至终都写了这个俄国最早的皇族鲁立克族的后裔经济窘迫的情景。旧的经济基础崩溃，城乡资本主义势力的入侵，贵族阶级的没落，特别鲜明尖锐地从奥布浪斯基的身上体现出来。这个古老的贵族后代，竟在犹太资本家的接待室里等了两个钟头，与其他请愿者杂在一起，忍受屈辱，仅仅为了谋个一年

9000元薪水收入的兼差，以弥补经济上的亏空。他急着用钱，亲自跑到乡下，与口袋里装着"饱满的脏旧的皮夹"的商人廖宾宁握手，把他妻子田庄上的一座森林贱价卖给他。奥布浪斯基不择手段地去弄钱，虽然这样，他连日常开支都不能维持，不得不把妻子和6个孩子送到乡下去住，以节省开支，并且逃避那使他困窘的欠木柴商、鱼贩、鞋匠的小笔债务。小说第三部第七章描写了他那设备欠缺、年久失修的庄园，与杜丽带领6个孩子在乡下生活的困窘。作家通过这个俄罗斯古老贵族的后裔来描绘贵族阶级的没落，是富有典型意义的。它生动深刻地反映了封建农奴制经济的解体与资本主义经济的逐渐占优势。

资本主义势力侵入农村，也逼使一些地主去思考、探索如何吸收欧洲先进资本主义国家在农业经营管理以及农具改革等方面的经验，以提高农业生产水平，改善地主与农民之间的关系。作品用相当多的篇幅描写农奴制崩溃后俄国乡村的生活图景。地主为适应新形势而做了种种农事改革，尽管他们研究了种种理论，制定了种种方案，但农民不感兴趣，而且连话都没有听完，因为"农民绝对不相信地主的目的除了要想尽量榨取他们以外还会有别的什么"。

长篇小说还广泛地描写了政治、哲学、伦理、道德、文化教育、音乐美学等方面的社会思潮。资本主义兴起的过渡时期社会的动荡不安，必然反映到上层建筑领域中来。

作者通过列文和吉蒂的婚姻表现庄园贵族生活，通过卡列宁和安娜的婚姻表现城市贵族生活。这是两条平行发展而又互相联系的情节线索。而作品的情节中心是安娜家庭的悲剧与列文农事改革的失败。由此反映出贵族社会的深刻危机，反映了农奴制改革后俄国社会的深刻矛盾。长篇小说《安娜·卡列尼娜》是在托尔斯泰世界观转变的前夕写成的，是在托尔斯泰与他所属的上层地主贵族的一切传统观点决裂的前夕写成的。作品的批判力量空前加强了。作品

上编

以其对时代特点的生动描绘，对社会生活的广泛概括，成为俄国封建农奴制"旧基础"崩溃的卓越的艺术体现。

2. 安娜的形象及其悲剧的社会根源

小说卷首的题词是："申冤在我，我必报应。"托尔斯泰根据自己的宗法制伦理观点，原想把安娜写成一个破坏家庭幸福的罪人。但是后来逐渐感到安娜的悲剧具有深刻的社会原因，终于把她塑造成一个追求个性解放，争取爱情自由，具有资产阶级民主思想，性格真挚、磊落，外貌优美动人的贵族妇女的形象。

安娜是由姑母抚养大的，姑母把她嫁给了比她大 20 岁的彼得堡大官僚卡列宁。卡列宁是一个虚伪冷酷、利欲熏心的官僚。安娜感到家庭生活没有幸福。后来年轻的近卫军军官渥伦斯基追求她。她不顾丈夫的反对和社会舆论的谴责，离开家庭寻求幸福，和渥伦斯基一起过着她所追求的幸福的爱情生活。托尔斯泰对安娜这种追求资产阶级个性解放、争取爱情自由的愿望和举动是充满同情的。这表现在作品在描写安娜和卡列宁对待他们之间关系的变化时，作家竭力描写安娜感情的真挚，胸怀的磊落，与虚伪冷酷的"官僚机器"卡列宁恰恰成为鲜明的对照。这里只举两个例子就可以说明问题。

第一个例子，卡列宁在培脱西的客厅里看到安娜和渥伦斯基远离人群，单独坐在角落里谈话。在场的人都在议论他们。而卡列宁看在眼里，却能不放在心里。他照常用那种高级官吏所特有的从容的、嘹亮的声调说话，用他那种惯常的嘲弄口吻讥讽人。后来他先回家了，安娜很迟才回去。回到家里卡列宁才开始想刚才发生的事情，作家写道："亚历克塞·亚历山特罗维奇看见他妻子和渥伦斯基坐在另外一张桌旁，热烈地在谈着什么，并不觉得有什么稀罕和有失体统的地方；但是他注意到旁人都觉得这有点稀罕和有失体统了，因此他也感觉得有失体统了。他决心要把这件事和他妻子谈一谈。"于是，卡列宁开始准备他的谈话提纲。这时，他的心理活动复杂起来了（一向简单机械得像一部机器）。他一面对自己说："是的，这事一定要解决和加以制止；我一定要表示我对这事的意见和我的决心。"可是一面又问自己："发生了什么事呢？"于是回答："没有什么。"他在客厅、餐室来回走着，自问自答。走到安娜的寝室，看到桌上摆着的孔雀石的吸墨纸盒和一封没有写完的信，他的思想才突然变了，才开始想她的事，想她有些什么思想和感觉。"他第一次在自己心中生动地描绘着她的个人生活、她的思想、她的愿望，他也想到她可能并且一定会脱离他而独自生活，这念头在他看来是这样可怕，他急忙地驱除这个念头。这是他惧怕窥视的深渊，在思想和感情上替别人设身处地着想是同亚力克塞·亚历山特罗维奇格格不入的一种精神活动。他认为这种精神活动是有害的和危险的幻想。"已经接触到问题的核心了，卡列宁又转到他的官僚事务上去，他想："最糟糕的是，恰好在现在，正当我的事业快要完成的这个时候（他在想着他那时提出的计划），当我正需要平静的心境和精力的时候，正当这个时候这种无聊的烦恼落到了我的身上。可是有什么办法呢？"卡列宁这时下了决心："我得考虑一下，做出一个决定，然后不再把它放在心上。"于是，他考虑好了她的问题的性质，与他自己的职责所在："她的感情问题，她心里起了，或许正在起什么念头的问题，不关我的事；这是有关她的良心的问题，属于宗教的范围。所以，她的感情问题是她的良心问题，那和我不相干。我的义务是明白规定的。作为一家之主，我是一个在义务上应当指导她的人，因而我要对她负一部分责任；我应当指出我所觉察到的危险，警告她，甚至行使我的权力。我得明白地跟她说。"这时，"摆在他眼前的措辞的形式和顺序是已像政府报告一样明了和清晰地在他的脑子里形成了。'我要充分说明下面几点：第一，说明舆论和礼仪的重要；第二，说明结婚的宗教意义；第三，如果必要，暗示我们的儿子可能遭遇的灾难；第四，暗示她自己可能遭受的不幸。'"报告提

上编

纲预备好了，他听到马车驶到前门的声音，接着安娜上楼来了，于是他开口了，他说："安娜，我必须警告你……由于不注意和不谨慎，你会使自己遭受到社会上的议论。今晚你和渥伦斯基伯爵（他坚决地从容不迫地说出这个名字）的过分热烈的谈话引起了大家的注意……我没有权力来追究你的感情，而且我认为那是无益而且甚至有害的……你的感情牵涉到你自己的良心，但是向你指出你的职责所在，却是我对于你，对于我自己，对于上帝的责任……"当然，卡列宁也用上了"我是你的丈夫，我爱你"这样和他所准备的完全两样的词句。（作家写道："亚·亚不自觉地说了和他所准备的完全两样的话"）他所说的"爱"这个字眼，激起了安娜的反感。她想："爱？他能够爱吗？假使他没有听到过有爱这么一种东西，他永远不会用这个字眼吧。爱是什么，他连知道都不知道呢。"这一次警告的结果是，当突然听到他发出的平稳的鼾声时，安娜微笑着低声说："迟了，已经迟了。"卡列宁真是一部官僚机器。他给一切都穿上了礼服，包括给思想、概念、感情等也穿上了礼服，没有一点活人的味道。

第二个例子是著名的赛马场面。卡列宁从国外疗养回来，去看过安娜后就到赛马场来，他对赛马并不感兴趣，但是沙皇和将军们以及上流社会人们都到场，他自然也要到场。今天，渥伦斯基是参加赛马的骑手之一，安娜心里十分紧张。而卡列宁却喋喋不休地用他那尖厉而抑扬顿挫的声调和一个侍从武官辩论关于赛马是否有益的问题。这使得安娜不能忍受。作家写道："她为渥伦斯基提心吊胆，已是很痛苦，但是更使她痛苦的却是她丈夫的那老是那么抑扬顿挫的尖利声音，那声音在她听来好像是永不休止似的。"于是，安娜想到："我是一个坏女人，一个堕落的女人：但是我不喜欢说谎，我忍受不了虚伪，而他的食粮——就是虚伪。他明明知道这一切，看见了这一切，假使他能够这么平静地谈话，他还会感觉到什么呢？假使他杀死我，假使他杀死渥伦斯基，我倒还会尊敬他哩。不，他所需要的只是虚伪和体面罢了。"后来，有两个骑手摔下马来，受了重伤。一阵恐怖的叹息声传遍全体观众的时候，安娜一点都没有注意到这个。她的眼睛只盯着一个人。到了渥伦斯基翻下马来，安娜大声惊叫，完全失去了主宰，像一只关在笼里的鸟一样乱动起来，一会儿起身走开，一会儿转向培脱西，嘴里喊着："我们走吧，我们走吧。"实际上她并不想走。卡列宁走到她面前，殷勤地把手臂伸给她，用法语说："我们走吧，假使你高兴的话。"安娜没有注意到他，还举起望远镜朝渥伦斯基堕下来的地方望着。这时有人从出事地点带来了骑者没有受伤，只是马折断了脊背的消息。一听到这个消息，安娜就连忙坐下来，用扇子掩住她的脸。卡列宁看到了她在哭泣，她控制不住她的眼泪，连使她的胸膛起伏的呜咽也抑制不住了。卡列宁遮蔽了她，给她时间来恢复镇静。后来，卡列宁又把手臂伸给安娜叫她一起走。当他们离开亭子的时候，卡列宁照常和他遇见的人谈话。上了马车以后，他才决定要警告安娜刚才的行为不检。但他又不肯直说，想拐弯抹角地提出。作家写道："他看见了她的举动有失检点的地方，而认为提醒她是他自己的职责。不过单提这件事，不说句别的话，在他是非常困难的。他张开嘴，想要对她说她的行为不检，但是不由自主地说了一句完全另外的话：'说起来，对于这些残酷的景象我们大家都是多么嗜好啊！我看……'"安娜打住了他的话，轻蔑地说："什么？我不明白。"这一下，卡列宁被激怒了，立刻说出他所想要说的话："我不能不对你说，今天你的举动是有失检点的。""我的举动什么地方有失检点？"安娜大声说，她准备一切都摊开来。这时，卡列宁的反应不是吃惊或者恼怒，而是害怕有损体面。"注意。"他指着马车夫背后开着的窗子说。他起身去把窗子关上。安娜又重复问他一句。他才回答："一个骑手出了事的时候，你没有能够隐藏住你的失望。"接着，卡列宁又把问题扯开去，说了一大套什么"我希望这种事以后不再发生""也许是我错了，假如是

上编

那样的话，就请你原谅我吧”等等。安娜不愿意再含糊下去了。她从容地说："不，你没有错。我绝望了，我不能不绝望呢。我听着你说话，但是我心里却在想着他。我爱他，我是他的情妇，我忍受不了你，我害怕你，我憎恶你……随你高兴把我怎样处置吧。"说完，安娜仰倒在马车的角落里，两手掩着脸，呜咽起来。卡列宁脸上显出死人一般的庄严的僵硬的神色，说："很好！但是我要求你严格地遵守外表的体面，直到我可以采取适当的办法来保全我的名誉，而且把那办法通知你为止。"到了家门口，卡列宁先下车，然后扶了她下来。在仆人面前，他握了握她的手，又坐上马车，驶回彼得堡去。安娜的真挚的感情与磊落的胸怀，和卡列宁的冷酷、虚伪形成极其鲜明的对照。

卡列宁是沙皇政府官僚集团的代表。作品中还写了另外两个集团：以莉吉亚·伊凡诺夫娜伯爵夫人为代表的办"慈善事业"的集团（所谓"彼得堡社会的良心"）和以培脱茜·特维斯卡雅公爵夫人为代表的腐化堕落、近乎娼妓的集团。这三个集团代表了彼得堡整个贵族社会。作家通过这三个集团来揭露上流社会的庸俗、虚伪，欺骗和腐败。他们这些人都有情妇或情夫，只是保留着虚伪的夫妇关系，被认为是正常的现象，体面的行为，丝毫无损于他们在上流社会中的地位。而像安娜那样真诚坦率、忠于爱情，不愿过虚伪、欺骗的生活的人，反而被视为伤风败俗、不道德的女人。小说第五部最后一章写安娜和渥伦斯基一起从国外旅行回来，彼得堡所有的上流社会的客厅大门都对安娜关闭了。连腐化堕落的代表培特西·特维斯卡雅公爵夫人也不肯接待安娜。而安娜却身穿巴黎最新式的时装，坐在彼得堡大剧院的包厢里，看新歌剧的演出。这一天，全彼得堡上流社会的男女都在戏院里。安娜昂首就座，谈笑自若，大胆地向社交界挑战。（这一章在 1876 年 12 月号《俄罗斯公报》上发表时，彼得堡文学界给予狂热的反响）安娜相信自己有追求爱情和幸福的权利。她的行为是光明磊落的，她敢于蔑视满口仁义道德、实则男盗女娼的贵族社会，走出家庭，寻求个人幸福。安娜这种对贵族官僚家庭的背叛，对贵族社会的反抗精神，是新兴的资产阶级民主主义思想的体现。但是，托尔斯泰对安娜的态度是矛盾的，既同情又谴责，使她的形象始终蒙着一层罪人的色彩。

安娜的反抗以悲剧的结局而告终。她背叛贵族官僚家庭，不但得不到任何支持，反而横遭谴责和欺辱。上流社会把她看成不道德的女人，使她不得不过闭门独居的生活。冷酷虚伪的官僚机器卡列宁在伪善残忍的"慈善家"莉吉亚·伊凡诺夫娜伯爵夫人的控制下，不让安娜离婚，同时又剥夺了她亲近她心爱的儿子谢辽沙的权利。在这样痛苦的处境中，安娜仍然坚持反抗下去。她在与社交界隔绝的寂寞庄园里，读了许多书，从事儿童文学的写作，研究建筑、农业、养马等与渥伦斯基所从事的工作有关的专门性问题。她从不后悔自己所选择的道路。她对渥伦斯基说："如果一切得重新来过，我还是会这样做的。"问题在于渥伦斯基不是安娜的知己，不但没有支持安娜，使安娜得到真正的爱情和幸福，相反，他的贵族阶级的偏见和极端利己的行为以及爱情上的冷淡，甚至企图抛弃安娜，成了安娜悲剧的直接原因。渥伦斯基完完全全是贵族集团的一员。奥布浪斯基称他是"花花公子的标本"是颇为恰当的。渥伦斯基在思想上、道德上没有比周围的人高出多少。安娜被他表面上的优雅与"维特式"的热情所迷惑，把自己的命运与他联结在一起。而渥伦斯基初遇安娜时所表现的极度热情，主要是受虚荣心所支配，还是上流社会夺美猎艳那一套，没有共同的思想基础。当渥斯基第一次向安娜提到"爱"这个字眼时，安娜用内心的声音慢慢地说："爱，我所以不喜欢那个字眼，就正因为它对于我有太多的意义，远非你所能了解的。"渥伦斯基的确不能了解爱情的真正意义，他也不可能了解安娜为了爱情所做出的种种牺牲。当他的虚荣心得到满足以后，

上编

他的热情逐渐消退了，便以永恒不渝的爱情为苦差，感到情网会妨害他的自由，使他失去了独立。这时，渥伦斯基向往的是政治上的名誉地位，考虑的是他的财产的继承权问题，认为安娜没有离婚就会损害他的利益。因此，他不顾安娜内心的痛苦，（卡列宁不让离婚，她又怕离婚会失去儿子，也不愿意离婚）一再提出要安娜离婚，为这事他们一直争吵。当安娜发觉渥伦斯基对她的感情已经冷淡了，他对她只有怜悯而没有爱情时，她精神崩溃了，终于在"一切全是虚伪"的愤懑中，在"上帝饶恕我的一切"的哀号声中卧轨自杀了。安娜以死来反抗虚伪、冷酷的贵族阶级和上流社会。

安娜的悲剧有着深刻的社会根源。伟大的批判现实主义作家托尔斯泰在创作过程中改变了自己的构思，就是由于他看到了这一点。19世纪70年代的俄国，封建农奴制正在崩溃，资本主义正在发展。在这方兴未艾的过渡时期，旧的封建势力还相当强大。封建贵族阶级的思想意识还是占统治地位。因此，安娜的个人反抗是孤单无援的，连渥伦斯基都和她走的是不同的道路。安娜最后看清了上流社会人与人之间的冷酷虚伪的关系也在渥伦斯基身上存在着，她仿佛为自己的悲剧作总结似的痛苦地自白："我们在生活上走着不同的道路，我造成他的不幸，他造成我的不幸，而要改造他和我又都不可能。"安娜的悲剧是这个糅合着封建主义和资本主义两种成分的上流社会所造成的，是两种不同的思想、两种不同的生活道路的冲突。在那充满虚伪与欺骗的贵族世界里，要追求个性解放，追求真正的爱情，要真诚坦率、光明磊落地生活着，是根本不可能的。鲜廉寡耻、男盗女娼的贵族男女被认为是有德之士，很体面地生活着，而像安娜这样坦率诚实、不肯说谎、不知虚伪的人，反被视为伤风败俗、不道德、堕落的女人，逼迫她走投无路，卧轨自杀。临死前，安娜发出对这个迫害她的贵族社会的最后抗议："这全是虚伪，全是谎话，全是欺骗，全是罪恶！"这也就是托尔斯泰对贵族社会的批判。作家借安娜和渥伦斯基的结合，歌颂资产阶级个性解放的爱情自由，通过安娜的不幸遭遇，揭露贵族社会的罪恶。托尔斯泰对待妇女问题的思想观点是矛盾的。他一方面同情安娜，宣扬资产阶级的个性解放；一方面又赞扬贤妻良母式的吉蒂。吉蒂的形象是《战争与和平》中娜塔莎形象的继续，它表达了作家的封建伦理道德观念。

庄园贵族列文体现了托尔斯泰的理想，是托尔斯泰自传性人物，反映作家在这一时期的思想特点：既有贵族阶级的观点，又有某些宗法制思想。列文像托尔斯泰一样憎恨资本主义城市的文明，喜欢宁静朴实的乡村生活；喜着庄稼汉的宽大衬衫，不习惯笔挺的西装革履；爱吃麦粥和蔬菜汤，不爱吃英国饭店的高价牡蛎。列文也像托尔斯泰一样紧张地生活着，不倦地进行精神上的探索。列文敏锐地意识到时代的变化。他说：现在在我们这里，一切都翻了一个身，一切都刚刚开始安排。农奴制"改革"后，旧的农奴制度崩溃了，新的资本主义制度刚刚产生。在这样巨大的社会变革时代，如何经营农业，农业免除破产是个新问题。这个问题显得特别重要。托尔斯泰对新出现的资本主义社会这个"怪物"很不理解。他反对照西欧的办法利用机器经营农业，认为俄国不需要走西欧资本主义的道路。托尔斯泰通过列文对农事改革作了一系列的探索。列文不倦地读书、著作，还出国考察工农业，专门研究农业劳动力的使用和劳动组织问题。列文认为："整个的农业方法，尤其是农民的生活状况非根本改变不可。以人人富裕和满足来代替贫穷；以利害的调和和一致来代替互相敌视。一句话，是不流血的革命，但也是最伟大的革命。先从我们的小小一县开始，然后及于一省，然后及于俄国，以至遍及全世界。"这是他进行农事改革的理论基础。改革的方案，就是把土地以及畜牧场、菜园等的管理权交给农民组成的劳动组。要他们相信土地是大家的共同"共有物"，领到的工钱是"预付的赢利"，即把农民变成股东，变成为农业企业的合伙人，以提高他们劳动的积极性。列文认为当前农业生产水平低的关键在于没有理解劳动力的性质，不在于机械的改革和没有向欧洲学习劳动组织的问题，应该把劳动力看作具备自己本能的"俄国农民"，要使农民对自己的劳动成果感兴趣，从而承认地主们提出的改良方法，这样就可以不消耗土地而得到以前收获的两倍或三倍。这种地主参加劳动，农民参加管理，人人是老板，人人是工人的"不流血的革命"显然是个乌托邦。地主剥削农民，农民反对剥削，两个阶级的利益从来没有"一致"过，要想把两个完全对立的阶级调和起来，建立一个人人"富裕和满足"的幸福社会，完全是一种空想。虽然作家虚构了一些情节，描写列文和农民一起劳动时，他们之间的关系是如何的和谐，以宣扬自己的政治理想，但是，作家也现实主义地描绘出农民是不相信地主老爷们有好心肠的。列文向农民宣布农事改革的计划，农民都不感兴趣，而且没有听完就走开了，因为"农民绝对不相信地主的目的除了要想尽量榨取他们以外还会有别的什么"。列文在和农民谈话时，"常常感到农民们只听了他说话的声音，而且下了坚定的决心，无论他说什么，都不让他们自己受骗"。

列文农事改革失败后，感到十分苦闷。后来他和农民弗克尼奇相遇，正如彼埃尔和卡拉达耶夫相遇一样，才从苦闷中解放出来。作家把宗法制农民弗克尼奇理想化，认为列文从他身上领会到一种最理想的"幸福"。费多尔告诉列文：有一种人只为了自己的欲望而活着，弗克尼奇为了灵魂而活着，他记着上帝。列文听了激动得透不过气来。他受到启发，找到了爱人如己的法则，认识到人类唯一的天职是对于上帝、对于善的信仰。于是爱"宁静"的农村生活，走进蜂园，蜜蜂嗡嗡地在四周飞来飞去，他感到上帝就在他心中，有无限"乐趣"和"幸福"。作者借这种虚构的情节来宣扬他的宗教思想。这是托尔斯泰世界观中最大的弱点。他对政治不感兴趣，害怕革命斗争，逃避革命斗争，从宗教世界去寻找安慰和寄托。

列文农事改革的失败和安娜家庭的悲剧相呼应，都反映着改革后社会矛盾的激化。列文的形象同时又反映着托尔斯泰的思想危机即将到来。此时托尔斯泰对阶级矛盾已有体会，但还未能抛弃贵族传统观点。他借正面主人公列文的形象宣扬农奴制改革后贵族地主应该极力改善与农民的关系，才能维持住本阶级的利益。而农民的不信任，则是农事改革失败的主要原因。这种人生的苦恼，只有信仰宗教才能解脱。另一方面，托尔斯泰也写了农民的不满和对贵族地主阶级的敌意。由此可看出，托尔斯泰即将从贵族阶级的世界观转变到宗法制农民的世界观之前的过渡性质。所以，《安娜·卡列尼娜》的批判力量比《战争与和平》有所增强，但远不如后期作品《复活》那样猛烈。

列宁指出：托尔斯泰"是一个天才的艺术家，不仅创作了无与伦比的俄国生活的图画，而且创作了世界文学中第一流的作品"。这是对托尔斯泰作品的思想性和艺术性的全面评价。长篇小说《安娜·卡列尼娜》是托尔斯泰作品中艺术性最高的一部。下面从作品的结构方法和塑造人物形象的方法两个方面来谈这部长篇小说的艺术特色。

3. 关于结构方法的特色

(1) "拱门"的合拢

小说发表后，莫斯科大学植物学教授拉钦斯基写信给托尔斯泰，指出小说结构上存在着缺点，没有建筑艺术，两条情节线索平行地发展，两者之间"没有任何联系"。1878 年 1 月 27 日托尔斯泰在回信中说："我觉得您关于《安娜·卡列尼娜》的批评是不正确的。相反，我正是骄傲这样的建筑艺术——拱门要合拢得使人看不见城堡在哪里。我正是努力这样写。结构的联系不是放在情节上和人物的关系（相识）上，而是放在内在联系上。"（《托尔斯泰书信选译》，见"文艺理论译丛"）

上编

作品两条情节线索平行发展，从表面上看是毫无联系的。一直到第七部第九章列文在莫斯科与安娜认识了，两条线索才交叉、"合拢"了。但是，托尔斯泰有他自己独特的结构方法，即结构的内在联系。这种内在联系首先表现在作品基本思想的一致——农奴制改革后，社会旧基础的崩溃所引起的政治、哲学、教育、道德、家庭、婚姻等各种上层建筑的变化，从正面揭露贵族上流社会的虚伪和不道德。所揭露的社会现象既有分工又有联系，如安娜线索揭露城市贵族，列文线索揭露乡村贵族，而其基本思想则是一致的。其次，整部作品的气氛、作家所流露出来的情绪也是一致的——在资本主义这个吓人的"怪物"面前所流露的惊慌失措与悲观的心理。例如：安娜的自杀，渥伦斯基也曾经自杀过。列文紧张地探索生与死的问题。他不住地问自己："我是什么？""我为什么在这里？""我为什么活着？"他因找不到答案，好几次濒于自杀的境地。

两条情节线索平行地发展，自然地、壮观地发展着。主人公的性格得到充分的展示，无比广阔的社会生活的图景，许许多多的人物和场面都组织在这两条情节线索之中。由于结构的内在联系，使拱门合拢得天衣无缝，毫无斧凿之痕。

（2）章节的对照

长篇小说的章节是根据比较或对照的原则来安排的。大体上可以归纳为下列两种安排方法。

一是相似情景，不同感受。

例一：新婚旅行。

吉提和列文思想都很紧张，两人单独相处反而不好。安娜和渥伦斯基关系不明确，常常要应付第三者，两人单独相处就好。

例二：避暑。

在列文田庄，吉提是主妇，感到温暖、热闹、幸福。

在渥伦斯基田庄，安娜不是正式的主妇，感到不自然、不幸福。

例三：对待丈夫外出的态度。

列文要去莫斯科看他的哥哥尼古拉，吉蒂吵着一定要跟去，她胜利了，她感到这是她的责任。

渥伦斯基要去他的庄园所在地参加贵族选举，安娜不愿意他去，和他吵。结果她只能孤单地留下，不能跟去。

二是相似情景，相反结局。

例如：安娜自杀，吉蒂得到家庭的幸福。

渥伦斯基漂泊失望，列文探索到人生的意义。

4. 关于塑造人物形象的特色

（1）自传性

读过托尔斯泰的主要作品，我们就会清楚地感到他的主人公带有自传性质，在思想上相互联系。从 1856 年写的《一个地主的早晨》中的涅赫留道夫到《哥萨克》中的奥列宁，《战争与和平》中的安德烈和彼埃尔，《安娜·卡列尼娜》中的列文，直到 1899 年完成的《复活》中的涅赫留道夫，表现了托尔斯泰 19 世纪五六十年思想发展的道路，反映了各个不同历史阶段中作家对俄国重大社会历史问题的立场、观点。巴尔扎克把自己全部创作包括在《人间喜剧》总题目下，使读者能了解法国社会的各个方面。而托尔斯泰则通过自己的主人公提供了俄国生活的丰富多彩的图画。

（2）心理描写

用心理描写的方法来塑造人物形象，在西欧古典文学中较为常见，在我国古典文学中（例如《红楼梦》）则比较少用。托尔斯泰的心理描写有自己独特的风格，被称为"心灵辩证法"。托尔斯泰擅长描述人的思想活动的全过程，写出从一种思想变化到另一种思想的必然性。例如：安娜的悲剧结局既是上流社会虚伪的道德观所造成的，同时也是作为贵族妇女的安娜自己思想感情发展的必然结果。

在《安娜·卡列尼娜》中，心理描写的方法主要有三种。

上编

一是人物的感受。

如渥伦斯基追逐安娜到彼得堡，在火车站上遇到卡列宁时的内心状态："看见了亚历克赛·亚历切特罗维奇，看见了他那彼得堡式的新刮的脸和严峻的富于自信的姿容，头戴圆帽，微微驼背，他才相信了他的存在，而且感到这样一种不快之感，正好像一个苦于口渴的人走到了泉水边上，却发现一条狗、一只羊或是一只猪已在饮着，把水弄脏了的时候所感到的一样。"

又如：卡列宁警告安娜和渥伦斯基的关系已引起人们的议论，安娜不愿和他谈这件事，这时，卡列宁的内心感受："现在他体验到这样的一种心情，就像一个人回到家，发觉自己家里的门关上了的时候所体验的一样。"

二是心理的变化。

如安娜坐火车回到彼得堡，由于所发生的一切，她的心理发生了明显的变化："到彼得堡，火车一停她就下来，第一个引起她注意的面孔就是她丈夫的面孔。'哎哟！他的耳朵怎么那种样子呢？'她想，望着他的冷淡的威风凛凛的神采，特别是现在使她那么惊异的那双撑住他的圆帽边缘的耳朵。一看见她，他就走上来迎接她。他的嘴唇挂上他那素常的讥讽的微笑，他那双大大的疲倦的眼睛瞪着她。当她遇到他那执拗的疲惫的眼光的时候，一种不愉快的感觉扼住了她的心，好像她期望看到的并不是这样一个人。"

"她儿子也像她丈夫一样，在安娜心中唤起一种近似幻灭的感觉，她把他想象得比实际的他好得多。她不能不使自己降落到现实上来欣赏他本来的面目。"

"安娜还没有来得及喝完咖啡，就通报莉蒂亚·伊凡诺夫纳伯爵夫人来访了。莉蒂亚·伊凡诺夫纳伯爵夫人是一个高个子的胖女人，有不健康的苍白的脸色和美丽的沉思一般的黑眼睛。安娜很喜欢她，但是今天她好像第一次看出了她的一切缺点。"

又如列文第二次向吉蒂求婚，被接受了。他欣喜若狂，精神百倍，一反常态，话多起来，在朋友面前滔滔不绝地讲个不停。对于这种明显的心理变化，作家通过旁观者的感觉点了出来："他今天怎么回事？为什么有那种胜利者的样子？"

"他和他们一道待了一个钟头，两个钟头，三个钟头，谈着各种各样的话题，却只想着充溢了他的心的那件事情，他没有注意到他使他们困倦得要命，而且早已过了他们睡觉的时间。史惠兹斯奇送他到前厅，打着呵欠，奇怪着他的朋友的异样的心情。"

三是内心的声音。

如安娜在火车上读英国小说："她突然觉得他应当羞愧，她自己也就为这事羞愧，但是她有什么可羞愧的呢？'我有什么可羞愧的呢？'她带着愤怒的惊异问自己……她重温着她在莫斯科的回忆。一切都是良好的，愉快的。她回想起舞会，回想起渥伦斯基和他的一见钟情的顺从的面孔，回想起她和他的一切关系：没有什么可羞耻的。虽然这样，但是就在她回忆的那一瞬间，羞耻的心情加剧了，仿佛有什么内心的声音正在她回想渥伦斯基的时候对她说：'暖和，暖和得很，简直热起来了呢！''哦，那又有什么呢？'她决然地对自己说，在躺椅上变动了一下位置，'那算什么意思呢？难道我害怕正视这事实吗？哦。那有什么呢？在我和这个少年士官之间存在或者能够存在什么不同于普通朋友的关系呢？'她轻蔑地笑着，又拿起她的书来……"

托尔斯泰心理描写的技巧是很高的，刻画得十分细腻、贴切，而且手法是多样的。但是，他的这种"心灵辩证法"往往局限在描写贵族阶级人物，有时还带着宗教的唯心主义的色彩。例如：安娜和渥伦斯基在处境很艰难的时刻（安娜离家之前）都梦见一个须发蓬乱、矮小、样子可怕的农民弯着腰在拿什么东西，用法语嘀嘀咕咕地说出奇怪的话来。安娜认为这是不祥之兆。由于梦境相同，渥伦斯基也感到惊慌不安。

（3）栩栩如生

高尔基说："可以向托尔斯泰学习的最大的艺术创作的优点之一，那就是感光板，就是惊人的浮雕……当你读他的作品时……你会感到仿佛他的主人公的肉体的存在，他仿佛站在你的面前，你想用手指去触摸他。"

托尔斯泰塑造人物形象栩栩如生的这一特点，特别显著地体现在安娜的形象上。作家调动了一切艺术手段来塑造他的女主人公。托尔斯泰着力描写安娜的美丽，把他的主人公塑造成不但内心美，而且连外表也是美的。他自始至终一再地写安娜"惊人的美丽""灿烂的美丽"，更见安娜的不幸，使人更加同情和惋惜，也更痛恨逼死她的那个虚伪、残酷的上流社会。

作家描写安娜的美丽，完全达到了浮雕式的、栩栩如生的境界。他除了运用人物肖像描写、心理描写和行动、语言、细节描写等艺术手法以外，还有独特的描写方法。

一是出场前极力渲染她的美丽。

安娜到小说第18章才出场，在这以前，作家用"悬念"法，通过其他人物的谈论，火车站上，奥与渥的谈话，使读者了解安娜的特征之一就是美丽。到安娜一出场，又抓住这个特征淋漓尽致地写。

二是重要场面，一再写她的美丽。

如：莫斯科大舞会。从吉蒂的眼光一再写安娜非凡的美丽，这就显出她的美丽是无与伦比的了。

又如：彼得堡大剧院。安娜坐在包厢里向上流社会挑战。作家从渥伦斯基的眼光中描绘出安娜惊人的美丽，使他联想到莫斯科舞会上的安娜。写出安娜的美丽不减当年，而渥伦斯基对她却已冷淡了，预示着悲剧即将来临。

三是作品结尾时通过列文的眼光，带有总结性地强调她的外表和内心皆美。

列文在安娜处境很狼狈的时候来看她。这是第一次和安娜见面，而且心神不定，不知道该不该来。作家有层次地写安娜的美丽和真诚，写列文逐渐被她所吸引，而至于"一往情深"的地步："列文一直在欣赏她：她的美貌、聪明、良好的教养，再加上她的单纯和真挚……而他，以前曾经那样苛刻地批评过她，现在却以一种奇妙的推理法为她辩护，替她难过，而且生怕渥伦斯基不十分了解她。"列文离开她家后心里还想着："一个多么出色、可爱、惹人怜惜的女人！他回答司忒潘：'是的，一个非同寻常的女人！不但聪明，而且那么真挚……我真替她难过哩。'"

列文对安娜的评价也就是托尔斯泰自己对她的评价。列文对安娜同情、惋惜的心情，也就是作家对女主人公同情、惋惜的心情。托尔斯泰用很高的艺术技巧，精雕细刻出安娜的形象，栩栩如生，使人深刻难忘。

19世纪70年代末，托尔斯泰访问了许多城市大教堂、隐修者居住的山洞，和主教、神甫交谈，看到官方教会种种虚伪和罪恶。1879年10月，他在日记中写道："教会就是一连串的谎言、残忍和欺骗。"他写了许多文章攻击官方教会，在《教条神学批判》中揭露正教教会的那些主教"专门在举行这种那种圣礼的幌子下欺骗和掠夺人民"。

同时，托尔斯泰还参观了一些监狱、法庭、新兵收容所，和犯人们谈话，经过观察分析，看到人民的痛苦，进一步认识到沙皇专制制度的腐败与残忍。在1881年7月6日的日记中写道："经济革命已不是可能发生，而是不可能不发生的事。奇怪的是它现在居然还没有发生。"

1882年，他参加莫斯科人口调查工作，选定一个贫民区作为调查对象，对平民生活有了进一步了解。

上编

劳动人民遭受地主资产阶级残酷压榨，尖锐的阶级斗争促使托尔斯泰的世界观发生变化。列宁说："乡村俄国一切'旧基础'的急剧的破坏，加强了他对周围事物的注意，加深了他对这一切的兴趣。托尔斯泰是属于俄国上层地主贵族的，但是他抛弃了这个阶层的一切传统观点……"（《列·尼·托尔斯泰和现代工人运动》）托尔斯泰的世界观发生了变化，他抛弃了上层地主贵族的传统观点，转到宗法制农民的观点方面来。这种思想观点的变化，对他后来的生活方式、家庭关系和文艺创作影响很大。

他努力改变原来的贵族生活方式，继续鼓吹"道德自我完成"的说教。1884年，他在日记中写道："一直在改变自己的习惯，起得早、多做体力工作……酒已经完全不喝，喝茶的时候也不把糖放在茶里，而只吮着糖块喝，肉也已经不吃……"列宁嘲笑他，说他"当众捶着自己的胸膛说：'我卑鄙，我下流，可是我在进行道德上的自我修养；我再也不吃肉了，我现在只吃米粉团子'"。（《列夫·托尔斯泰是俄国革命的镜子》）

托尔斯泰感到贵族生活是一种罪恶，厌恶这种不合理的腐败生活，要求妻子儿女也和他一样摆脱这种罪恶生活。但是，他的家属坚持贵族立场，不肯抛弃豪华享乐的贵族生活。托尔斯泰在思想上、生活上和家庭发生矛盾，精神感到苦闷。他说："就好像只有我一个不疯的人住在一所由疯子当家做主的疯人院里。"因此，从1882年起，曾几次要想离家出走。

托尔斯泰这种思想上的变化，对他的文艺创作上的显著影响就是他否定他以前的文学创作，认为它只能在人民的心里引起罪恶的欲望。于是从19世纪80年代开始，把宣扬宗教道德当作创作的主要任务。他1886年写《黑暗的势力》，谴责金钱势力给农村带来破产，使农民犯罪遭殃，但却认为只有信上帝，凭良心生活，才能从金钱这个黑暗势力下解脱出来。1890年写《教育的果实》，以宗法制道德观点指出资产阶级教育的危害，要人们摆脱这种教育，不要受它毒害。

1889—1899年这十年，托尔斯泰完成了他最后的一部长篇小说《复活》。这是托尔斯泰晚期的代表作，是他的世界观变化以后的主要创作，集中反映了他晚年的思想观点。读这部作品可以更好地理解列宁对托尔斯泰的分析和评价。

《复活》是"最清醒的现实主义，撕下了一切假面具"，揭露了政府的暴虐以及法庭和国家管理机关的滑稽剧。

小说的开头就写审判犯人玛丝洛娃的场面。作家用展览和剖视的方法，把这一批把控国家司法机关，掌握了人民群众的生杀予夺之大权的人们的灵魂展示出来。作家剖开他们道貌岸然的外衣，撕下一切假面具，使他们裸露出极其肮脏的灵魂来。

先看看法庭的庭长吧。"庭长，一个又高又胖，留着很长的白络腮胡子的男子，来得很早。虽然已经结过婚，他却过着很放荡的生活。今天早晨他接到一个瑞士姑娘的信，那姑娘去年夏天在他家里做过家庭教师，现在正在从俄罗斯南方到彼得堡去。她信上写着今天到本城，下午3点钟到6点钟中间在意大利旅馆候他。因此他自然打算比平常早一点开庭，赶快审完，好腾出工夫来在6点钟以前去看望那个红头发的克拉拉·华西列夫娜，去年夏天在乡间别墅里，他跟她有过风流韵事。"

副检察官呢？他通宵没有睡觉，喝酒、打牌、直闹到深夜两点钟，后来又上妓院去，那妓院正好是6个月前玛丝洛娃待过的那个妓院。因此，他案件没有看过就来审判，在法庭上大谈犯罪遗传论。

有一个法官为了钱刚和妻子吵过架，愁眉苦脸地一直担心回去能不能吃到午饭。另外一个法官，害胃黏膜炎，正用新法治疗。他相信"机会论"。刚刚问过那种疗法会不会灵验，而且决定：要是他从门口走到椅子那儿，他所走的步数可以被3除尽，那治疗法就能

够医好他的病；要是不能被 3 除尽，那在他，可就没有机会了；现在他就是在数他的步数，他发现走完这段路恰恰是 26 步，就想紧加一小步凑成 27 步，这才走到他的椅子那儿。

这样一群荒淫无耻、卑鄙无聊的人充当审判官，玛丝洛娃以及和她一样的千千万万被侮辱被迫害的普通老百姓的命运可想而知了。然而，这些人都是"身穿制服，衣领上用金线绣了花纹，看上去气派威严"的样子。作家就在这个挂着神像、正义的镜子和沙皇的画像的法庭上，让这些执法者、审判者们扮演了一幕滑稽丑剧，具体地、形象地揭露他们实际上是最不道德的人，真正的罪人。

小说写监狱的篇幅不小。在这群贪官污吏们的手下，监狱里关的不用说都是农民、工人、城市贫民，还有政治犯等。农民们常常因为牛跑到地主草场里吃草，或者由于砍了地主森林里的一棵树，被关到监狱里。他们没有钱贿赂狱吏们，就这样遥遥无期地监禁着。农民把蹲监狱叫作"去喂虱子"，认为这是一条摆在他们面前的熟路。青年农民曼秀夫的妻子被酒店老板拐走了，老板用钱贿赂法院，诬告这个青年农民放火罪，他与她的母亲都被关在监狱里受罪。这个老太婆在监狱里抗议说："不是叫花子的棒，就是监牢，叫花子的棒和监牢是不等请帖的。"这句话概括了沙皇专制制度下农民的悲惨命运。

玛丝洛娃被冤判服 4 年苦役，回到监狱时，监狱里一片抗议的声音。犯人们说："真理跑到狗那儿去啦。这年月，他们由着性儿干啦。""没有钱就是其中的缘故！"这是亿万受迫害人民的愤怒呼声。抗议者当时还不知道，在那万恶的旧社会，没有什么抽象的真理。奴役人民，这是地主贵族的真理；人民受苦，主要因为没有政权。要摆脱苦难，唯一的办法就是推翻地主统治，夺取政权，这就是人民的真理。

作者借主人公的嘴对专制制度提出严厉的谴责，指出统治阶级制定法律是为了维护本阶级的利益。"法律？他先抢劫每一个人，窃取所有的土地，凡是属于别人的财产，统统强抢过来，供自己享用；他杀死所有反对他的人，然后他订出法律来禁止抢劫和杀人。""法律只不过是一种工具，用来维持那对我们的阶级有利的现行的社会制度罢了。"法律的实质被揭露了，法律的堂乎皇哉的假面具被撕下了！

托尔斯泰是一个笃信宗教的人，但是他反对作为沙皇政府帮凶的官方教会。在《复活》中，他无情地揭露官方教会的伪善与掠夺的本质。例如：法庭上领陪审员宣誓的司祭，他唯一的希望就是自己死后能留给家属一所房子，外加 3 万卢布利息优厚的有价证券。他很满意自己的职业，因为这职业使他接触到许多有钱有势的人。监狱礼拜堂的神甫也一样，他漫不经心地念祈祷文，随便拿十字架碰犯人鼻子。他自己也不相信这一套仪式，只是教会这样奉行，政府当局这样规定，他也就这样做罢了。托尔斯泰在监狱礼拜这一章里，赤裸裸地揭露了官方教会的伪善。他一再写到在神甫气喘吁吁地念祈祷文的时候犯人们叮当响着的镣铐声：犯人鞠躬时，"镣铐的叮当声在楼上面不断地响着"，犯人跪下去时"哗啷啷地响着磨伤他们的瘦腿的脚镣"。这些细节足以揭穿官方教会的虚伪，撕下它的假面具，现出原形：只不过是政府的帮凶而已。所以在当时出版的时候，这一章被沙皇的检查机关砍掉了，整整一章只剩下开头 5 个字："礼拜开始了。"

小说揭露了农村中的阶级矛盾，抗议地主霸占土地。

作品在一定程度上揭示了俄国农村中的阶级矛盾，农民与地主阶级的对立状况。在主人公涅赫留道夫母亲的田庄上，农民对总管提出抗议："马自己走进你的麦田里去"，吃了一点麦苗，"你却恨不得剥我们的皮才好"。在地主林子里"刚刚砍掉一棵小树"，"你可就把我关进监牢，喂了三个月的虱子"。玛尔娃的丈夫砍了涅赫留道夫

上编

林子里两棵榆树，就被关进监狱，她不得不讨饭过生活；阿尼霞死了丈夫，抱着"憔悴的婴儿四处讨饭"，这个没有血色的婴儿，扭动着两条腿，那腿还不及毛毛虫那么粗。农民生活在水深火热之中，"儿童大量夭折"，"老百姓正在死亡"。作者通过这些细节，给农民饥饿死亡的情景描绘了一幅悲惨的插画，揭示了农民与地主两个阶级对立的状况，并且提出抗议："老百姓的赤贫的主要原因……那就是，唯一能够养活他们的土地，却给地主从他们的手里夺去了"，"那些人凭借土地所有权，倚靠老百姓的劳动来生活……这些人在饿得半死不活的情形中耕种着；可是到头来收割下来的麦子却拿到国外去卖掉，让地主拿那些钱买回来他们所心爱的帽子啦、手杖啦、马车啦、铜器啦什么的"。作家愤怒地谴责道："眼前地主们却跟狗占马槽一样，自己既不会利用土地，又不肯让会利用的人去利用土地。"因此，他明确地反对地主霸占土地："土地不能成为任何人的财产；它跟水、空气、阳光一样，不能买卖。凡是土地给予人类的种种利益，所有的人都有同等的享受权利。"从这种抗议中可以看到农民对地主剥削的仇恨、农民丧失土地的痛苦和要从地主手中夺回土地的要求。它反映了农民革命的阶级根源和思想情绪。

小说揭露了广大人民群众与沙皇专制制度的根本对立。

在长篇小说中，作者把人民的苦难与沙皇政府高级官员们的享乐生活相对照，揭露广大人民群众与沙皇专制制度的根本对立。在莫斯科，人民在监狱中受苦，副省长玛斯列尼柯夫和公爵柯尔查庚却过着糜烂的生活。当犯人们从监狱押解出来，许多人中暑死亡，在火车站上受罪时，柯尔查庚却带着许多奴仆和贵重行装，在车站休息，准备坐头等客车到庄园上去享乐。

在彼得堡，社会底层的人在失业、流浪、饥饿，而政府官员们却在巧取豪夺。国务大臣伊凡·密海罗维奇每年领好几万卢布的薪俸，身上挂满了勋章。"跟鸟雀天生来要吃虫子果腹，身上披着羽毛，在空中飞来飞去一样，他也天生来要吃由工钱很高的头等厨师烧出来的、顶精致顶珍贵的食品，穿顶舒适顶贵重的衣服，坐顶好顶快的马所拉的马车，因此这三样东西应当永远给他准备得齐齐全全才成。除此以外，伊凡·密海罗维奇还认为：他千方百计从国库里领到的钱越多，他所得到的勋章越多，他跟地位崇高的男男女女谈话的机会越多，那就越好，此外的一切事情，跟这些基本信条相比，伊凡·密海罗维奇伯爵都认为没有道理，不发生兴趣。别的一切事情，随它这样也好，那样也好，他反正不在心上。"这完全是穷奢极欲的鱼肉人民的沙皇专制政府高级官员的典型形象。

这些官员的另一个特征是反动和残暴。托尔斯泰描写彼得堡管政治犯的那个老朽的将军身上所佩的白十字章，"是他凭非常残忍的、大规模的屠杀得来的"。另外一个将军，彼得堡交际花玛丽叶特的丈夫是"靠着成千成百的人的眼泪和憔悴的生命飞黄腾达"。

在西伯利亚，与玛丝洛娃同批流放的，有 623 个男人和 64 个女人。流放所是人间地狱，每天犯人成批死亡。而官员们却灯红酒绿，纸醉金迷。总督家举行豪华宴会，上流社会人士集中在那儿寻欢作乐。外面，流放途中却有无数的饿死骨。这两种生活的对照，更激起读者对沙皇专制制度的憎恨。

从法院到教堂，从监狱到流放地，从莫斯科到彼得堡，从俄罗斯到西伯利亚，从城市到乡村，到处都有两个阶级的对立：一边是贵族地主的富贵享乐，一边是人民群众的贫穷饥饿；一边是贵族地主利用国家机器镇压人民，一边是人民群众受迫害、被剥削。作者揭露道："人吃人并不是在森林里开始的，而是在各部会、各政府衙门里开始的，只不过在森林里见了效果罢了。"

托尔斯泰为什么能这样清醒地揭露现存制度的种种罪恶，并无情地撕下一切假面具呢？列宁指出："托尔斯泰的批判所以有这样强烈的感情，这样的热情，这样有说服力，这样的新鲜、诚恳，并有这样'追根究底'要找出群众灾难的真实原因的大无畏精神，是因为他的批判真正表现了千百万农民的观点的转变，这些农民刚刚摆脱农奴制度获得了自由，就发现这种自由不过意味着破产、饿死和城市'底层'的流浪生活等等新灾难罢了。"这就是说，作者用宗法式农民的观点进行批判，"通过他的嘴说话的，是整个俄罗斯千百万人民群众"，他表达了宗法式农民的民主情绪。作者虽然不主张暴力革命，但我们从作品的揭露中看到沙皇政府利用国家机器这样残暴地压迫人民，人民再也不能容忍，不能生活下去了，感到当时俄国革命不可避免，必然要爆发。作品虽然没有直接描写农民暴动和俄国革命，但从农民的苦难生活和对上层社会的愤怒揭发中，我们看到俄国革命前夕千百万农民的思想情绪和巨大的革命威力。

托尔斯泰一方面严厉地批判当时封建资本主义俄国的整个机构，另一方面又坚决反对采取革命手段把人民从奴役中解放出来，而提出拯救世界的药方——道德自我完善和温顺爱人的宗教信仰，即托尔斯泰主义。在《复活》中，他通过塑造忏悔贵族涅赫留道夫的形象，宣传托尔斯泰主义，提出解决社会矛盾的方案。

涅赫留道夫是个接受西欧资产阶级进步思想的贵族知识分子，托尔斯泰式的地主，是作者自传性人物，在他的言论和行动中表达了作者的思想观点。

托尔斯泰与19世纪许多著名的批判现实主义作家一样是个人性论者。他认为在每个人身上都有两重性，一是"动物的人"，一是"精神的人"。"精神的人"占了上风就纯洁、善良，能为别人着想；"动物的人"占了上风就卑鄙、邪恶，损害别人的利益。他认为人没有确定的品性，"人同河一样：天下的水都是一样的，可是每一条河都有窄的地方，有宽的地方，有的地方水流得急，有的地方水流得慢，河水有时清澄，有时混浊，冬天凉，夏天暖。人也是一样。人人身上都有各种人类品性的根苗；不过有时这种品性流露出来，有时那种品性流露出来罢了"。

从这种人性论出发，他塑造了忏悔贵族涅赫留道夫。从这种人性论出发，他提出人人追求道德上的自我完善这个拯救世界的药方。

在托尔斯泰笔下，涅赫留道夫虽然生长在非常富有的贵族家庭，却是个道德"高尚"而"思想纯洁"的青年，在大学读书时看过英国哲学家斯宾塞的《社会的静力学》，"感到土地私有的全部残酷和不公正"，就"决定自己不再享有财产权，让耕作的农民分得他父亲那儿继承下来的土地"。他在姑母家过暑假，写关于土地问题的论文，生活"十分有规律"，对姑母家的使女卡秋霞·玛丝洛娃有着"纯洁"的爱情。这时，在他的身上"精神的人"占了上风。

后来，他到彼得堡参加禁卫军，受上流社会影响，吃喝嫖赌，道德堕落了。三年后，他又来到姑母家，诱奸了玛丝洛娃，把她推向堕落的道路上去。这时，他的身上"动物的人"占了上风，不认为这是犯罪的行为，更没想到这有什么严重的后果，因为他周围的人包括他的父亲都是这样做的。从此以后，他一直过着荒淫无耻的生活，"动物的人"始终占统治地位，直到十年后，在法庭上重逢玛丝洛娃为止。

涅赫留道夫坐在陪审员的席位上，看到玛丝洛娃的不幸遭遇，从她的堕落和被关进监狱，涅赫留道夫感到自己对她犯了罪，应该受审判的不是玛丝洛娃，而是他自己，可是他却做陪审员，在法庭上审判别人。这本身也是一幕滑稽剧。作品这样揭露事物的本质，是对贵族阶级严厉的批判。

在法庭上重逢玛丝洛娃之后，涅赫留道夫身上的两重性：精神的人与动物的人，即人性与兽性展开激烈的斗争，终于人性胜利了，道德觉醒了，他认识到自己有罪，应该"请求上帝帮助洗净自己的灵魂"。从此，他的眼光变了，发现了他所属的那个阶级的种种罪恶。从他母亲的袒胸画像到米西小姐的服装体态，他都感到虚伪、

上编

丑恶。第二天，他到监狱去向玛丝洛娃认罪，恳求饶恕。他在狱中看到无辜的人在受罪，在农村看到农民在受苦，深感贵族地主有罪，就放弃庄园田户，抛弃豪华享乐的生活，同玛丝洛娃一起到西伯利亚去，并准备和她结婚。后来西蒙松主动提出要同玛丝洛娃结婚，而玛丝洛娃又同意西蒙松的要求。于是涅赫留道夫就改变原来的想法，放弃自己的利益，让他们结合，得到幸福。玛丝洛娃也爱涅赫留道夫，但不愿他为了她而抛弃贵族生活，跟她一起受苦。她为涅赫留道夫的幸福着想，劝他回去，而自己跟西蒙松结合。这样，涅赫留道夫的道德就在赎罪的过程中，不断地"自我完善"，精神就在忏悔的过程中逐渐"复活"。而涅赫留道夫的"复活"还影响到玛丝洛娃，使曾经堕落的犯罪的玛丝洛娃，也得到"复活"了。

托尔斯泰虚构涅赫留道夫形象，把他作为正面主人公来歌颂，目的在于宣传"托尔斯泰主义"，鼓吹道德自我完善的道路。因此，涅赫留道夫成为"托尔斯泰主义"的宣传者和活标本。

在去西伯利亚流放地的路途中，涅赫留道夫目睹种种残暴的现象后，竟认为"所有那些在衙门里当差的人，原来大都是好心的人，只因为当了差，这才变得狠心了……一做了官，博爱的感情就渗不进他们的心了……也许那些省长、典狱长、警察是必要的；不过眼瞧着人失去了主要的、跟动物区别开来的人性，失去了相互间的热爱和同情，那却是可怕的"。批判现实主义作家从人性论、人道主义的观点出发来批判揭露社会的罪恶，往往是不彻底的，自相矛盾的，甚至又转而肯定了自己所否定的东西。"最清醒的现实主义"如托尔斯泰，也不能免。

由于托尔斯泰相信人的身上都有两重性，只有上帝才是完人，他通过涅赫留道夫在赎罪过程中的道德觉醒，提出用人人道德自我完善和普遍的爱来改造社会的方案。他说："要想从人类所遭受的可怕的罪恶中得救，唯一可靠的方法是人人永远承认自己在上帝面前有罪，因此不能够惩罚别人，或者纠正别人。""现在他（指涅赫留道夫——下同，笔者注）才明白所有他亲眼见过的那些恐怖是从哪儿来的，他也才明白应该怎么办才能消灭他们。他原先所找不到的这个答案正好就是基督给彼得的答案。那就是永远饶恕一切的人，饶恕无数次，因为没有一个人自己没罪，没有一个人不需要饶恕，因此也就没有一个人配惩罚或者纠正。"人人都有罪，那就没有什么压迫、剥削，也就无须乎反抗、斗争了。所以托尔斯泰进一步提出"勿以暴力抗恶""相互的爱是人类生活的基本原则"等主张。到小说的结尾，涅赫留道夫干脆捧出《圣经》来说教了。他鼓吹说："读完那段素来使他感动的'登山训众'以后，他今天才算第一次看出来这段教训并不是美丽而抽象的思想……却是简单清楚的、可以实行的法律；如果照它实行起来（这是完全可能的），人类社会生活的全新的、惊人的条件就会建立起来，到那时候，不但……暴力会自动消灭，就是人类所可以获得的最大幸福，地上的天国，也会建立起来。"

《马太福音》"登山训众"叫人要"饶恕损害，谦卑地忍受损害"，"要爱仇敌，帮助仇敌，为仇敌效劳"。涅赫留道夫与玛丝洛娃彼此之间已这样做了。玛丝诺娃不仅饶恕了涅赫留道夫，而且还爱这个"仇敌"。涅赫留道夫由于领悟了这些"上帝的法律"，从一个腐化堕落的贵族变成一个道德高尚的人。最后，他与玛丝洛娃精神上都彻底"复活"了。托尔斯泰通过这两个男女主人公的"复活"，企图说明：不管你有多大的罪恶，只要人人追求道德的自我完善，彼此以爱相待，那么，暴力就会自动消灭，地上的天国就会建立起来，社会上的一切矛盾就可以得到解决。涅赫留道夫和玛丝洛娃就是个活标本。

托尔斯泰在长篇小说中以平民阶层的玛丝洛娃作为正面主人公来描写，这是作者世界观变化的标志之一。作者怀着同情心描写玛

上编

丝洛娃的悲惨遭遇。玛丝洛娃是农奴的私生子，被女地主收养之后变为"一半小姐一半奴婢的身份"，实际上是上等奴婢。她生得健美、可爱，她的工作是为女地主煮咖啡、做针线，读小说给主人消遣。由于这样的身份，她和主人的侄少爷涅赫留道夫接近，遭到贵族少爷的玩弄和抛弃。自从涅赫留道夫罪恶的黑手把她推入苦难的深渊之后，她带着满身污泥，越滚越深，最后滚到出卖皮肉的火坑里去。当了妓女又被诬告、冤判，终于带着杀人犯的罪名到西伯利亚去服苦役。小说描写在巴佛偌田庄做复活节礼拜时，玛丝洛娃是健壮、活泼、美丽的少女，像沾露水的黑李一样的微微斜睨的眼睛，红润的嘴唇，身穿浆洗得很干净的白衣裙，头上结着红红的蝴蝶结。可是，在污泥里滚了十年以后，站在法庭上的玛丝洛娃却完全变样了。她脸色苍白，像地窖里发芽的番薯一样，声音、体态都变得粗野了。香烟、伏特加，客人，不眠之夜，非人的生活……折磨得她前额和两鬓出现了细纹，只有斜睨的黑眼睛还可以辨认出来。十年的地狱生活，滋长了玛丝洛娃对贵族老爷的仇恨。当涅赫留道夫到监狱中看她，并说明他要赎罪，要和她结婚时，玛丝洛娃愤怒地骂道："走开，我是犯人，你是公爵，这儿没有你什么事!"停了一停，她又接着说："你打算用我来救你自己，你在这个世界里拿我玩乐还不算，又要用我来救你自己，好让你能上天堂! 我讨厌你——你那眼镜，你那肮脏的胖脸! 去，去!"

但是，托尔斯泰塑造玛丝诺娃的形象是给涅赫留道夫作陪衬的，是为他的道德自我完善服务的。在狱中政治犯特别是民粹派分子西蒙松的影响下，在涅赫留道夫认罪、赎罪的感动下，玛丝洛娃终于转变了。她改变了过去淫秽的生活习气，确立了一般平民正常的思想习惯。她愿意去做一切涅赫留道夫希望她做的事，愿意到医院去工作，再也不喝酒了，最后不仅感谢他，还真诚地爱他，能处处为他着想，劝他不要为了她而受累，要他去过幸福的生活。在西伯利亚分手的时候，作者这样描写他们的对话：

"德米特里·伊凡诺维奇，要是我没照着您所希望的去做，您得原谅我才好。"她说，用她那种神秘的斜睨眼光瞧着他，"是啊，事情明明该当这样办才对。您也得生活啊。"

"我没料到会这样。"他说。

"您何必住在这儿受苦呢？您已经受够苦了。"她说，淡淡地一笑。

"我没受苦。在我，这生活，是挺好的；要是可以的话，我还想仍旧为你们效劳。"

"我们不需要什么了。这以前您已经为我出了不少力。要不是因为您……"她想要说下去，可是声音发抖了。

"不管怎样，您总没有理由跟我道谢。"涅赫留道夫说。

"算账有什么意思呢？上帝会替我们算账的。"她说，她那黑眼睛因为涌上来的眼泪而发亮。

"您是多么好的女人啊！"他说。

"我？好女人？"她含泪说道，一抹凄凉的微笑点亮了她的脸。

在最后告别的时候，玛丝诺娃用很低的声音对涅赫留道夫说："原谅我。"作者写道："他们的眼光相遇了。涅赫留道夫想她那斜睨的眼睛的古怪的眼神，凭她没说'再会'，而说'原谅我'的声调，凭她那凄凉的笑容，明白……她爱他，知道如果他跟她结合起来，她就会毁了他的生活。她认为她跟西蒙松一走，就可以使得涅赫留道夫自由了；她觉着高兴，因为她已经做成了她打算做的事，可是她又觉着难过，因为她不得不跟他分手了。"

托尔斯泰借此宣扬"人类之爱"，鼓吹阶级调和。生活的规律告诉我们，一个贵族地主残害了农奴的女儿，不会去认罪赎罪，一个受迫害的人也不会去爱仇人。这样描写玛丝洛娃（完全违背了生活规律，纯粹是唯心主义的虚构）目的在于为涅赫留道夫的道德自我

完善铺平道路，为鼓吹"托尔斯泰主义"服务。

所谓革命者也是托尔斯泰主义者。

长篇小说的第三部写流放地的生活。大部分的篇幅都是描写革命者——被流放的政治犯。由于作家世界观的影响，他有意歪曲丑化政治犯革命者，把他们也写成是托尔斯泰主义者。如他笔下的马克思主义者康德拉节夫成了"苦修者"，"只要有一点点东西，他就心满意足了"；他成了脱离群众的怪癖者，"对待所有的同志都冷淡而疏远"；他对妇女"无限轻视，认定各种重要的事业中她们是障碍"。农民出身的革命者纳巴托夫成了托尔斯泰式的改良主义者，他"相信他所努力推进的革命，不应该摧毁整个大厦，只应该略略变一变这幢他深深喜爱的、美丽的、坚固的、古老的大建筑物的内部装置罢了"。民粹派西蒙松变成托尔斯泰式的善良的人道主义者，他是个素食主义者，不用动物的毛皮做衣履，只穿橡皮短大衣和胶鞋，"他认为杀害生命是犯罪；他反对战争、死刑，不仅反对杀害人类，还反对杀害动物。"作者肯定政治犯是道德比较高尚的人，但又反对他们的暴力革命，任意加上一道人道主义的色彩。

列宁说，托尔斯泰"一方面反对官办的教会，另一方面却鼓吹清洗过的新宗教，即用一种清洗过的精制的新毒药来麻醉被压迫群众"。（《列·尼托尔斯泰》）在长篇小说《复活》中，托尔斯泰一方面撕下官办教会的假面具，揭露出它是沙皇专制制度帮凶的本质，另一方面他却鼓吹"清洗过的新宗教"，这就是"温顺爱人"和"道德的自我完善"。作品不但通过涅赫留道夫和玛丝洛娃的形象大力宣传这种"新宗教"，还塑造了一个无名老人（涅赫留道夫在西伯利亚渡船上遇到的）的形象来鼓吹这种"新宗教"。这个无名老人说："我不信教，因为我不相信什么人——只相信我自己"，"教派有许多种，可是灵魂只有一种，我有，你有，人人都有，这意思就是说我们应当相信我们自己的身子里面的灵魂才对。要是人人相信自己，大家就会联合起来；人人是他自己，同时大家又成了一个人。"托尔斯泰的意思是说，上帝是看不见的，各种教派都说自己好，不可信。应该相信自己的灵魂，人人追求道德的自我完善，人人都做道德高尚的人，这样，大家如一人，什么争端都没有了。这种"新宗教"更容易麻醉被压迫群众，使其放弃斗争，危害性更大。所以，列宁说他"力求让有道德信念的僧侣代替有官职的僧侣，这就是说，培养一种最精巧的因而是特别恶劣的僧侣主义"。（《列夫·托尔斯泰是俄国革命的镜子》）。

综上所述，托尔斯泰思想、观点中的矛盾，在《复活》中的表现是十分显著的。

在托尔斯泰的作品里，既表现了农民群众运动的力量，也表现了它的弱点，既表现了它的威力，也表现了它的局限性。他对国家、警察、官办教会的那种强烈的、激愤的而且常常是尖锐无情的抗议，表达了原始的农民民主的情绪。他对土地私有制的毅然决然的反对，表达了一个历史时期的农民群众的心理，在这个历史时期，旧的中世纪土地占有制度，完全变成了俄国今后发展的不可容忍的障碍，当时这种旧的土地占有制度必然要遭到极其急剧的无情的破坏。他充满最深沉的感情和最强烈的愤怒，对资本主义进行了不断的揭发；这种揭发表达了宗法式的农民的全部恐惧。因为在农民面前开始出现了一个看不见的和不可理解的新的敌人，这个敌人不知是从什么城市或是从什么外国来的，它破坏了农村生活的一切基础，带来了空前未有的破产、贫困、饿死、野蛮、卖淫以及梅毒……托尔斯泰作品的批判力量，表现了农民群众运动的力量。

列宁指出："托尔斯泰的学说不是什么个人的东西，不是什么突发的和独特的东西，而是千百万人在相当长的时期内实际所处的一种生活条件产生的思想体系。"处在同一个历史时期的广大农民，同样也受到封建社会的影响。农民遭受残酷的经济剥削和政治压迫，

上编

反抗斗争是他们身上的主要阶级本质。在俄国革命运动中确实有一部分农民拿起武器，跟着工人阶级坚决斗争到底。但在这个时期，俄国整个经济生活（特别是农村经济生活）和整个政治生活中还存在着"农奴制度的痕迹和它的直接残余"，"他们在吃母亲的奶的时候就吸取了这个制度的原则、习惯、传统和信仰"。分散的小农经济的局限使宗法式农民对新的资本主义很不理解，不懂得依靠哪些社会力量才能消除"改革"后所特有的深重的灾难，不知道怎样才能争得自由幸福的生活。于是，他们就"哭泣、祈祷、空谈和梦想，写请愿书和派'请愿代表'"。列宁说，"这一切完全符合列夫·尼古拉耶维奇·托尔斯泰的精神"。军队中的士兵绝大部分是农民，在战斗中往往表现许多宗法式农民的弱点。列宁曾指出："士兵们对农民的事情充满着同情；只要一提起土地，他们的眼睛就会突然发亮。军队中的权力不止一次落到了士兵群众的手里，但是他们几乎没有坚决地利用这种权力；士兵们动摇了；过了几天，甚至过了几个小时，他们杀了某个可恨的军官，就把其余拘禁起来的军官释放了，同当局进行谈判，然后站着给人枪毙，躺下来给人鞭笞，重新套上枷锁——这一切都完全符合列夫·尼古拉耶维奇·托尔斯泰的精神！"（《列夫·托尔斯泰是俄国革命的镜子》）

革命群众"像托尔斯泰那样不抵抗邪恶，而这种不抵抗是第一次革命运动失败的极其主要的原因"。所以列宁说："托尔斯泰的思想是我国农民起义的弱点和缺陷的一面镜子。"

《复活》是托尔斯泰创作的总结，这是指思想和艺术两方面而言的。托尔斯泰最主要的艺术特点是心理描写手法和对比手法，在《复活》中都有新的发展。人物心理描写更敏锐地反映了社会各阶级的冲突。

请回忆安娜认识渥伦斯基后，火车到彼得堡车站看见卡列宁时的心理描写，以及卡列宁警告安娜的行为不检时的心理描写。这主要是表现人物的心理变化和性格。《复活》中的心理描写随着作品中的批判和讽刺因素的增强而更加尖锐地反映了社会各阶级的冲突。如涅赫留道夫坐在陪审员席上的心理变化（怕玛丝洛娃看见他，认出他来，希望她判罪离开这里，最后决定要赎罪，要营救她）。

如："等到法警长踩着歪斜的步子走来请陪审员回法庭去，涅赫留道夫变得心惊肉跳，好像他不是去审判，而是去受审似的。在他的灵魂深处，他感到自己是个坏蛋，应该羞得不敢看人家的脸才对。可是纯粹由于习惯的力量，他却走上了高台，坐下来，态度照旧那么安详，架起二郎腿，悠闲地摆弄他的夹鼻眼镜。"

又如："对于开始从他心里冒上来的忏悔感情，他仍旧不肯让步。他极力把这看作一件凑巧的事，就会过去，不会影响他的生活方式。他觉得自己活像一条哈巴狗，主人一把揪住它的脖子，按着它的鼻子在它弄得一团糟的东西上擦来擦去。哈巴狗哀叫，往后退缩，巴不得远远地躲开它做出来的错事，巴不得忘掉它才好，可是铁面无情的主人却不放松它。

"涅赫留道夫正是照这样感到了自己所做的事的可鄙可恶，也感到了'主人'的有力的手，不过他还是没有明白他的行为的全部意义，而且不肯承认那个'主人'。他不愿意相信他眼前的这件事是他自己的行为的结果。可是'主人'的那双无情的手抓紧他，他已经预感到自己逃不掉了。"

《复活》中的对比手法的运用完全是为了揭露批判沙皇专制政府的罪恶、官办教会的虚伪、地主土地私有制的不合理等。在作品中，我们看到一幅幅画面的对比：贵族地主老爷的穷奢极侈与农民群众的贫困饥饿对比；贪赃枉法、鱼肉人民者居政府机关的高位，而无辜的老百姓却要坐监牢被判刑；当涅赫留道夫公爵早上睡醒，躺在鸭绒褥垫上想心事、抽烟卷，打扮、吃讲究的早点时，被他侮辱和残害的农奴女儿玛丝洛娃正被押解兵押着在从监狱到法院的路上艰

上编

难地走着……对比为了揭露批判，对比手法是揭露批判的最好手法。《复活》中对比手法用得最多，从情节结构到人物、场面、景物都用对比。

与《安娜·卡列尼娜》比较，《复活》中对比手法也较前者尖锐。例如渥伦斯基田庄里的农民在辛苦劳动，安娜和渥伦斯基的朋友们却在骑马游览，这也是对比，但比较温和，不够尖锐。农民在谈笑着，欣赏这一群贵族的装扮、马匹等。在《复活》中就不同，对比是毫不留情的揭露和批判。

托尔斯泰在 19 世纪八九十年代对专制制度和官办教会的抨击更加猛烈，引起统治阶级的不满。沙皇政府痛恨他，又不敢杀害他。1901 年宗教院（俄罗斯最高教会机关）给托尔斯泰加上"邪教徒""叛教分子"等罪名，把他开除教籍。

20 世纪初，托尔斯泰写了短篇小说《舞会以后》（1903 年），还有一些政论文。

托尔斯泰反对 1905 年的革命，但也不满意当时的反动政府，他认为 1905 年的革命是一种罪恶。但革命失败后，革命者受死刑，被流放，服苦役，他又写《我不能沉默》表示抗议。

他晚年随着人民革命运动的高涨，群众生活的困苦，更加深对贵族资产阶级社会的不满。他在日记中写道："我们富有阶级把工人弄得贫困破产……而自己却骄奢淫逸，无所事事……""大家穿着华丽的衣服，吃着，喝着，自己安逸，而周围穷苦。这使我的痛苦一天比一天更深。"可见当时他的内心思想斗争何等激烈！

从 1909 年起，托尔斯泰就想放弃田产，离家出走，摆脱贵族社会和贵族生活，向往一种新的朴素的生活。因此，经常与家里人发生争执。1910 年（俄历）11 月 28 日深夜，他偷偷地离开雅斯纳亚·波良纳，准备到南方去过农民生活——小农的幸福社会。路上得了肺炎，11 月 7 日在阿斯达堡火车站站长室逝世，终年 82 岁。

浅谈安娜形象的美

——读《安娜·卡列尼娜》札记

　　世界古典文学作品中，几乎都少不了美丽的女主人公的形象。欧洲最早的一部文学作品——荷马史诗《伊里亚特》，就写了使特洛亚和阿开亚的战士吃了多年苦头的美丽的海伦形象。但是要找出第二部像托尔斯泰那样写安娜形象的美的作品似乎还不太容易。

　　在过去的年月里，由于我们对外国古典文学遗产的批判继承问题，认识上有了偏颇，生怕青年读者"中毒"，不敢怎么谈安娜形象的美。我们往往给她贴上"贵族阶级妇女追求个人自由""爱情至上"等标签，来防止"扩散"，限制影响。实际上，广大读者包括贴标签的人在内，都爱读《安娜·卡列尼娜》，尤其喜爱安娜的形象。这是为什么呢？因为她美，她对爱情忠贞，生死不渝，她的悲剧命运值得大家同情。不论从生活上还是从美学上来看安娜的形象，它都有着永恒的魅力。当我们读托尔斯泰这部长篇小说时，我们的脉搏不由自主地跟着安娜跳动，我们的心伴着她的心下沉或腾起。随着小说情节的发展，我们越来越关心安娜的命运，注意力几乎都集中到安娜这一条情节线索上来了。对于作品的另一条平行发展的情节线索，对于另一位主人公列文的形象，往往不够重视，甚至感到他的故事占太多篇幅，不大愿意分散注意力。这又是为什么呢？因为托尔斯泰笔下的安娜形象太美了。她光彩夺目，令人无暇他顾。

上编

托尔斯泰认为："区分真正的艺术与虚假的艺术的肯定无疑的标志，是艺术的感染性。"他有一句名言："感染越深，艺术则越优秀。"他塑造安娜形象就是遵循这一原则，特别重视形象的艺术美和感染力。展现在我们面前的安娜，不仅以外表的美使人惊异，她的内在美更加动人心魄。

从小说第18章安娜出场起，直至小说的结局部分，托尔斯泰始终没有放过描写安娜的美貌，只是有时详写有时略写而已。在关键性的场面，托尔斯泰常常是撒彩泼墨、淋漓尽致地描绘安娜的非凡的美丽。托尔斯泰写安娜外表的美，同时又深入她的内心、她的灵魂，内外结合、表里互见地来写她的美。

让我们回忆小说的几个场面吧。在莫斯科火车站，安娜与渥伦斯基匆匆一个照面，就使得渥伦斯基为她的"非常美丽"，为她的"端丽和温雅"，为她那"迷人的脸上的表情"所倾倒。但是就在这短促的一瞥中，渥伦斯基已看出了"有一股被压抑的生气在她的脸上流露"，"仿佛有一种过剩的生命力洋溢在她的全身心"。这个细节既写安娜的外貌，又写她的内心，还为情节的发展作了铺垫。

莫斯科舞会的场面是刻画安娜形象的重要场面之一。她与渥伦斯基的爱情是在这里萌芽的，而渥伦斯基和吉提的婚姻关系本来是要在这个场合决定的。托尔斯泰选择了最好的叙述角度——由吉提的眼光来描绘安娜的美。第一次见到安娜，吉提就看出她"什么时候都比旁的人美丽"，就感到安娜的为人"十分单纯而毫无隐瞒"。在舞会上，吉提看见穿着黑色的敞胸的天鹅绒长袍的安娜，"她的咽喉和肩膊好像老象牙雕成的"，她的结发的款式和头上的饰带都很平常，然而她是那样的非凡美丽。吉提这时才感觉到"她的魅力就在于她的人总是盖过服装，她的衣服在她身上绝不会惹人注目……为人注目的是她本人——单纯、自然、优美，同时又快活又有生气"。安娜一出场，作家就写她"不像社交界的贵妇人"，她的外表与她的内心是一致的美。所以吉提初次和安娜接触就爱慕她、赞赏她，直至在舞会上已经感到自己的失败时，还在欣赏安娜的美。在这里，作家连续用了六个"迷人的"叠句，尽态极妍地写安娜的美。这不仅使她的形象更富有感染力，而且写出渥伦斯基对她的狂热追求的可信度。

安娜与渥伦斯基相爱的过程，充分表现出安娜的感情真挚、道德纯洁、胸怀光明磊落，以及有着良好的教养、聪明、善良等卓越优美的品质。安娜由于封建包办婚姻，嫁给了比她大 20 岁的虚伪冷酷的官僚卡列宁。当她的爱情尚未觉醒之前，她做了多年的贤妻良母。一旦爱情觉醒了，她便冲出封建婚姻的樊笼，勇敢地追求爱情幸福。在她的内心只有一个剧烈的矛盾，那就是母爱与爱情的矛盾。当她看清了两者不可得兼时，她宁愿为爱情做出重大牺牲，义无反顾，不向封建势力低头。她决不学上流社会男女的行为：各有情妇情夫而又要保持着虚伪的体面，像卡列宁所要求她做的那样。她执着地追求光明正大的爱情自由。不管是在什么样的逆境中，她对爱情的忠诚之心永不变。渥伦斯基屈服于上流社会的习惯势力，对她的感情已冷淡了。她仍然坚定地，可以说是义正词严地向他宣告："我后悔我所做的事吗？不，不，不！假使一切要从头再来，也还是会一样的。对我们，对我和你，只有一件事要紧：那就是我们彼此还相爱不相爱，别人我们用不着顾虑。"因此，她不顾渥伦斯基的阻挠，独自盛装上彼得堡剧院向侮辱她的上流社会挑战。卡列宁在他的情妇莉蒂亚伯爵夫人的合谋下，拒绝离婚，欲置安娜于死地。安娜只好离开彼得堡，到莫斯科附近的渥伦斯基庄园居住。她对前来探望她的嫂嫂杜丽说："我什么都不想表白，我不过要生活，除了我自己谁也不伤害。我有权利这样做，有没有？"

尽管托尔斯泰最初对安娜形象的构思是"不忠实的妻子和由此产生的全部悲剧"，尽管小说的卷首题词是"申冤在我，我必报应"，

上编

但是，从作品形象所反映的客观思想来看，作家告诉我们的完全是另一回事。首先，他所塑造的安娜形象，内外身心如此优雅、高洁，超过了书中除列文之外的所有人物。其次，作家笔下的卡列宁，不但其貌不扬，内心也是丑恶的。他是一架官僚机器，根本不是人。在安娜分娩病重垂危之际，他口头上表示饶恕安娜，心中却渴望安娜快一点死。后来他又和情妇一起收拾安娜，把她推向绝路，而这一切都像处理政府公务一样地进行着。他和安娜根本没有感情，更谈不上爱情。他只是要维护自己的虚伪的体面，冷酷地耍弄权术来迫害安娜。所以，安娜的哥哥奥布浪斯基居间调停的时候，告诉他的妹妹说："你和一个比你大20岁的男子结婚，你没有爱情，也不知道爱情是什么就和他结了婚，让我们承认，这是一个错误。"安娜回答说："一个可怕的错误。"这不是人物之间的平常对话，从小说总的倾向来看，这正是作家的思想，是作家对安娜追求爱情生活的肯定。

在小说临近结尾时，作家安排了列文到莫斯科渥伦斯基住宅拜访安娜这个情节。这是托尔斯泰最后一次向读者全面展示安娜形象的美，也是作家带总结性地对安娜形象做出的评价。这时，渥伦斯基耽于社交界的游乐，对安娜的感情已逐渐冷淡。安娜深居简出，教别人的孩子读书，撰写儿童文学作品。她的优美的天性和良好的教养在逆境中还能得到发展。奥布浪斯基带列文来看望她。他们早已认识，却是第一次见面。列文走进书房先看到安娜那张在意大利画的全身画像。他立即被这一个"活生生的妩媚动人的女人"所吸引，竟忘了自己的所在。待见到安娜本人时，他感到她不但和画中人一样美，而且在她的身上还"带着一种新鲜的动人心魄的风度，这却是画里所没有的"。在和安娜谈论绘画、文学、乡村教育等问题，以及关于杜丽和吉提的近况的对话中，列文看出了安娜"除了智慧、温雅、端丽外，她还具有一种诚实的品性。她并不想对他掩饰她的处境的辛酸苦辣"。列文一直在欣赏着"她的美貌、聪明、良好的教养，再加上她的单纯和真挚。他一边倾听一边谈论，而始终不断想着她，她的内在生活，极力猜测她的心情。而他，以前曾经那样苛刻地批评过她，现在却以一种奇妙的推理法为她辩护，替她难过，而且生怕渥伦斯基不十分了解她"。在和安娜谈话的短短时刻中，列文感到了"对她发生了一种连他自己都觉得惊讶的一往情深的怜惜的心情"。

托尔斯泰的研究者们一致认为列文形象带有作家的自传成分。列文是个博学的、正直的、严于律己的人。他对安娜的同情和惋惜，表达了作家对安娜的同情和惋惜的心情。如果说在小说前半部个别章节的字里行间，还能找到作家对安娜的谴责的话，那么，愈到后来，作家的同情、惋惜之心愈溢于言表。他自己也找到了"奇妙的推理法"为安娜辩护，所以他才能精心地雕镂出安娜这一光彩照人的艺术形象。

恩格斯说过：没有爱情的婚姻是不道德的。安娜挣脱封建婚姻的枷锁去追求爱情幸福，是合理的、无可厚非的。问题在于安娜所钟情的是"花花公子的标本"渥伦斯基，这就使得情况复杂化了。最初面临的是损害了吉提的幸福问题。莫斯科舞会之后，安娜向杜丽承认过她有错误。杜丽的评判是公正的。她说："渥伦斯基能在一天之内对你发生爱情，那么这门婚事还是不成事实的好。"小说的发展证明了吉提却因祸得福。渥伦斯基表面上的优雅和这种不顾一切的维特式的热情迷住了安娜，是他唤醒了她的沉睡着的爱情，所以她把他看得比实际上的他要高得多。小说清晰地写出了这一点。在安娜和渥伦斯基同居的初期，"她每次看见他的时候，总是使实际上的他吻合于她想象中的他的姿影（那是无可比拟的优美，在现实中不会有的）"。花花公子的热情是不会持久的。渥伦斯基先是为财产的继承权问题，逼安娜离婚，使她陷入矛盾和痛苦之中，她舍不得

上编

失去自己的儿子。接着是渥伦斯基不愿放弃社交界的活动，视安娜为束缚他自由的罗网，两人常因此而争吵。最后，他对安娜的感情冷淡下去了，这引起安娜的猜忌，更增加了彼此间的裂痕。当安娜感到渥伦斯基对她只有怜悯，没有爱情的时候，她决定以自杀来惩罚他。

造成安娜悲剧的根源是以卡列宁、渥伦斯基为代表的贵族上流社会。这个社会就是要扼杀一切有生命的东西，扼杀一切不与它们同流合污的人。安娜先是遇人不淑，后又所托非人，最终怀着知音难求、孤立无援的悲愤心情，诅咒着虚伪、罪恶的上流社会，以死来抗议它们对她的迫害。

托尔斯泰的老朋友认为作家写安娜自杀未免太残酷了。托尔斯泰以普希金的达吉亚娜竟然嫁了人为例来答复他的老朋友。他说："我的那些男女主人公有时就常常闹出一些违反我本意的把戏来：他们做了在实际生活中常有的和应该做的事，而不是我所希望他们做的事。"19世纪70年代的俄国，正是新旧社会的交替时期。封建宗法制度的旧基础已经崩溃，资产阶级新制度正在建立。安娜冲破封建婚姻关系，追求爱情的自由与幸福，代表着新的阶级意识的觉醒。在这新旧制度的方生未死之间，旧的习惯势力还相当强大的时候，光明磊落、真挚单纯的安娜，她对上流社会的虚伪是那样的深恶痛绝，对爱情幸福和自由是那样执着地、热忱地追求，这就决定了她最终要走上自杀的道路。托尔斯泰是严格地按照生活的逻辑来安排他的女主人公的悲剧结局的。

安娜追求爱情的自由和幸福是合理的、正当的，不能冠以"爱情至上"的罪名。安娜是贵族阶级的一员，但她冲破贵族上流社会的重重包围，蔑视贵族阶级的种种恶势力，戳穿贵族阶级的虚伪和欺骗，与它们进行搏斗，直至付出自己的生命，这怎么能简单地指责她是"贵族阶级妇女追求个人自由"呢？诚然，托尔斯泰所塑造的安娜形象并不是没有缺点的。例如：当渥伦斯基对她的感情减退之后，她特别注意用她的美貌来维系他，甚至要在渥伦斯基的朋友面前试试自己的魅力。这是很庸俗的。这反映了安娜生怕失去渥伦斯基的一种心理状态。但就整体而言，安娜的形象不论从美学上或是从生活上来看，都是相当美的。人们欣赏她外貌的端丽、温雅，内心的真挚、单纯，对爱情的执着、忠诚。人们同情她的斗争，惋惜她的遭遇，激起对吞噬她的贵族上流社会的愤恨。对小说中的美丑善恶，人们心中自有天秤。这就是精美的艺术作品所能具有的感染力，所能产生的思想力量和艺术效果，也就是托尔斯泰所以要精心镂刻出安娜形象的美的主要原因。

1980 年 10 月

上编

《复活》片段剖析

长篇小说《复活》的作者列夫·托尔斯泰（1828—1910）是19世纪俄国最伟大的批判现实主义作家，也是世界文学中有数的大文豪之一。特别是他的长篇小说，以广泛深刻的内容、宏伟壮阔的画面、新颖独特的结构、生动细腻的描绘，登上了他那个时代的最高峰，完成了长篇小说这一艺术形式最精美的创造。

列夫·尼古拉耶维奇·托尔斯泰生于世袭的贵族地主家庭，曾进喀山大学读东方语文系，后来转入法律系。那时他受西欧资产阶级启蒙思想的影响，开始不满沙皇专制制度。1847年他辍学回故乡雅斯那亚·波良纳从事改善农奴生活的工作。后来他加入高加索军队，参与克里米亚的塞瓦斯托波尔保卫战，在那儿开始了创作生涯。

自传三部曲《童年》《少年》《青年》（1852—1856）描写贵族青年尼古林卡的性格和观点形成的过程。可以说是托尔斯泰青年时代思想探索的总结。军事小说《塞瓦斯托波尔故事集》（1855—1856）描写俄国和土耳其的战争。1857年托尔斯泰去西欧各国旅行，对资本主义制度极为不满，根据瑞士避暑地琉森的见闻写的短篇小说《琉森》（1857）批判了资产阶级虚假的文明。中篇小说《哥萨克》（1852—1862）描述主人公奥列宁不满贵族上流社会的虚伪，企图到高加索山民中追求自由淳朴的生活，终因不能克服自身的阶级偏见而失败的故事。这部作品被认为是托尔斯泰早期创作的小结。

19世纪60至70年代是托尔斯泰创作的中期，也是他创作的旺盛时期。最著名的两部鸿篇巨制《战争与和平》（1863－1869）和《安娜·卡列尼娜》（1873－1877）即写于此时。长篇小说《战争与和平》就反映生活的深度、广度和艺术成就而言，是19世纪世界文学中最杰出的作品之一。小说艺术地再现了1812年俄罗斯民族胜利地反击拿破仑侵略的时代。出场人物共559个，作家以对待1812年卫国战争的态度作为判别人物的标准。托尔斯泰尖锐地讽刺了以宫廷女官涉莱尔和外交官库拉根为代表的上层社会，对爱国的正派的贵族代表保尔康斯基、罗斯托夫、别素号夫等则怀着深厚的感情来描写，同时着重展示了这些家族的年轻一代的优秀品质和他们对人生与真理的探索以及他们个人的命运与祖国命运的关系。小说把描写贵族生活和卫国战争两条线索交织在一起，逐步展示故事情节，广阔深入地反映俄国的社会面貌。长篇小说《安娜·卡列尼娜》反映农奴制改革后资本主义开始迅速发展，一切都在起变化的那个时代在政治、经济、道德、心理等方面的矛盾。小说采用两条线索平行发展的结构方法，通过安娜的家庭悲剧，揭露上流社会虚伪的道德观念和冷酷的社会关系，反映出贵族社会的深刻危机；通过列文这一线索，描绘资本主义势力侵入农村后，地主经济面临崩溃的情景，反映出作家自己苦苦探索出路的痛苦心情。这部作品以其所反映的社会生活的广泛深刻、所塑造的艺术形象的生动丰满以及艺术技巧的精湛卓绝而列为世界古典文学的第一流。

19世纪80至90年代，俄国资本主义迅速发展，农村经济破产，城市贫民骤增。1882年，托尔斯泰继参观访问大教堂、监狱、法庭、新兵收容所之后，参加莫斯科人口调查工作，对贫民生活有了进一步的了解，对日益穷奢极欲的贵族资产阶级的寄生生活更加不满，思想发生剧烈的变化，和"高等地主贵族阶层的一切传统的观点决裂了"（列宁语），转到宗法制农民的观点方面来。他力图使自己生活平民化，还说服家里人也要放弃罪恶的贵族生活。最终他以82岁高龄离家出走，要去南方过平民的生活，但不幸在旅途中病逝。后期托尔斯泰创作的特点是批判贵族资产阶级的罪恶和宣扬宗教道德，如长篇小说《复活》、剧本《黑暗的势力》（1886）、《教育的果实》（1890）等。

托尔斯泰留下的文学遗产是极其丰富而珍贵的。但由于他所属的时代和阶级的局限，其中也混杂着糟粕。20世纪初俄国的资产阶级和修正主义者曾利用这些糟粕来反对无产阶级革命，反对劳动人民的解放斗争。1908—1911年间，列宁写了7篇论托尔斯泰的著名论文，及时地予以反击并引导人们正确地评价包括托尔斯泰作品在内的古典文化遗产。今天我们研究托尔斯泰的作品，仍然要以列宁的著作为理论武器和指导思想。

长篇小说《复活》（1889—1899）是托尔斯泰后期的代表作，也是作家的创作和思想探索的总结。它正如列宁在《列夫·托尔斯泰是俄国革命的镜子》中所分析的，既有"最清醒的现实主义"的一面，又存在着鼓吹反动的"托尔斯泰主义"的一面，它的"矛盾的确是显著的"。

《复活》的情节是这样的：

贵族少爷聂赫留朵夫还是大学生的时候，思想"纯洁"，道德"高尚"。有一年暑假，他到姑母的田庄来消夏，爱上了姑母收容的养女兼婢女卡秋莎·玛丝洛娃。这时，他的爱是纯洁、真诚的。几年后，聂赫留朵夫去参军之前又到姑母家来住。这时，他已沾染了贵族社会的坏习气，对卡秋莎不再是纯洁的爱，而是诱骗、侮辱了。从此卡秋莎跌入苦难的深渊：被主人赶出门外，生下的孩子死掉，换了几家当女仆，都因不堪男主人的调戏而重新漂泊，最后沦为妓女。由于旅馆仆役谋财害命嫁祸于她，律师受贿，法官冤判，使她负着杀人犯的罪名到西伯利亚服苦役。

就在这一次法庭审判中，聂赫留朵夫作为贵族的代表参加陪审。他认出了这是十年前被他所侮辱、抛弃的卡秋莎，于是内心展开激烈斗争，终于承认自己有罪，决心与卡秋莎结婚以赎前愆。他清理了财产，把土地分给农民，想方设法营救卡秋莎，一直跟随她到西伯利亚。作家通过聂赫留朵夫奔走法庭、监狱、政府机关、流放地等，对种种黑暗现实作了愤怒的揭发和猛烈的批判，使作品闪耀着批判现实主义的光辉。

但是，卡秋莎最终拒绝了聂赫留朵夫的求婚。作家描写她受聂赫留朵夫的"道德感化"，由恨拿她取乐的贵族老爷聂赫留朵夫又转为爱他了。由于爱他而又不忍心让他在西伯利亚受苦，她决定和政治犯西蒙松结合。卡秋莎"饶恕损害"，"温顺爱人"，精神上得到"复活"了。而聂赫留朵夫由悔罪、赎罪到虔诚地信仰上帝，也同样得到了"复活"。托尔斯泰通过男女主人公的道德与精神的"复活"，宣扬"勿以暴力抗恶""道德的自我完善""温顺爱人""信仰上帝"等"托尔斯泰主义"。他甚至在作品的结尾大段地摘引《福音书》来说教。这是托尔斯泰的宗教、道德观点与"清醒的现实主义"思想矛盾的体现。

为了阅读与欣赏的方便，我们从长篇小说《复活》的开头部分节选出四章。这四章主要描写法庭审判玛丝洛娃案件的经过和聂赫留朵夫灵魂斗争与道德觉醒的过程。这是长篇小说的一个重要侧面，由此可以窥见托尔斯泰思想与艺术的一斑。

托尔斯泰一共花了十年时间写作《复活》，修改稿有几十种，玛丝洛娃的形象更动了十几回。引起他写作《复活》的动机是法官柯尼的故事。柯尼到雅斯那亚·波良纳那里做客，对作家讲述一个叫罗查利·奥尼的人的生活史。托尔斯泰很感兴趣，把它当作小说情节中的一个构成部分。但是，获得这个素材之后，托尔斯泰并不满足于只写柯尼的故事，他的目的是要阐明自己对现存的社会制度的见解。他在 1889 年 12 月间的日记中写道:"陈述学说和写柯尼的故事的材料已经隐约地积蓄了起来。"1890 年 6 月的日记记载了作家构思的进展情况:"已经明确了柯尼的故事的外表形式。必须从开庭(法庭)的情景写起,立刻写出法律的欺骗和使它正直不阿的必要性。"可是,作家决定这部小说的结构规模却是 1891 年初的事。这一年 1 月 25 日的日记中记道:"要是能够写一部大部头的长篇小说,用现在对事物的看法来阐释它,那该有多么好。"小说的主旨、规模、开头的写法都已经基本确定了,托尔斯泰还是写得很不顺利,他一直对写好的开头部分感到不满,直至 1895 年底,他还在构思之中。这一年 11 月 5 日,他在日记中写道:"刚才我正在散步,忽然很清楚地懂得了我的《复活》为什么写不出来的原因。开头写得不对。"托尔斯泰此时悟出一个道理:"必须从农民的生活写起⋯⋯他们才是目标,才是正面的东西。"[①]就这样,托尔斯泰又经过了两三年的重新构思,对玛丝洛娃的形象进行了反复的修改,到 1898 年下半年他才顺利地进入紧张的创作活动。1899 年 3 月,长篇小说《复活》开始在《田地》杂志上连续刊载。

我们打开长篇小说《复活》,阅读经过作家长时间酝酿、构思和多次修改的开头部分,的确有一种特别清新的感觉。它与作家以前的作品大不相同:主角是平民妇女玛丝洛娃,而过去托尔斯泰的女主人公都是贵族妇女。作家一开始就写监狱和法庭,把平民妇女玛丝洛娃以及和她一样的普通老百姓无辜遭受沙皇专制制度迫害的残酷情景尖锐地展现在读者面前。

如果按故事情节的时间顺序,应该从十年前聂赫留朵夫公爵初遇玛丝洛娃写起。可是作家却从法庭审判写起,把十年前的事作为插叙,在介绍犯人玛丝洛娃的身世时先作简单的叙述,然后又在陪

---

① 以上各段日记材料均引自贝奇柯夫《托尔斯泰评传》。

审员聂赫留朵夫的回忆中再作具体的描绘。这样，作品的结构重心就很明确了。作家主要是借助这个故事情节，广泛描写贵族、官吏、农民和犯人的生活，以抨击当时俄国的政治、司法、教会和土地制度并宣传他的"托尔斯泰主义"。

所以，法庭审判是长篇小说最有力的篇章之一。托尔斯泰一开篇就刻画了一群贪赃枉法、草菅人命的官吏形象。例如：庭长一心想赶快审完案件，好去赴情妇的约会，明知是个冤案，为了赶赴约会，就草草了事，无罪重判。副检察官在开庭前夜还宿娼玩乐，对案情毫不熟悉，已经开庭了，他才查阅案卷，草草看一遍，就胡诌一通，而且他的信条是："凡是由他提起公诉的案件都非达到判罪的目的不可。"这样的断案方法，无辜百姓怎能不含冤受屈呢？还有两个法官，一个只想着和老婆为钱吵架的事，一个只想着自己的胃病治疗效果，根本无心审案。托尔斯泰运用各种艺术细节，塑造出沙皇专制机构中的典型官僚群像，指出：在这一群只关心金钱美女的"执法者"的"判决"下，无数和玛丝洛娃一样无辜的人，遭到统治阶级法律的蹂躏，处于水深火热之中。作品一开头，就尖锐地揭露了那种具有法律根据的蹂躏人民的沙皇专制制度的反动性。

在法庭宣誓这一幕，托尔斯泰还把攻击的矛头对准官方教会，揭露官方教会的伪善，指责他们违背《福音书》的教义，替统治阶级的暴力服务。带领陪审员宣誓的法庭司祭对自己的职务很满意，因为这职业使他"可以借此结交许多上流人"。他任法庭司祭的目的就是为了日后能留给他的家属除了一所房子，"还有不下于3万卢布的有价证券这样一笔钱财"。神甫和官吏一样一心只为金钱，官方教会助纣为虐的本质被托尔斯泰无情地戳穿了。

陪审员聂赫留朵夫公爵是作为有身份的贵族代表坐在陪审席上监督法庭审判、维护法律尊严的。恰恰是他的放荡生活逼使玛丝洛娃漂泊、堕落，可是今天，他却高坐堂上，审判无辜的玛丝洛娃。

托尔斯泰通过这两个对立的形象揭露了贵族阶级的虚伪道德和人民群众的苦难根源。不过，托尔斯泰塑造聂赫留朵夫形象的主要目的是为包括作家自己在内的贵族阶级寻找"赎罪"的道路的。在托尔斯泰笔下，聂赫留朵夫是"忏悔的贵族"的典型。作家企图通过这一典型向贵族们指出精神"复活"的道路。托尔斯泰认为，所有的人身上都有两个人：一是"精神的人"，另一是"兽性的人"。"精神的人"占了上风，人就纯洁、善良，"兽性的人"占了上风，人就卑鄙、邪恶。所以人要经常进行"灵魂的扫除"，要祈求上帝帮助洗净自己的灵魂。聂赫留朵夫就是这样做的。在法庭上认出玛丝洛娃之后，他的"灵魂里在进行一种复杂而痛苦的活动"。这就是"精神的人"与"兽性的人"的斗争。他不断地向上帝呼吁，不断地进行"灵魂的扫除"，结果"精神的人"胜利了。他经历了悔过、赎罪的过程，终于达到"道德的自我完善"，精神"复活"了。托尔斯泰借聂赫留朵夫的形象宣传：凡人都有两重性，只有上帝是完人。在上帝面前人人都有罪，谁也不能惩罚谁。因此，不能用暴力手段，只能用人人道德自我完善、普遍的爱和信仰上帝这个方案来改造社会。

我们从法庭审判这一幕已看到托尔斯泰对司法机关、官方教会等的反人民本质的揭露和批判了。随着聂赫留朵夫为玛丝洛娃案件的奔走求告，长篇小说的揭露范围扩大了：从城市到农村，从莫斯科到彼得堡，从地方法院到大理院，从法庭、监狱到西伯利亚流放地，从典狱长的办公室到省长、将军、总督的府邸。随着聂赫留朵夫的踪迹所至，托尔斯泰或者通过聂赫留朵夫的语言和感受，或者自己直接发表议论，对沙皇政府和官吏的暴虐，对地主土地占有制的不合理，对官方教会的伪善等，都进行了深刻的揭露与批判。例如：在长篇小说中我们听到作家愤怒的声音："人吃人的行径并不是在原始森林里开始的，而是在政府各部门、各委员会、各司局里开始的，只不过在原始森林里最后完成了而已。"他还大声疾呼："人民贫困的主要原因就在于人民仅有的能够用来养家活口的土地，都被地主们夺去了。"关于法律的阶级实质，作家通过聂赫留朵夫的"醒悟"总结得十分精辟："所有这些人被捕、监禁起来，或者流放出去，根本不是因为这些人违反了正义，或者有非法的行动，仅仅是因为他们妨害那些官僚和富人占有他们从人民手里搜刮来的财富罢了。"小说中像这样精辟的议论还可以举出很多。应该说作家站在宗法制农民的立场，对沙皇专制制度所进行的猛烈批判是长篇小说《复活》的主要成就。

托尔斯泰创作《复活》所运用的许多艺术手法都为了要"撕下假面具"。他在创作《战争与和平》《安娜·卡列尼娜》等作品时所用的细腻的心理描写、尖锐的对比、平实的讽刺等方法，在这部最后的长篇小说中都汇合成为"撕下假面具"的表现方法了。这是作品的主题思想所决定的，也是作家世界观转变后的产物。

小说的开头，是个错综复杂的对比：春天万物欣欣向荣的景象与阴暗污秽的监狱的对比；自然界的和谐欢乐与人类的互相残杀的对比；聂赫留朵夫躺在鸭绒垫上伸懒腰与玛丝洛娃在押解途中艰难地行走的对比……这是景物、人物和情节结构上的各种复杂对比。接着，作家刻画法庭审判的场面，首先是百姓的受苦受难与法官们的骄奢淫逸的生活对比。在描写环境气氛时，法庭上的庄严气派、法官们身穿制服、衣领上用金线绣花纹的威严外表与他们的精神猥琐、内心空虚也是个对比。这鲜明的对比，无情地撕下了统治阶级的假面具。

托尔斯泰的讽刺语言是平实的，并不夸张，然而却很尖锐，能起"撕下假面具"的作用。例如写庭长夫妇都过着放荡的生活时用"他们两个谁也不管谁"一语。写庭长来得很早的原因是与情妇有约会："他希望今天早点开庭，早点审完，以便腾出工夫赶在 6 点钟以前去看望那个红头发的克拉拉·瓦西里耶芙娜。去年夏天他在乡间别墅里已经跟那个女人打得火热了。"对那个狂饮宿娼来不及看案卷的副检察官，作家写他一上法庭"立刻埋头阅读和重看一些文件，利用每一分钟为审理这个案子做好准备"。他已经拟好了发言大纲，"不过还需要一些论据，目前他就在匆忙地从卷宗里把它们摘录下来"。用这种平实的、毫不夸张的语言，却能活画出那些草菅人命、腐化透顶的官吏们的形象，这是托尔斯泰独特的讽刺艺术。

托尔斯泰所选用的艺术细节也是为了"撕下假面具"的。例如他写庭长的手："庭长折好几片小纸，放进一个玻璃缸里，稍稍卷起制服的绣花袖口，露出毫毛丛生的腕子，用魔术师的手法取出一个个纸条来，摊开，念上面的字。随后庭长放下他的袖口，请一个司祭带着陪审员们宣誓。"这"魔术师的手法"就撕下了庄严的法庭审判的假面具了。法庭司祭一心想抓钱，羡慕那个名律师只要办一个案子就到手1万卢布。作家写他带领陪审员宣誓时的手势是："举起他那每根手指头上都有小涡的胖手，把手指头搭在一起，做成捏着东西的样子。"这个外形动作，表现了一心想抓钱的内在活动。官方神甫的伪善面具也被撕下来了。

细腻的心理描写是托尔斯泰最有特色的艺术手法。他塑造正反两面的形象都运用这个手法，只是他的正面主人公的内心活动刻画得更加细腻而且不用讽刺的比喻。但聂赫留朵夫的形象却有点不同。作家细腻地刻画了他在法庭上认出玛丝洛娃后的一系列心理活动，用"做了坏事的小狗"作比喻，形容他已经意识到自己的罪过，想溜也溜不掉的心理状态。"做了坏事的小狗"这个比喻是尖锐的讽刺。在下文写聂赫留朵夫对他的忏悔"美德"的自我欣赏，对上流社会尚感依恋的心理状态，作家仍然加以讽刺性的刻画。这说明后期的托尔斯泰对贵族阶级的批判加强了，也不容他们戴着假面具。

《复活》是19世纪俄国批判现实主义文学的高峰，是研究托尔斯泰后期的思想和创作的最重要作品。托尔斯泰是一位伟大的艺术家。他的思想和创作值得我们研究的问题很多。本文仅就《复活》的片段谈一些粗浅的看法。管中窥豹，也许还不能见其一斑。

《我的叔叔于勒》的艺术技巧

　　莫泊桑（1850—1893）是法国 19 世纪后期批判现实主义代表作家之一。他出身没落贵族家庭，童年在农村度过，1870 年普法战争时曾入伍作战，战后长期在教育部当职员。1880 年莫泊桑开始发表作品，短短十年内共创作《羊脂球》《项链》《我的叔叔于勒》等近300 篇短篇小说和《一生》《漂亮的朋友》《温泉》等 6 篇长篇小说。他的短篇小说在世界文学史上占有很高的地位，和俄国作家契诃夫同被誉为世界短篇小说的"双璧"。

　　《我的叔叔于勒》揭露了资产阶级的道德堕落和资本主义社会的丑恶习气。这个主题是莫泊桑小说创作的中心主题。在这个短篇中，我们看到了一幅资本主义社会的风俗画：金钱成为资产阶级唯一的生活目标。有钱才讲兄弟情骨肉亲，没钱则骨肉兄弟连路人都不如。金钱这个主题容易显现出资本主义社会的脓疮。古往今来有多少作家写过金钱的罪恶！17 世纪初叶英国伟大的戏剧家莎士比亚写过，那还是资本主义上升的时期。19 世纪前期法国伟大的批判现实主义作家巴尔扎克是写金钱罪恶的能手。他深刻而形象地写出了《共产党宣言》中所说的"资产阶级撕下了罩在家庭关系上的温情脉脉的面纱，把这种关系变成纯粹的金钱关系"。莫泊桑在《我的叔叔于勒》中也写金钱的罪恶，写资产阶级家庭中的纯粹的金钱关系。这里不见刀光剑影，不闻厮杀之声，而攫取金钱、灭绝天性的资产阶级丑恶面目却在淡淡的血痕中暴露出来。

读《我的叔叔于勒》，最令人惊叹的是它的安排情节的高度技巧。这篇小说的情节并不曲折复杂，像莫泊桑其他优秀的短篇一样有它的独特风格：单纯、简洁。但经过作家的精心安排之后，却能那样引人入胜。

小说从情节发展的脉络来看，可以分成三大部分。

第一部分写于勒哥哥的家庭状况，初步揭露这个资产阶级家庭迫切追求金钱的丑态。故事开端详写达弗朗什家日常生活中最基本的开支及衣食的精打细算情况，说明"家里样样都要节省"的拮据情景和父母为此而感到的痛苦。

既然经济这样拮据，连唯一的小男孩丢了纽扣都要对之大吵大嚷，本该深居简出，减少花费，可是，这个资产阶级家庭却要装点门面："每星期日，我们都要衣冠整齐地到海边栈桥上去散步。"作品叙述这一家出游的情景，紧扣"拮据"二字来写，相当精彩。你看，母亲的衣饰是"穿红戴绿，打扮得就像节日的船只"。这给人的印象是花哨而不华贵，不过是廉价商品的展览。父亲呢？写得更妙了。每次临出发前，"总会在父亲的大礼服上发现一块忘记擦掉的污垢，于是赶忙要用旧布蘸了汽油，把它擦掉"，而且是临时脱下来擦的。他头上还顶着大礼帽，身上只穿了背心衬衫，这说明他只有一套大礼服，再也没有第二套可以替换的了。真是捉襟见肘，拮据之至！

为什么这一家每个星期日都要出游呢？故事叙述人已明白说出："我的两个姐姐挽着胳膊，走在前面。她们已到了出嫁的年龄，家里常让她们在城里招摇过市。"在 19 世纪，法国的女子没有陪嫁是不容易找到对象的，所以要"招摇过市"。此外还有一个更重要的目的，细心的读者可以看出，那就是希望在驶近港口的外国大海轮上看到他们等待已久的于勒。第一部分详写这一家的经济条件和生活

上编

状况，可以说是为于勒这个人物的重要性作铺垫的。

每次出游看到外国的轮船时，于勒的哥哥都一字不差地说着："唉！如果于勒在这只船上，那会叫人多么惊喜呀！"从这里开始了小说的第二部分。小说的主人公于勒虽未出场却已成为作品的中心人物了。这部分写于勒主要围绕"父亲的弟弟于勒叔叔，那时候是全家唯一的希望，而在这以前则是全家的恐怖"来写。只花了1000字左右就写了于勒的全部历史。他从"一个无赖"到"一个正派的人"，从"狗屁不如的于勒"到"好心的于勒"，从被"打发到美洲区"到全家翘首企盼他归来，这前倨后恭，这180度大转弯的动力就是金钱。

第二部分写这个家庭对于勒前后截然不同的待遇完全取决于金钱。仅这一点，已有力地揭露了于勒的兄嫂菲利普夫妇的丑恶嘴脸。

第三部分写哲赛岛之行。由于难得成就的婚姻，由于经济力所限而又必须支撑门面，小说的情节很自然地发展到"婚礼之后全家到哲赛岛小游一次"。这一下谜底揭开了，菲利普夫妇日夜盼望的财神爷原来却在船上靠卖牡蛎糊口，又老又脏，像个讨饭的。于是，亲兄长慌乱失态，嫂子暴怒臭骂。特别是这个嫂子像指挥一场战斗似的指挥全家撤退，像躲避瘟疫一样躲开自己的正在落魄中的弟弟。这一部分写得多么富有戏剧性！人情世态写得何等逼真！贪财慕势的资产阶级的丑恶嘴脸揭露得何等彻底！

小说在其他方面的艺术处理手段也是十分高明的。

首先看说故事人这个角色的安排。于勒的侄子约瑟夫以"我"这一人物出现，讲述全部故事，既成为作品中的一个角色，又是整个事件的目睹者、观察家、评论员。在作品中，他描绘环境，介绍人物，追述往事，评论是非，使情节发展真实、自然又省笔墨。以哲赛岛的旅行为例。轮船上吃牡蛎的故事写得真像一场戏，充满了对话和行动，人物性格鲜明，矛盾冲突尖锐。"我"这个角色的作用特别重要。这场戏分三个层次，也可以说是三个分镜头（父母认出于勒，船长证实是于勒，儿子付牡蛎钱给于勒），都由"我"的耳闻目睹和积极活动贯串起来。"我"的目光所到，不但触及人物的外表，也触及人物的内心，而且可以一语道破。这不仅节省笔墨，还可丰富内容。特别是"我"三次表明自己对这个于勒叔叔的同情，很想呼唤他，安慰他。这个尚未被资产阶级铜臭味污染的孩子的纯真感情，反衬出他的父母的肮脏灵魂和冷酷的心，两相对照，何等鲜明！

其次是细节的缜密部署。一部作品如果缺乏伸入到故事内容和人物心坎的细节，无论如何是不会深刻感人的。莫泊桑短篇小说的细节描写往往深入故事内容和人物的心坎。

例如：两次写到菲力普的大礼服出门前临时用汽油擦掉油污这个细节，同样都表现了经济拮据而又要撑门面的心理。第三次又写到吃牡蛎时"他试着要模仿那两位太太，一眨眼却把汁水通通倒翻在大礼服上"，既讽刺了菲力普装派头出洋相的可鄙，又是对每次出门前都要用汽油擦大礼服的照应。又如作品中对正在卖牡蛎的于勒的描写："他又老又脏，满脸皱纹，眼光始终没有离开他手里干的活儿。"这个刻画人物肖像的细节太重要了。为什么于勒始终没有认出他的亲哥哥来？这是关键性的暗示。作家似无心实有意地部署了这个细节，从而加强了故事的真实性。再如："我"给卖牡蛎人 10 个铜子的小费这个细节，如果不写，作品的艺术力量就要大大减弱。10 个铜子写出了于勒的辛酸，写出了"我"的真诚，更写出了菲力普夫妇的冷酷！

第三是独具匠心的渲染和伏笔。小说在于勒出场之前作了种种渲染：逢人便念的"福音书"，十年来的日益殷切的期待，星期天到海边盼望迎接挥动着手帕出现的于勒，设想好了上千种计划，包括购置别墅等，浓烈地渲染于勒的重要性和多么盼望能见他的面。等

上编

到于勒真的出现时，他们却远而避之，生怕被当场认出。这样鲜明的对照，艺术效果特别浓烈。温情脉脉的面纱撕下来了，人物的丑恶面目毕露，小说的主题得到深刻的表现。

这篇小说有个比较特殊的伏笔：两次写到菲力普看到海轮驶来时必定重复地说着："唉！如果于勒在这只船上，那会叫人多么惊喜呀！"这是情节发展的需要，也是刻画人物的需要。实际上它还布置了一定的气氛，预示了情节发展的趋势：于勒果然就在船上。但是，菲力普绝非"惊喜"，而是惊慌，像大难临头一样的惊慌。这个伏笔起了多方面的作用，是个特殊的伏笔，精彩的伏笔。

莫泊桑以自己独特的艺术技巧把法国短篇小说的技巧提高到空前的高度。契诃夫很欣赏莫泊桑这种独创性的艺术技巧，对他作了很高的评价。契诃夫在与青年作家布宁、库普林谈论短篇小说的创作时都提到，自从有了莫泊桑，他们写作就不容易了，因为"他（指莫泊桑——笔者）作为语言艺术家，向作家们提出了那么高的要求，以至于他们再也不能照旧方法写作了"。这就是说，自莫泊桑以后，短篇小说的创作不可能再因循守旧了，必须像他那样有所创新，独创一格。这是对莫泊桑很中肯的评价，也正是我们要向莫泊桑学习的地方。

谈《毁灭》的思想和人物

　　苏联描写国内战争题材的小说，称得上纪念碑式的作品不止《毁灭》一部，然而《毁灭》是唯一的一部饱含深刻的辩证法思想、敢于以红军溃败作结束的作品。

　　初读《毁灭》的人，如果浅尝辄止，往往感到法捷耶夫所描写的这一支被日本侵略军和高尔察克匪军包围的游击队在远东森林里钻来钻去，他们的日常生活和战斗经历并没有什么特别动人之处。长篇小说《毁灭》的艺术魅力就在于：深刻、真实。它具有哲学的深度，体现了辩证法思想。它揭示了生活的真实，经过艺术提炼后的严峻的生活真实。

　　法捷耶夫在谈到他的创作经验时明确地告诉我们，《毁灭》所要表达的基本主题是："在内战中进行着人才的精选，一切敌对的都被革命扫荡掉，一切不能从事真正的革命斗争的、偶然落到革命阵营里的都被淘汰掉，而一切从真正的革命根基里、从千百万人民大众中间站起来的都在这次斗争中受到锻炼，并且不断壮大和发展。人的最巨大的改造正在进行着。人的这种改造所以进行得顺利，是因为领导革命的是工人阶级的先进代表——共产党员，他们清晰地看

到运动的目标，他们带领着比较落后的人，帮助他们改造。"①

继伟大的十月社会主义革命后的苏联国内战争是一场严峻的革命战争。保卫新生的苏维埃政权，粉碎地主资本家的复辟迷梦，巩固十月革命的伟大成果，是这一场战争的神圣使命。由于 14 国武装干涉，支持国内白匪军叛乱，疯狂扑向新生的苏维埃，使得这一场战争特别复杂、艰苦。法捷耶夫亲身参加了国内战争，就在他所描写的乌苏里森林地带的游击队中生活和战斗过。作家的宝贵经历与丰厚扎实的生活基础，决定了《毁灭》的不同凡响。

小说描写 1919 年夏秋之间，莱奋生所领导的一支 150 人的游击队，在敌强我弱的情况下退入大森林中，不久即陷入前有沼泽后有追兵的困境。他们在突围时又中了哥萨克的埋伏，最后只剩下 19人。但是，他们保持住战斗的单位，突围之后便立即投入了新的战斗。小说的中心不在于描写战争，而在于描写革命战争对人的巨大改造。小说的形象塑造和情节构思的重要特点是：作家从辩证唯物论的观点出发去观察、概括、表现出生活中的现象与本质的辩证关系。

150 个游击队员，出场活动的 20 多人，着力刻画的 9 人。最主要的形象是莱奋生、莫罗兹卡和密契克。他们代表着三种不同的典型，从不同的侧面表现作品的主题思想。

游击队队长莱奋生是游击队里最主要的人物。他代表布尔什维克党领导游击运动，领导队员们不但要战胜革命的敌人，同时还要战胜自己头脑里的敌人。这个敌人同样也存在于领导者的头脑中。莱奋生是群众选出来的队长。队员们把他看成是"特殊类型"的人，"绝对正确"的人。每个人都认为只有他来指挥最合适。但是莱奋生

---

①法捷耶夫：《和初学写作者谈谈我的文学经验》，《苏联作家谈创作经验》，第 52 页，中国青年出版社 1959 年版。

"知道他自己和别人都有许多弱点，他并且认为要领导别人，就必须向人们指出他们的弱点，同时压制和隐蔽自己的弱点"。所以他从来不讲自己的家世："他小时候是帮他父亲做旧家具买卖的，他父亲一辈子都想发财，但是却怕老鼠，小提琴拉得很蹩脚。"莱奋生可贵之处在于他明白这小市民阶层对他的思想影响。在革命的征途中，他花了很大气力克服这种影响，时刻警惕着自己。当他闻到密契克身上的这种市侩味时，不是进行了内心的深刻反省吗？他以密契克为镜子，对照分析自己。莱奋生勇于自我改造。他所以压制和隐蔽自己的弱点正是为了领导群众、战胜敌人、摆脱险境的需要。他并没有轻飘飘地凌驾于群众之上，而是自始至终地和群众一道前进。

　　莱奋生的外形是极平常的，毫不出色的："他的个子是那么矮小，外貌是那么不显眼——仿佛整个人是由帽子、红胡须和高过膝盖的毡靴组成的。"以至新来部队的密契克感到："很难令人相信，他就是主要的指挥力量"，"他看上去是那么矮小，同时那么可笑地挥动着那支大毛瑟枪。"作家按照生活的真实写出这个外貌并不显眼、家庭出身也毫无光彩的人所干的轰轰烈烈的事业。正如现实生活中所常有的那样：事物的现象与本质往往是矛盾的，表面上的平凡与细小遮盖了蕴藏在深处的巨大和强有力。

　　法捷耶夫塑造的莱奋生是20世纪20年代苏联优秀的指挥员、布尔什维克领导者、组织者的典型。他性格的最本质的特征是：坚忍不拔地带领群众克服自己的弱点走上革命之路。不管遇到多少挫折，他的革命目标永不变。小说极其生动地描写了莱奋生性格的许多优点，特别是作为指挥员的才干方面。例如：召开村民大会批判莫罗兹卡的偷瓜行为。连瓜田主人、激动的告发者村长都感到小题大做。但莱奋生却有他的策略：这样做既能整饬军纪，加强军民关系，又可借此倾听村民们对时局的看法，作为游击队制订转移计划时的参考。这就显出他的深谋远虑了。半夜演习，检查战备的场面，

上编

则表现莱奋生作为指挥员的原则性与灵活性。他对战士们集合太慢提出尖锐批评，说他们辜负了游击队员的称号，像一群女孩子那样不守纪律。但是他对谁都没有指名道姓。对酗酒未醒的小队长库勃拉克，他假装看不见，因为没有人可以替换当队长了。对半数迟到的杜鲍夫矿工排，他仍然表扬他们行动最快，因为需要他们立即跟着辎重走。他们是游击队的核心。可见莱奋生领导艺术的高超。

像莱奋生这样的英雄人物，也还是有缺点的。他是全队"最有学问"的人，却讲"最淫猥"的故事。他指挥战斗也有软弱、动摇的时刻，例如：突围时听到莫罗兹卡报警的枪声，他竟茫然不知所措。得到副手巴克拉诺夫的启发后，他才果断地指挥战士跃马挥刀杀出重围。

鲁迅十分喜爱《毁灭》。他除了亲自将它译成中文之外，还连续写了两篇译后记，指导读者更好地阅读这部作品。鲁迅认为《毁灭》写莱奋生的动摇失措胜过"现在世间通行的主角无不超绝，事业无不圆满的小说"，①这个见解是很精辟的。法捷耶夫笔下的英雄人物是人，而不是"神人一般的先驱"（鲁迅语），所以是真实可信的，可供人们学习和效法的。写莱奋生的缺点更可以看出他的长处，更富有教育意义。只有掌握了辩证法思想的作家才能如此生动、深刻地表现出事物的矛盾性和统一性来。

游击队传令兵莫罗兹卡的形象特别真实生动。在他的身上体现了革命对人的巨大改造这个主题。他既是革命的"根基"，又是革命改造的"对象"。在小说中他占的篇幅最多，作家通过各个方面来描写他。例如：和队长的关系、和同志们的交往、和农民们打交道、爱情关系、游击队的日常生活、酗饮、偷瓜、调马术，以及战斗、

---

①鲁迅：《〈毁灭〉后记》，《鲁迅译文集》第7卷，第451页，人民文学出版社1959年版。

侦察等。在游击队员中他是唯一的向读者展现过去历史的人。莫罗兹卡是第二代的矿工。矿工的坏习气他全有。从外表上看，他头脑简单，行动粗野。他的外形和性格和他的小公马米什卡一样："也有那么一对绿褐色的发亮的眼睛，也那么矮小敦实，罗圈腿，也有些愣，但又调皮，爱捣乱。"游击队爆破手、矿工冈恰连柯更风趣，他看到莫罗兹卡对米什卡那么爱怜地唠叨着，便一本正经地说："要论你们俩的脑袋谁的管用的话，你就不该骑米什卡，倒是应该让米什卡骑你，那才是正理。"就是这么个调皮、爱捣乱、粗野、没文化的愣家伙，对革命可一点不含糊。小说一开头就写他和队长捣蛋不肯送信。队长叫他缴枪离队。莫罗兹卡虽带点流气却十分坚定地回答："叫我离队，绝对办不到，把枪交出去——那更不行。我们来干这个，可不是为了你那双漂亮眼睛，我的朋友莱奋生……我照矿工说话那样干脆地对你说吧……"由于旧习未改，他屡犯纪律，偷瓜、酗酒、打架……就像他自己在批判他偷瓜的村民大会上所说的："这种事我们是从小干惯了的，所以我也就这么干……杜鲍夫说得对，我给我们全体弟兄们丢了脸……其实我哪能这么做，弟兄们！我愿意为每个兄弟献出自己的血，我决不想给大家丢脸，决不想干什么坏事！"的确，莫罗兹卡不但不想做坏事，还一直想做一个"有用的好人"。他甚至觉得他毕生都在全力以赴地力求走上莱奋生、巴克拉诺夫等人所走的那条正当的、笔直的道路。结果却常常事与愿违，"总有人在执拗地阻挠他"。这究竟是谁呢？作家生动地点出："他再也没有想到，这个敌人就在他自己心里。"经过革命烈火不断锤炼，最终，这个调皮捣蛋、粗野的矿工成了无产阶级革命的忠诚战士，的的确确为弟兄们献出了自己的最后一滴血。莫罗兹卡的形象是极其真实的。在当时参加革命的矿工中，像杜鲍夫、冈恰连柯那样具有无产阶级素质的真正工人固然不少，然而像莫罗兹卡这样的矿工更是大量存在的。法捷耶夫通过他的形象真实地反映出正在从旧事物的躯壳中生长出来的新事物的萌芽。恩格斯在论述英国工人阶级状况时曾指出：资本主义生产的发展必然会引起所谓劳动者的道德的败坏。但是，恩格斯在《英国工人阶级状况》中说：从工厂无产阶级的"不道德的行为"中将会产生出新的"道德"，产生出与现存的旧制度进行革命斗争的道德，这种道德最后一定会建立一个新的社会制度，在这个制度中，劳动者不会再"堕落腐化"，因为使他们"堕落腐化"的那些根源都将消灭掉了。莫罗兹卡的形象，具体生动地印证了恩格斯对工人阶级状况的分析。

鲁迅认为密契克形象解剖得最深刻。法捷耶夫塑造这个空虚、伪善、极端个人主义的小资产阶级知识分子典型，反映了主题思想的另一个侧面："偶然落到革命阵营里的都被淘汰。"

密契克与莫罗兹卡是两个相对照的形象，自始至终地对照着描写。高中生密契克与莫罗兹卡大不相同，他是干干净净的"小白脸"，说话文绉绉的，不喝酒，不偷窃，不打架。他的皮靴里藏着社会革命党"极端派"的路条，衣袋里装着手枪，兴致勃勃地吹着城里流行的快乐小调，出了城来"参加革命"。他是凭着"书本"和"想象力"而来的，根本不了解什么叫革命，所以一接触到革命的实际很快就失望了。在沸腾的战斗生活中，他一直怀着孤独感，冷眼旁观，甚至委屈得伤心落泪。"他的思想也跟他的眼泪一样，又咸又涩。"小说中通过许多典型细节来解剖密奥克的空虚伪善的灵魂。例如：队员们围坐在游击队司令部大院篝火堆前说笑，莱奋生讲了一个淫猥的故事，"密契克望着他，不由也跃跃欲试，虽然他认为这种故事是不能登大雅之堂的，而且拼命装出一副不屑一听的姿态，骨子里他却爱听这一类东西"。如此小事，已足见其虚伪。在游击队撤退途中，为了150张饥饿的嘴，莱奋生只好硬着心肠宰了朝鲜人的猪。这件事连莫罗兹卡都知道与他那次偷瓜的性质完全不同，可是密契克却难过得"逃到屋后，把脸埋在干草里"，心里想着："不，不，这是残酷的，实在太残酷了。"作家写了这个"有道德的""善良的"人的一系列行动与感受之后，只轻轻一笔就戳穿了他的伪善面孔："密契克知道，换了他，他决计不会这样对待那个朝鲜人，可是猪肉他还是跟大伙一块吃了，因为他肚子饥饿。"不同阶级有不同的道德观，密契克的资产阶级道德观是极端虚伪的。

莫罗兹卡凭他的生活经验第一眼就断定像密契克这种人都是些无用而靠不住的家伙。莱奋生听了队员们的许多反映，注意到对密契克的考验，最后才得出结论："这是个头号糊涂蛋"，"归根到底是个软弱而懒惰的窝囊废"，"无用的不结果实的空花。"随着游击队的逆境日趋严重，密契克的面目也日益可憎。到了最后关头，他成了可耻的逃兵，背叛革命，使游击队蒙受巨大损失。法捷耶夫生动深刻地解剖了密契克的丑恶灵魂：密契克逃跑之后听到一阵齐射的枪声，便在地上打滚、哀号："我做出了什么事……啊——啊——啊……我做出了什么事啊。"作家详细描写了他对自己的逃跑和随之而来的射击声的真正意义懂得愈清楚，愈是感到难受和悲伤的心理状态之后，接着用旁叙的方法来点破他："其实，他所以苦恼，与其说是因为他的这种行为断送了几十个信任他的人的性命，倒不如说是因为感到这种行为所留下的洗不掉的肮脏丑恶的污点，是跟他认为自身所具备的一切善良纯洁的品质是不相容的。"这就彻底揭穿这个伪君子的丑恶面目了。法捷耶夫原来要让密契克自杀。形象发展的自身逻辑修正了原来的构思。作家告诉我们："照我最初的构思，密契克应当自杀，可是当我开始写这个形象的时候，我逐渐地相信，他不能而且也不应该自杀。"①现在我们看到的是：密契克"难受"了一阵之后，"他机械地拔出手枪，怀着踌躇和恐怖的心情对它望了好

①法捷耶夫：《和初学写作者谈谈我的文学经验》，《苏联作家谈创作经验》，第57页，中国青年出版社1959年版。

一会儿。但是他知道，他是绝不会，也绝不可能自杀的，因为他在世界上最爱的毕竟还是他自己。"他极力装出什么都不知道的样子，赶快把手枪藏进衣袋，然后开始回想这几个月在游击队"受罪"的生活，觉得自己非常可怜，于是决定到他所向往的城里去。即使到了这个境地，他还是和过去一样"总是用冠冕堂皇的漂亮话把自己的真实感情掩饰起来"。法捷耶夫指出密契克一再回想游击队生活的用意是："为了使自己显得格外可怜……并且要借这些自我怜悯的想法来掩盖自己卑鄙的真面目。"难怪鲁迅这样赞赏法捷耶夫对密契克的解剖。他在《〈毁灭〉后记》中举例说明，犹嫌不足，后加一笔"此外解剖，深切者尚多，从开始以至终篇，随时可见"，才感到尽意。

法捷耶夫严格按照生活本身的规律来塑造莫罗兹卡和密契克这两个人物。作者写了他们性格中的矛盾现象如何和谐地统一于一身。莫罗兹卡粗野的外表和流氓习气同他对革命事业的赤胆忠心的革命战士的阶级本质看似矛盾，其实他对游击队战斗集体和战马的眷恋之情，他在斗争紧要关头的自觉献身精神才是这个人物的本质特征。表面的现象服从本质的特征，使人物性格更为丰满，形象更为生动。密契克的漂亮斯文的外表同他对革命事业的可耻背叛，也同样是矛盾着的。他的假仁假义、言行不一、对情人的轻狂、最终的叛逃等，正是像他这一类受旧教育毒害的、不能和革命同始终的小资产阶级知识分子个人主义本质的最好写照。唯物辩证法告诉我们：现象和本质既矛盾又统一，本质是现象的本质，而现象是本质的现象。法捷耶夫透过纷纭复杂的现象反映出事物的本质，所以他的作品思想深刻有力，形象真实感人，在苏联无产阶级文学的早期阶段，特别显得拔萃超群。

小说的情节结构也是根据现象和本质关系的辩证法来进行构思的。一支150人的游击队在国内外反动派的围追堵截下苦斗，最后只剩下 19 人，濒临毁灭的绝境。这个现象同新生事物不可战胜这个本质是相矛盾的。但是作家又从这支游击队内部新人的诞生和成长，它同人民群众的血肉关系，它经过锤炼更加精悍等方面，特别是作品的结尾，从这支游击队同辽阔的大地以及大地上的人们的内在关系上，表现了现象与本质之间更深刻的统一。

作为思想家和艺术家的法捷耶夫，正是从根本上把握了现象和本质相互关系的辩证法，所以他敢于写游击队员身上的弱点，游击队的阴暗面，游击队的一而再再而三的挫折和失败，把现实生活表现得如此丰富、复杂、生动、深刻。鲁迅很赞赏法捷耶夫对于游击队"渐濒危境时候的描写"。他认为："当革命进行时，这种情形是要有的，因为倘若一切都四平八稳，势如破竹，便无所谓革命，无所谓战斗……革命有血，有污秽，但有婴孩。这'溃灭'正是新生之前的一滴血，是实际战斗者献给现代人们的大教训……所以只要有新生的婴孩，'溃灭'便是'新生'的一部分。中国的革命文学家和批评家常在要求描写美满的革命，完全的革命人，意见固然是高超完善之极了，但他们也因此终于是乌托邦主义者。"鲁迅对于失败和胜利、毁灭和新生的辩证关系的分析，以及对于革命道路的正确论述，使我们能更好地理解《毁灭》思想的深刻性和形象的真实性。

谈《保价邮包》中的邮包

　　《保价邮包》是苏联作家波列沃依的著名特写集《斯大林时代的人》中的一篇。作品主要描写伏尔加—顿河运河某工区主任伊利亚·维克托罗维奇·巴斯土霍夫工程师一整夜的生活。他的生活是紧张而又愉快的建设社会主义的生活。有一天，他收到一个价值500卢布的保价邮包，这邮包起初使他很苦恼，因为他没有时间上邮局领取，而又非得亲自上邮局领取不可。后来这邮包给他无穷的快乐，因为这是苏联人民给他的工作的最高奖赏。

　　乍看起来，作品的故事情节是比较简单的，主要人物也只有巴斯土霍夫一个。但是，作者在这样宏伟的运河的建设工程中，只选取了工区主任巴斯土霍夫收到保价邮包这一个镜头，而且通过这一个小小的镜头，却反映出苏联社会主义建设的全景，表现了建设者们的精神面貌和道德品质。读了作品以后，我们不能不佩服作家的选材本领，不能不赞赏作品的精心构思和独特的艺术表现力。

　　显然，作品的描写中心是保价邮包。但保价邮包却不是一下子就出现的。作品前一部分着重描写工区主任巴斯土霍夫的时间问题。

　　读者第一眼看到巴斯土霍夫，就看到他"一早起就不断地看表"。接着，作者向我们介绍说："主要的建设工程已经到了紧要阶段，向来以组织能力自豪的巴斯土霍夫工程师，突然觉得整夜的时间似乎短了些。"作品开头第一段描写，就使读者明了建设工程的主要情况和巴斯土霍夫个人所面临的主要矛盾。

谁都知道，在建设工程中，时间（也就是速度）问题是最主要的问题，赢得了时间就是赢得了胜利。所以，巴斯土霍夫前一天晚上没有睡觉，他陪着列宁格勒来的安装工人参观工地直到天亮。第二天，他照常工作，他有着许许多多重要的工作和重要的会议。为了要保持清醒的头脑，巴斯土霍夫不得不挤出一点时间来睡午觉。这时突然发生了必须由他亲自上邮局领取保价邮包这个事件。亲自上邮局领取保价邮包本来是件常事，而且还是件小事。问题在于巴斯土霍夫连睡觉的时间都没有了，还得上离工地很远的中心区邮局去领取，这就产生了时间上的矛盾。巴斯土霍夫的时间和必须亲自领取保价邮包的矛盾，成为作品后半部情节发展的动力，直到邮包之谜揭开了为止。

例如：巴斯土霍夫在上邮局的途中，有好几次想回家去，他实在不愿意花时间去领取保价邮包。但是怕邮局不肯罢休，还会继续送催领单来，他只好硬着头皮去了。巴斯土霍夫深信这个保价邮包"准是以前某个工地上的那一位老同事在索溪休养，闲着没事，想起了老交情，送些水果或一两瓶酒来让老朋友高兴高兴"。可是，现在他什么都不需要，他所需要的就是时间。因此，巴斯土霍夫埋怨起寄邮包的朋友来了。到邮局，他还得花时间去排队。领了邮包回家，打开一看，并不是水果和好酒，而是装满了各种各样的似乎与工程建设毫不相干的植物种子。这时，所有的读者都和巴斯土霍夫一样感到百思莫解。

少先队员们的信，揭开了保价邮包的秘密，解决了巴斯土霍夫的时间矛盾。原来保价邮包给予巴斯土霍夫的精神负担，却转化为鼓舞巴斯土霍夫前进的强大的精神力量。作品描写巴斯土霍夫不但没有睡午觉，而且也来不及吃午饭，但当他回到管理处时，却"精神饱满，生气勃勃，仿佛失眠好几夜之后舒舒服服地睡了个觉，洗了个淋浴，临走又喝了杯好酒似的"。他永不疲倦地工作着，战胜了困难，赢得了时间，永远成为时间的主人、出色的社会主义建设者。

作品前面着意描写巴斯土霍夫的时间问题，使得保价邮包所引起的种种事件、产生的种种矛盾以及矛盾的完满解决，才有现实的基础。

作品大部分篇幅并非描写保价邮包，但保价邮包却是作品的灵魂，串联情节的线索。由于作者的精心经营，保价邮包在作品的整个构成上，有以下几点重要的作用。

1. 保价邮包是作品情节结构的枢纽。它展示出了苏联社会主义建设的全景。在作品中，我们不仅看到运河的工区主任和列宁格勒的安装工人是怎样夜以继日地劳动着，也看到在索溪养病的少先队员们如何带病为运河的建设而工作着。同时，通过少先队员们信中所写的"许多工厂的工人都帮助你们，全国人民都参加了这个建设"，清楚地说明了全苏联人民都在为社会主义的建设贡献出自己的力量，表现了苏联社会主义建设的宏伟气魄和巨大规模。

2. 保价邮包使作品的人物性格得到更深刻的描写。首先，它帮助了工区主任巴斯土霍夫性格的全面展开。从巴斯土霍夫来领取保价邮包以前所产生的矛盾和焦急的心情中，我们看到了这位优秀的工程领导者是如何分秒必争、忘我地劳动着。从巴斯土霍夫上邮局领取保价邮包时，拒绝工人马雷金让位子给他而循规蹈矩地排队等待这一个生活细节中，我们看到了他的道德品质。作品这样描写他："在这种地方，他总是循规蹈矩，他恨那些不排队乱挤的人。"领了保价邮包后回到家里，巴斯土霍夫不愿意把自己不愉快的情绪传染给妻子，因为他的妻子已经等待他好久，而且正在为冷却了的午餐叹了口气。巴斯土霍夫"故意装出没什么不痛快的样子"告诉他的妻子："索溪寄来的礼物，大概是些水果和好酒。"作者这一笔描写（仅仅只有一笔），给出了巴斯土霍夫在对待家庭生活方面也是一个完美的人。

　　从保价邮包的信件中我们还知道了巴斯土霍夫原来是个了不起的人物。他是斯大林奖金的获得者。从巴斯土霍夫对保价邮包的无限珍惜的心情中，我们还看到了他如何热爱集体的事业和人民所给他的荣誉。

　　其次，保价邮包也给读者们展示了少先队员们的集体形象。它从侧面描写了苏联的少先队员们。孩子们在信中这样写道："……我们中间有些孩子，病好些了，能走动了。寄给您的这些种子，就是他们采集的。我们的帮助当然算不了什么，但是我们非常希望能为这个建设出一点力。如果这些种子在运河岸上长成美丽的树木，那我们真快乐极了……"这就是共产主义接班人的最优美的形象。虽然他们没有出场，读者还是能听到他们在采集种子时欢乐的笑声，还是能看到他们为祖国社会主义建设而辛勤地劳动着。

　　3. 保价邮包加强了作品的故事性，扩大了作品的描写内容。保价邮包的领取过程和揭开过程，占了作品很大的篇幅，如果写得不好，就会使作品内容浅薄、枯燥乏味。然而，波列沃依的描写却十分精彩。他紧紧地抓住巴斯土霍夫"紧要的"时间与必须亲自领取包裹这个矛盾，沿着这条线一直写下去：写到主人公的矛盾心情，写到主人公对这个保价邮包的猜测，还写到他对送"水果和好酒"的"闲着没事"的朋友的埋怨……读者随着主人公对保价邮包内容的数次猜测，也越来越急于知道这个邮包的秘密。等到邮包打开了，看到橡子撒了一地，读者和巴斯土霍夫一样"愣住了"，甚至还和他同时发出气恼的声音："鬼知道这是什么玩意儿！"这时，邮包中的信件就特别具有吸引力了。信件的出现把作品引向高潮，作品也就在信件的不断流传中结束。因此，保价邮包的描写使作品具有很强的故事性。短小的作品被写得十分生动有趣，简单的情节却使人感到回味无穷，其关键就在于这个邮包。

上编

4. 保价邮包成为作品描写的焦点。它像聚光镜一样集中反映了苏联人民是怎样建设着社会主义的国家。索溪的少先队员们被巴斯土霍夫介绍运河工程的文章迷住了。列宁格勒的安装工人在工地上"看了又看"，"简直入了迷"。而带领这一群安装工人的老工程师却不客气地对巴斯土霍夫说："您的文章我读过了，很有趣！不过说句不怕您扫兴的话，朋友，您还没有找到恰当的字眼把这建筑物的雄伟和庄严全都写出来……"老工程师看了工地以后，对那篇文章感到不满足了。显然，像这样波澜壮阔的社会主义建设事业，绝非一篇文章所能够完全描述出来的。作品开头提到老工程师对巴斯土霍夫文章的批评，在结构上起了少先队员们寄保价邮包的伏笔作用，而在作品的反映面上，却起了扩大描写内容的作用。波列沃依这篇作品和所有优秀的短篇一样，达到高尔基所称赞的一块糖精装在一个小盒子里这样的高度。

《保价邮包》中关于邮包的选材和表现方法是作者在这篇作品中所运用的最高度的艺术技巧。它永远值得我们细心地研究和探讨。

丹心永照　浩气长存

——读《二六七号牢房》

一

　　《二六七号牢房》是捷克著名的反法西斯战士伏契克在狱中写成的《绞刑架下的报告》中的一章。凡读过这部作品的人，都会感受到为祖国的独立、自由而斗争的革命集体的无穷力量。尤其是对本书的作者、作品的主要英雄人物——伏契克的光辉形象与英雄业绩感到由衷的崇敬。

　　尤利乌斯·伏契克（1903—1943）出生于布拉格的斯米霍夫工人区的工人家庭，从小就了解和熟悉工人阶级的生活和斗争。1921年捷克共产党成立，18岁的伏契克便成为它的成员。这时，伏契克是布拉格大学文学院的学生，他一面做党员学生的组织工作，一面为党报写文艺评论。为了维持学习期间的生活，他当过建筑场上的短工和街头广告员。1928年捷克资产阶级疯狂镇压共产党，伏契克对党无限忠诚，毫不动摇。当时他担任党中央机关报《红色权利报》的编辑委员和文艺政治评论刊物《创造》的总编。他不但用笔做武器，而且还亲自参加工人的政治斗争。1930年和1934年，伏契克两度访问斯大林领导下的苏联。回国以后，写了《在我们的明天已成为昨天的国家里》和《在亲爱的国家里》等书，热情歌颂世界上第

上编

一个社会主义国家。1938 年德国法西斯占领捷克，他冒死与法西斯侵略者进行顽强的斗争。不久，处于地下的捷克共产党遭到敌人的破坏，伏契克自觉地挑起重担，与其他同志一起组织第二个地下中央委员会，领导人民群众与德寇进行不屈不挠的斗争。后来由于叛徒的出卖，伏契克于 1942 年 4 月 24 日不幸被捕。在德国秘密警察的严刑拷打下，他毫不动摇，仍然继续领导监狱内外的反对纳粹占领者的斗争，表现了一个共产主义战士宁死不屈的革命气节和百折不挠的斗争精神。就在敌人的严密监视之下，依靠狱中"自己人"的帮助，伏契克以惊人的勇气和毅力，写成了《绞刑架下的报告》这部不朽的著作。1943 年 9 月 8 日柏林法西斯法庭判处伏契克死刑。在敌人的法庭上，他昂首挺胸、义正词严地宣告："我对你们早已作了判决，在这个判决书中用全世界一切正直人们的鲜血写道：法西斯主义必亡，资本主义奴役制度必亡。人类永生，未来属于共产主义。"临刑前他高唱国际歌，在柏林光荣牺牲。

二

像这样伟大的共产主义战士、杰出的反法西斯英雄、捷克共产党的领导人、著名的宣传家、新闻工作者在监狱中用生命和鲜血写成的《绞刑架下的报告》，它在思想内容与艺术特色上必然充分反映出作者的革命家的思想品质与新闻记者的特有技巧。

这部作品写于 1943 年春，到 1943 年 6 月 9 日结束。全书共八章。开头三章：《二十四小时》《临死的痛苦》《二六七号牢房》，记述作者被捕，并在贝柴克宫受审的情形和最初的狱中生活。第四章《四OO号》，写革命者把这个秘密警察的拷问室变成"共产党中央"的经过。第五章和第七章《人像和木偶》（一）（二），刻画了同志、朋友和敌人的不同面目，嘱咐人们不要忘记好人也不要忘记坏人。第六章《一九四二年的戒严》，记录在捷克的总督被刺后，法西斯匪徒更加疯狂地屠杀人民的罪行。第八章《一小段历史》，追述捷共中央委员会被破坏、重建、再度被破坏的过程。

作品中出现许多人物。有党中央委员、工人、女帮工、小职员、老知识分子、狱中革命工作者等。对于这些革命同志、狱中的革命者的集体，作者以极其亲切的、抒情而带着幽默的笔调来刻画他们、歌颂他们，为这些"平常时期显不出是英雄的人物"立纪念碑。对于那些法西斯匪徒、为虎作伥者、败类懦夫，作者则用极其轻蔑的口吻、漫画的笔法，勾勒出他们丑恶的嘴脸，点出这群丑类反动、虚弱的本质。

在众多的英雄人物中，有一位主要的英雄，这就是尤利乌斯·伏契克。这个不朽的英雄形象最主要的特征是那高度的革命乐观主义精神。在敌人的严刑拷打之下，他一阵阵地昏死过去，心里想的却是监狱外面的沸腾的生活。他骄傲地说："我热爱生活，为了它的美好，我参加了斗争。"尽管他已被敌人折磨得遍体鳞伤，嘴唇破烂，牙齿脱落，但他从昏迷中苏醒后，还能"试着唱一支快乐的歌"。他的歌声响彻监狱，使二六七号牢房的生活也沸腾起来了。他这种革命乐观主义精神的源泉来自对党的无限忠诚和对无产阶级革命必胜的信心。他为在狱中能继续写作，能做一瞬间共产党的新闻记者而感到幸运。他在作品的序言中写道："假若我还没讲完之前绞索就套上了我的脖子，那么，还有千千万万的人留在世上，他们将用一个幸福的结局来完成它。"必胜的信念何等坚定！1943 年的五一劳动节，伏契克领导狱中革命群众把监狱里早上半小时的"散步"变成五一节的检阅："犯人们"集体做镰刀与斧头的操练。这是作者革命乐观主义精神最动人的体现，对党无限忠诚、对无产阶级革命必胜信心最具体的表现。这种精神贯串全书，使作者英雄形象的主要特征极其鲜明。

<h1 style="text-align:center">三</h1>

《二六七号牢房》是《绞刑架下的报告》中最精彩的篇章之一。它集中表现了本书的思想和艺术，同时，突出体现了洋溢全书的革命乐观主义精神。

本文自然形成三个部分。

第一部分重点写同牢房的战友、机匠卡瑞尔·马里茨的英雄形象并揭露法西斯监狱的黑暗和残暴。第二部分集中写同牢房的另一战友、"老爸爸"约瑟夫·贝舍克的崇高形象，歌颂革命者的战斗友谊。第三部分记叙狱中爱国者集体的团结战斗，揭露法西斯强盗的虚弱本质，为革命乐观主义精神大唱赞歌。这三个部分的内容紧密相连，围绕着一个中心歌颂捷克爱国者的革命乐观主义精神和大无畏的英雄气概，揭露德国法西斯的残暴和虚弱，表达了法西斯必败、捷克人民必胜的思想。

伏契克谈道："与其说我的报告将是这整个时代的见证，毋宁说是一些人的见证。我认为人是最重要的。"在这部作品中，他写了许多人，称之为"人物速写"。他用的是速写法，只有几笔，便勾勒出人物最本质的特征。

例如：卡瑞尔，作家只用三笔画他。第一笔写他用最朴素的语言说出革命高于一切的道理。卡瑞尔原在一个铁矿的升降机上工作，因为运送地下工作所需要的爆炸物，已被监禁两年多。他有妻子和两个孩子，他爱他们，爱得要命，但他更爱革命事业。他对伏契克说："那是我的义务，你知道，我只能那样做。"第二笔写卡瑞尔对伏契克深厚的阶级友爱。被扔进二六七号牢房时的伏契克已经昏迷不醒，8天不能进食了。卡瑞尔为了使他免于死亡，想尽办法强迫他吃东西，甚至让监狱医务室主任来完成任务。这一笔写得何等感人！再一笔写卡瑞尔与伏契克匆匆告别，不知他被秘密警察弄到何方，伏契克对他思念不已。这有力的三笔，明朗朴素地勾画出了工人卡瑞尔的鲜明形象。

贝舍克是一个 60 多岁的老教师。他和伏契克共同度过"两个人，一间牢房和一年的生活"。作者感到要写这个人颇不容易，他告诉读者："可是怎样来描写这全部经过呢，朋友们？这将是一个困难的工作。"我们看到作者是用极其深厚的感情来描写这个"老爸爸"的，称他们之间是"真正的父子"关系。作者选用三个典型细节来表现这种关系：第一，同牢一年之后，两人彼此的习惯、表现思想的方式，甚至说话的腔调，都互相掺混起来了。第二，"老爸爸"每夜替"儿子"裹伤，揩掉伤口上的脓血，"赶走了已经挨近的死"。第三，"老爸爸"趁早晨半小时的"散步"时间，从监狱的院子里冒险摘来一小朵雏菊和一片草叶，献给躺在牢房中不能动弹的"儿子"。作者用单纯而富有表现力的笔触，抓住事物最有代表性的一面，突出、集中地加以刻画，从而引导读者的想象去补充事物的全面。这种以点代面的速写方法，显示出新闻记者伏契克的卓越技巧。

在《二六七号牢房》中，伏契克的英雄形象是鲜明、完整而感人的。他的性格的主要特征——革命乐观主义，不仅表现在形象的塑造中（主要是通过描写伏契克与其他人物的关系以及他自己内心的感受来塑造他的形象的），还表现在篇中充满风趣幽默的语言和生动的描写上。例如，开头部分从牢房的机械化写到人的机械化，最后点出机器失灵了，因为伏契克受酷刑，躺在草褥上不能跳起来，写得幽默有趣。原文是这样的："如今这里已经有一些机械化了，屋子里装了暖气设备，抽水马桶代替了粪桶。但主要的是人们都机械化了，像是些自动机器。只要碰一碰枢纽——就是说，只要听到钥匙在锁孔里旋转一下或是揭开门上的小窗洞的声音，囚犯们就跳起来直挺挺站着，不管本来正在做什么……不过在这间房子里，自动机器并没有很正确地发挥作用，只有两个囚犯跳起来。"

作品中像这样的例子不少，如写理发那一段："老爸爸托住我的头，包契克同志跪在我的草褥旁边，努力用一把很钝的刮脸刀在我的像收割后的田野一样杂乱的髭须中间理出条路来。他的手发抖，眼睛里含着泪，他相信他是在替一个快死的人刮脸。我竭力安慰他：'大胆点吧，好朋友。我既然受得住贝柴克宫的拷打，也就受得住你的刮脸刀。'"像这样充满幽默感的语言、生动风趣的描写，竟然出现在"从死神那儿窃取来的时间里"写成的作品中，不是具有高度革命乐观主义精神的人是做不到，写不成的。

正是伏契克这种高度革命乐观主义精神使二六七号牢房的生活沸腾起来了，使死气沉沉的监狱充满了歌声。本文第三部分对歌声和阳光的描写更加集中地表现了作者的革命乐观主义精神，在艺术形式上也是比较完美的。这一部分抒情性很强，它抒发了磅礴于革命者胸中的浩然正气，它辉耀着革命者的一颗彪炳日月的丹心。伏契克用充满诗意的笔调描绘自己内心丰富的情感的跃动。这跃动以特有的规律使作品内在结构严整，而在形式上又富有诗歌的跳跃性。例如，作品先写他的妻子古斯达听到误传的他的死讯时的情景："她的没有眼泪的善良的大眼睛呆望着牢房的白墙，到底看见了什么呢……而在那个时期，我一直是'躺'在我的可怜的草褥上，每天早晨和晚上都尽量侧着身子睡，为了给我的古斯达唱她最心爱的歌。"

接着写他热情的歌声："她怎能听不见我的歌呢？我在那些歌里放进了那样多的热情。"

热情歌唱不歇，歌声响彻牢房，看守们已无法禁止。"现在连看守们都已经知道并且听惯了二六七号牢房里的歌声，他们不再敲门命令我们肃静了。"

在敌人的监狱中，歌唱是一种战斗的武器，歌声是生命不息的象征。伏契克战胜了死亡，坚持领导监狱内外的斗争。他豪情满怀地写道："二六七号牢房在歌唱。我一生都在歌唱。我不知道现在当生命就快结束而我活得特别顽强的时候，为什么该停止歌唱。"

老爸爸贝舍克也爱歌唱。虽然他"没有音乐的听觉"，"没有音调的记忆力"，但他却唱得那样欢乐，因为所有的爱国者都知道歌声的力量。

歌唱和太阳一样都是生命的象征。作者从描写他的爱人、战友古斯达，极其自然地引出了歌唱，然后又从歌唱很自然地转入描写阳光："生活里没有歌唱就像是没有阳光。而在这里我们更是加倍地需要歌唱，因为阳光照不到我们身上。"

作者的思想飞越暗无天日的牢狱，他想到狱门之外还有多少人过着苦难的生活："太阳是怎样地光辉普照！这个圆圆的魔术家，他在人们的眼前做出了多少奇迹！可是生活在阳光里的人却是这样少。"

这位为人民的自由而献身的反法西斯战士坚信：太阳"将要照耀下去，而人们将要在他的光辉里生活"，苦难的日子不会久的，光明一定会到来。

接着，伏契克怀着无限深情告诉人们："知道这件事多么好啊！但是你还愿意知道另一件不很重要的事吗？太阳是否也还要为我们照耀？""不很重要的事"说明无产阶级革命家早已置个人安危于度外。发出这个疑问，说明狱中革命者多么希望能亲眼看到祖国的独立与解放。他们热爱人民，热爱生活，愿意为人民的幸福继续斗争下去。所以，最后一段伏契克满怀希望地写道："我们的牢房是朝北的。只有在夏季里天气晴朗的日子，我们才能看到几回日落。呵，老爸爸，我简直还想再看一回日出呢！"

伏契克这一光辉形象多么鼓舞人心！他朴素、真实、感人，是真正的人民英雄，绝不是"三突出"公式硬突出来的"英雄"。

无产阶级革命家伏契克的英雄气魄、伟大胸怀和革命乐观主义精神永远是我们的学习榜样。任何时候，只要打开他这一本用鲜血凝成的报告，人们都会感受到他的丹心永照、浩气长存。今天我们

上编

在充满歌声和阳光的大地上生活着，绝不应该忘记革命先烈们所住过的黑暗牢房。要记住伏契克在全书结尾时所告诫我们的最后一句话："人们呵，我爱你们。你们得警惕呵！"

《筑路》的思想内容与艺术特点

　　《筑路》选自苏联著名的无产阶级作家奥斯特洛夫斯基的代表作《钢铁是怎样炼成的》。这部长篇小说发表 40 多年来已成为革命青年的生活教科书，赢得了世界的声誉。今天，这位在十月革命炮火中成长的苏联作家的战斗一生和他用生命熔铸成的长篇名著《钢铁是怎样炼成的》，对于我国正在从事社会主义革命和建设的青年一代，仍然是富有教育意义和鼓舞力量的。

　　尼古拉·奥斯特洛夫斯基（1904－1936）出生于乌克兰西部沃伦省一个贫穷的工人家庭，只读了三四年小学。为生活所迫，11 岁就开始当童工。他曾经在车站食堂里烧水，在铁路工厂里锯木材，在发电站当司炉工人的助手。他想尽一切办法掌握文化，读了许多文学作品。童年所过的被奴役的生活和进步文学对他的启发，使他从小就恨透了压迫者和剥削制度。

　　十月革命后，在老布尔什维克费多尔的帮助下，他的阶级觉悟迅速提高，积极投身于捍卫苏维埃政权的斗争。1919 年，15 岁的奥斯特洛夫斯基加入共青团。当波兰白匪侵入乌克兰时，他参加了红军。1920 年，他在战斗中负伤，不得不退伍休养。这时，奥斯特洛夫斯基才 16 岁。伤愈后，他到基辅铁路工厂当电气工人，担任工厂共青团支部书记。1921 年秋，他响应党的号召，参加博亚尔卡的筑路工作。条件极端困难：忍受着饥饿与寒冷，还要抗击乌克兰残匪

上编

的袭击。当筑路工程接近完成的时候,他得了严重的伤寒症,濒于死亡。1922年初,他病刚刚好,就回到基辅工作。这一年秋基辅涨大水,他奋不顾身地跳入第聂伯河抢救国家的木材,加重了原有的风湿病。医疗委员会断定他已残疾,发给残疾证明,以享受国家津贴。但他却把残疾证藏起来,坚决要求工作,一直到他逝世后,这张残疾证才被发现。

1924年,奥斯特洛夫斯基20岁,光荣地加入布尔什维克党。这期间他曾任共青团区委书记等职务。由于受过重伤和多年劳累的工作,从1925年起,他的健康状况日益恶化。1926年,严重的关节炎使他两腿瘫痪了,但他并不屈服,以惊人的毅力战胜病魔。他决定转到文学战线来,用笔做武器,继续战斗。此时,他大量读书,每天读20小时,读的书是以"普特"来计算的。稍后,进共产主义函授大学学习。在党和同志们的帮助下,他走上了文学创作的道路。

1928年,他根据柯托夫斯基师团的战斗生活写了一部中篇小说《暴风雨所诞生的》,原稿被邮局弄丢了。更不幸的是,就在这一年他眼睛发炎,医治无效,竟至双目失明。但是,任何打击都不能摧毁他的革命意志。1930年他迁居莫斯科,同年秋天开始写作长篇小说《钢铁是怎样炼成的》。起初他自己瞎摸着写,后来改为由他口述,由别人记录。经过4年的艰苦劳动,1934年7月,《钢铁是怎样炼成的》出版了,立即震动苏联文坛,并荣获列宁勋章。

1934年冬,他重新开始写作《暴风雨所诞生的》(只写完第一卷)。这部小说以国内战争为背景,揭露了波兰侵略者的法西斯罪行和乌克兰统治阶级的卖国行径,成功地描写了布尔什维克和广大劳动人民反对帝国主义侵略者的英勇斗争。

奥斯特洛夫斯基除了写小说外,在1935年至1936年间还写了许多充满战斗热情的政论。从体裁来分,有论文、演讲稿(这是主要的)、书信三种。从内容来看,主要是两方面:一是对共产主义道德品质的颂扬，一是对资本主义制度的揭露。他的政论闪耀着共产主义思想的光辉，洋溢着烈火般的战斗激情，与他的小说一样，同是极其珍贵的文学遗产。

1936 年 12 月 22 日，奥斯特洛夫斯基因病逝世。他的一生是战斗的一生，是为社会主义革命和社会主义建设英勇地、不倦地斗争的一生。他的伟大的共产主义思想和品格，他的不朽的、光辉的著作，将永远鼓舞着我们前进。

《钢铁是怎样炼成的》是以作者自己的战斗一生为基础，艺术地概括了他所生活的时代特征和同代革命青年的精神面貌。作家自己说："这是小说，不是传记。"但是我们可以从作品的主人公保尔·柯察金的战斗经历中看到作家奥斯特洛夫斯基的斗争历程，在保尔·柯察金的艺术形象中，看到它的作者的英雄性格。

长篇小说通过主人公保尔·柯察金从一个普通工人的孩子成长为无产阶级革命英雄的故事，反映了从第一次世界大战开始到俄国十月革命、国内战争、国民经济恢复时期乌克兰和俄罗斯人民的生活。小说共分两部。第一部写 1915 至 1920 年，即伟大的十月革命和国内战争时期的保尔。第二部写 1921 年至 20 世纪 30 年代初，即国民经济恢复时期和社会主义建设时期的保尔。小说的情节是按照主人公保尔·柯察金一生的主要事件的线索发展的。长篇小说的主题决定情节结构的中心是：保尔这一块好铁是怎样在老一辈布尔什维克的教育帮助下，经过革命战争烈火的锻炼和平凡而艰巨的劳动的磨炼，逐步地被炼成纯钢的。

小说中最著名的篇章之一是筑路工程快要胜利结束时，保尔患伤寒病被送回家乡治疗。经受过战争炮火的洗礼和极端艰苦的劳动锻炼后的保尔，对生活的意义有了深刻的理解。他在战友墓前有一段著名的内心独白："人最宝贵的是生命。生命每个人只有一次。人的一生应当这样度过：回忆往事，他不会因为虚度年华而悔恨，也

上编

不会因为生活庸俗而羞愧；临死的时候，他能够说：'我的整个生命和全部精力，都献给了世界上最壮丽的事业——为解放全人类而斗争。'"这段传诵极广的名言是保尔革命精神的深刻概括，也是他一生的光辉写照。

《筑路》选自《钢铁是怎样炼成的》第二部第二章三至六节，共四大段。主要描写1921年深秋在基辅附近修筑一条由博亚尔卡车站至伐木场的轻便铁路的尖锐斗争和艰苦劳动的过程。

当时的苏联，刚结束了捍卫十月社会主义革命成果的国内战争，开始恢复国民经济，向和平建设时期过渡。可是连续7年的战争（4年帝国主义战争和3年的国内战争）和残余反革命的破坏给年轻的苏维埃国家带来极大的困难，工厂停闭，矿山被毁，工业遭到严重破坏。1920年工业产量只达战前的六分之一。农业也遭到大破坏，产量只达战前的一半。因此，不仅燃料严重不足，连粮食和日用必需品也奇缺。被打败了的反革命白卫分子暗藏乡间进行骚扰破坏，富农分子也利用经济困难破坏工农联盟。1921年3月，列宁召开布尔什维克党第十次代表大会，提出新经济政策，使恢复国民经济的工作得以比较顺利地进行。

《筑路》正是从一个侧面反映了这个时期的艰苦斗争。在选文之前，是长篇小说第二部的第一章和第二章开头两段，即描写1921年秋的基辅，刚刚镇压了一起反革命暴乱，又面临严冬将至燃料缺乏，饥饿与寒冷威胁全城的严重局势。铁路林业委员会内部有坏人捣乱，使林区伐木场已经砍伐的木材无法运到基辅。省执行委员会主席朱赫来断言"这一招跟搞暴动没有什么两样"。于是，基辅省党委和省执行委员会决定在3个月内修一条7俄里长的从车站到伐木场的铁路支线。后来又限令第一期筑路工程必须在1922年元旦以前完成。选文开始之前，已写了筑路工程的艰巨性和意义的重大。铁路局长对完成这项任务有怀疑。省执行委员会主席朱赫来斩钉截铁地说：

"共青团要把能派出的人都派去……任务十分艰巨，但是只要跟同志们讲清楚，只有这样才能拯救全城和铁路，他们一定会完成任务的。"保尔·柯察金当时是基辅铁路总厂的团委书记。在筑路大军出发前，他跟技术指导员打前站去了。

课文第一大段，即小说的第二章第三节，写筑路工程队经受着各种艰难困苦，而且越来越艰苦。

"秋雨打着人们的脸"，"雨像用筛子筛过的一样，又细又密，下个不停"。秋雨给筑路劳动带来了异常的困难：雨水冲走人们的劳动成果，泥浆冲坏路基，湿透了的衣服又冷又重……筑路工程队住的是只剩下空架子的石头房。"里面的东西，凡是撬得下、拆得开、砸得动的，早就被洗劫一空了……唯一没有遭劫的是 4 个房间里的水泥地面。每天夜里，400 个人就穿着里外湿透的、溅满泥浆的衣服躺在上面睡觉……水泥地面上薄薄地铺了一层干草，他们紧挨着睡在上面，相互用体温取暖。衣服冒着气，但是从来没有干过。"在内战中破坏了的房子挡不住秋雨，物质的奇缺使筑路队员只得穿湿透的衣服睡觉。住的，穿的，令人难以忍受。吃的呢？"午饭是单调得要命的素扁豆汤和一磅半几乎跟煤一样黑的面包。"午饭如此，其余可知。但是，"筑路工程队以坚忍不拔的毅力经受着各种艰难困苦"，"路基一天天向森林的深处伸展"。

不过，困难也在加深、发展。

筑路工程刚进行一个多星期，就受到了第一次打击——火车没有从城里运面包来，天一亮大伙就没有吃的。接着，铁路管理局通知说枕木用完了，城里也找不到车辆，不能把铁轨和小火车头运到工地上来，而且发现那些小火车头还需要大修。第一批筑路人员眼看就要到期，可是接班的人员还没有着落；现有的人员已经精疲力竭，要把他们留下来再干，是不可能了。

这一段以召开积极分子会议做出克服困难的一些部署结束。最后一句点出"雨还是下个不停",暗示困难还在继续,并没有结束。

第一大段写整个筑路工程队所遇到的自然条件、衣、食、住、物资、人力等各方面的困难。细致描写环境,概括叙述其他,使读者对筑路队的难以忍受的处境已有轮廓的认识。第二大段(即小说的第二章第四节)就在这个背景上具体描写小说主人公保尔所面临的困难,以及他在困难面前所表现的崇高的精神境界。

这个场面安排在破旧板棚的厨房里。

保尔费了好大劲才把脚从泥里拔出来。他感到脚底下冰冷彻骨,知道是那只烂靴底掉下来了。他只好光着脚板泡在刺骨的泥泞里。这只破靴子害得他活都没法干,他只好拎着破靴子走进厨房,在行军灶旁边坐下来,把那只冻木了的脚伸到炉子跟前。

这时,厨师的助手奥达尔卡正在案板上切甜菜。她是个养路工人的妻子,劳动的能手,"切起菜来真有功夫,不一会儿案板上便堆成了一座小山"。筑路队刚来一个星期多,她还不认识保尔。凭着热爱劳动讨厌懒汉的质朴感情,她"轻蔑地瞥了保尔一眼",并且挖苦他说:"你怎么啦,等吃饭哪?还早点。你这小伙子准是偷懒溜出来的。你把脚丫子伸到哪儿去啦?这儿是厨房,不是澡堂子!"保尔无故被训斥,但没有发火,只解释了一下他来厨房的原因:"靴子全烂了。"

厨师看了看破靴子,说:"没鞋穿就别想要命了。"建议奥达尔卡帮忙,因为她的男人是半个鞋匠。此时,奥达尔卡感到不好意思,抱歉地说:"我把您错当成懒虫了。"保尔只笑了笑。

奥达尔卡判断那靴子不顶事,把家里一只旧套鞋给保尔,并同情地说:"受这种罪,哪儿见过呀!明后天就要上大冻,那您可够受的。"保尔穿上暖和的套鞋,以感激的心情,默默地看了看奥达尔卡。

这个场面只有三个人。唯一的事件就是靴子烂了,保尔没法参加劳动。厨师和奥达尔卡所说的没鞋子就不能活命，明后天还要上大冻等语，又一次点出筑路工程的艰苦环境，衬托出保尔及其战友们的英勇劳动精神。奥达尔卡对保尔的"挖苦""抱歉"和"同情"，都说明她对筑路工程的高度责任感和对同志的阶级友爱。保尔的"解释""笑了笑"和"感激的心情"，则说明他对维护劳动纪律行为的赞赏，对善意批评的肯定，对阶级姐妹的尊敬。他们的思想境界都很高。作品极其朴素自然地写了这个场面，刻画了三个普通劳动者，说明了一个思想：筑路队有这样的人，什么困难都能克服，胜利一定指日可待。

第三大段即小说的第二章第五节，写党对筑路工程队的坚强领导。

工程队党组织书记托卡列夫为解决筑路的种种困难进城求援，结果不但一无所获，还看到困难比原来想象的更大。他牢记党的群众路线，一从城里回来就召集积极分子开会，告诉他们"情况糟透了"，得不到什么支援，只有自己"豁出命来"干。这位老人平时是沙哑的低音，现在是铿锵有力的声音："上冻前，豁出命来也要把路铺过那片洼地……哪怕脱五层皮，也要修好。要不，咱们还叫什么布尔什维克呢？只能算草包。"托卡列夫炽热的讲话和顽强的精神，显示了共产党员无坚不摧、无往不胜的英雄气概和坚定的决心。按照上级指示，会议做出决定：全体党团员都留下来继续干，直到第一批木材运出后才能换班。困难再大，和群众商量就可共同克服，一起迎着困难前进。有了党的坚强领导，胜利就有了保证。

选文的第四大段即小说的第二章第六节，写筑路工程队中两种世界观的斗争。

在 120 人的党团员会议上，托卡列夫宣布"明天共产党员和共青团员都不能回城里去"的决定。最初会场里是一片喊叫声、吵嚷声。这一片人声反映了不同的情况："有的人憧憬地谈论'家庭的舒

· 189 ·

适'，有的人气愤地叫喊着，说太疲劳了。更多的人沉默不语。"这就是说，在党团员中尽管有不少人思想暂时不通，情绪有些波动，但绝大多数是服从党的决议的。他们还可以克服困难，坚持下去。只有一个人声明要离队，此人是省粮食委员会会计的儿子。他把为社会主义建设的崇高劳动诬蔑为"罚犯人做苦工"，公开宣扬保命思想。他把团证扔掉了，还说："这是我的团证，收回去吧，我可不为一张硬纸片卖命!"

于是，这个会议变成了批判逃兵的大会，同时又是不怕疲劳连续作战的誓师大会。

全场爆发出叱骂声："你扔掉了什么!""你这个出卖灵魂的家伙!""钻到共青团里来，想的就是升官发财!""把他撵出去!""看我们不揍你一顿，你这个传播伤寒病的虱子!"队员们的政治觉悟很高，他们蔑视革命队伍中的逃兵，还批判了入团做官论，最困难的时刻把团证扔掉，那么入团当然是为了升官发财了。

这个扔团证的家伙灰溜溜地"低着头朝门口挤去，大家像躲避瘟神一样闪向两旁，放他过去"。清除了可耻的逃兵，革命队伍更加纯洁坚强。从这个反面教员身上得到教育，筑路队员们更团结更坚定了。

由以上四段分析可见，本文的中心思想是通过筑路斗争的描写，歌颂培育一代社会主义建设者的布尔什维克党和共青团，歌颂保尔式的不畏艰苦不怕牺牲的青年英雄，说明这些人是革命的无价之宝，钢铁就是这样炼成的。同时也批判了革命队伍里自私自利、贪生怕死的逃兵，这些人炼不成钢，却成了渣滓。

小说的作者本身就是保尔·柯察金式的英雄人物。《钢铁是怎样炼成的》就是一部自传性的作品。这就决定了作品在写作方面最明显的特点是艺术描写的客观性与叙述的主观性相结合。作品中写人写事写景用的是客观的形象描绘的方法。但是，不时可看出作家主观感情的流露，使叙述带着浓厚的主观色彩。如：描写秋雨下的道路时，加上"讨厌的黏泥在靴子底下扑哧扑哧直响"；描写工地的午饭时，用上"单调得要命"等这一类主观体验的语言。还有叙述团省委决议的内容时，不是直接写出，而且通过保尔所见："保尔从潘克拉托夫肩头看过去，纸上写的是……"这是作者主观色彩的表露。作者写的是自己的生活和斗争，自己的切身感受和体验，这使得他在客观描写的进程中，不时地流露出主观的色彩来，使读者感到特别亲切深刻，仿佛身历其境一般。

作者运用了多种艺术手法来歌颂保尔及其战友们在极端艰苦的条件下忘我劳动的精神。如上所述，作者具体、细致地通过秋雨、寒风等描写自然环境的恶劣，又通过衣食不周等具体细致地描写物资供应的困乏，烘托筑路劳动的艰苦，突出筑路队员们为巩固苏维埃政权而排除万难、忘我劳动的高贵品质。

作品在刻画场面、塑造人物方面也很成功。例如对保尔在厨房、党团员大会这两个场面的生动刻画，突出了主要人物的性格并深刻地表现主题。作者塑造人物，用的是抓住富有特征的语言和行动，集中、明快地刻画的方法。如描写老一代布尔什维克朱赫来、托卡列夫等是集中突出他们坚毅果断、老练沉着、具有高度的党性。描写保尔等年轻一代的革命接班人，则集中突出其朝气蓬勃、吃苦耐劳、具有高度的革命自觉性。所以，人物个性鲜明，绝无雷同之感。

上编

文学研究会对外国文学的译介①

　　文学研究会是中国现代文学史上最早出现、存在较久、影响很大的文艺社团。对这个重要文艺社团的研究，许多现代文学研究者做了大量有益的工作。但他们多是从文艺思想斗争和文艺创作的建树上去估价和总结文学研究会在中国新文学运动中的历史功绩和可贵经验的，对于文学研究会的外国文学译介工作则所论甚少，这不能不说是一个缺陷。中国现代文学史说明，以"五四"为发端的中国新文学运动，是同持续地猛烈批判复古排外倾向，广泛而自觉地吸收外来先进思潮和借鉴外国优秀文艺分不开的；而文学研究会也同"五四"以后出现的著名文艺社团如创造社、未名社、沉钟社等一样，不仅是个重要的文艺创作社团，也是个有影响的外国文学译介团体。因此，考察文学研究会在这一方面的工作，就能较全面地评估它在中国新文学运动中的历史功绩，总结借鉴其译介外国文学工作的可贵经验。

一

　　文学研究会是在中国新文学运动从"向旧文学的进攻"到"向

---

①本文系吴锦濂、姚春树、陈钟英合著。

新文学的建设"①的转换期中诞生和积极活动的。它提倡写实的为人生的艺术，反对封建复古主义，反对鸳鸯蝴蝶派文艺，反对资产阶级颓废主义和唯美主义文艺，是当时新文学战线上出现的一支生力军。但其组织比较涣散，会员基本上是一批倾向革命的小资产阶级作家，在我国新文学运动从"文学革命"向"革命文学"的伟大飞跃中，因时代潮流的激荡而分化了。其中有的为当时无产阶级革命文学的倡导做出自己的贡献；有的坚持早期的进步文学主张，迈着坚定的步伐跟随革命一道前进；个别如周做人则逐步蜕化、反动了。然而无论是在我国新文学运动从"向旧文学的进攻"转向"新文学的建设"，还是从"文学革命"到"革命文学"的飞跃中，文学研究会始终是一个既是"作者"又是"译者"的文艺团体，始终从这互相联系的两个方面对中国新文学运动做出了贡献。有两段话最能概括当年文学研究会成员译介外国文学的目的和态度。沈雁冰在《新文学研究者的责任与努力》一文中说："介绍西洋文学的目的，一半是欲介绍他们的文学艺术来，一半也为的是欲介绍世界的现代思想——而且这应该是更注意些的目的。"1921 年 5 月上海的《文学旬刊·宣言》也说："在此寂寞的文学墟坟中，我们愿意加入当代作者译者之林，为中国文学的再生而奋斗，一面努力介绍世界文学到中国，一面努力创造中国的文学，以贡献于世界的文学界。"这清楚表明了，他们译介外国文学的目的是：介绍世界进步潮流为当时的民族民主革命服务，译介外国优秀文艺，为建设中国新文学和提高自己的文艺创作水平服务。正是在这种崇高的爱国主义精神鼓舞下，文学研究会的绝大多数成员，既当作者，又当译者，写评论，编杂

①沫若：《文学革命之回顾》，《中国现代出版史料》甲编，第 123 页。另《沫若文集》第一卷第 373 页的"团体的从事文学运动的开始应该以1920 年 5 月 1 号创造季刊的出版为纪元"中，"1920"有误，应改作"1922"。

志，出丛书，倾注了全部心血，为中国新文学的建设和发展做出了很大的贡献。据我们初步统计，仅翻译介绍外国文学一项，《小说月报》从改革后的第 12 卷到终刊第 22 卷，共译介了 39 个国家的 304 位作家及其作品 804 篇（包括长篇小说和多幕剧）；《文学周报》（及其前身《文学旬刊》和百期纪念刊《星海》）第 1 至 7 卷共译介外国文学作品 282 篇；《诗》月刊译介了日、德、美、法等国诗歌 82 首；"小说月报丛刊" 5 集，涉及 12 个国家的 15 位作家及其作品；"文学研究会丛书"翻译了小说、戏剧、文艺理论、诗歌、童话等 71 种；北京文学研究会在《晨报副刊》上编辑《文学旬刊》，共 82 期，译介了 15 个国家的文学作品 111 篇。此外，广州文学研究会会员，也在当地的报纸上创办副刊，从事外国文学的译介工作。

二

文学研究会成员从译介外国文学为我国的民族民主革命和建设我国的新文学这一目的出发，在译介工作上切实做到了几个"注重"，这就是：

第一，注重被压迫民族和弱小国家的文学。文学研究会主张文学要"注意社会问题，爱被损害者与被侮辱者"，（雁冰《自然主义与中国现代小说》）十分注重"把被压迫民族的苦痛直喊出来"的捷克、波兰、芬兰、犹太等国家的文学。（见《小说月报》12 卷 6 号、7 号）1921 年 10 月，由沈雁冰主编的《小说月报》，刊行了"被损害民族的文学"专号，这在当时是一个很有影响的创举。鲁迅虽然不是文学研究会会员，但大力支持他们的文学活动，仅在这个专号上就发表了《近代捷克文学概况》等 4 篇译著，介绍了捷克、小俄罗斯、芬兰和保加利亚的文学。沈雁冰在这个专号上介绍了芬兰、新犹太、捷克、波兰、阿美尼亚、塞尔维亚等国的文学，并在专号《引言》中指出："他们中被损害而向下的灵魂感动我们，因为我们自己亦悲伤我们同是不合理的传统思想与制度的牺牲者；他们中被损害而仍旧向上的灵魂更感动我们，因为由此我们更确信人性的沙砾里有精金，更确信前途的黑暗背后就是光明。"（见《小说月报》12 卷 10 号）这就是要借被压迫被损害民族文学这面镜子，照一照我们的面影，促使人们觉醒、感奋，行动起来，参加民族民主革命，追求光明。

第二，注重 19 世纪的俄罗斯文学和苏联文学。文学研究会为了建设"为人生"的现实主义的新文学，曾热情地从俄罗斯文学中吸取营养。早在 1920 年，沈雁冰就在《俄国近代文学杂谭》中肯定俄罗斯文学"为人生"的观点，认为它那种"表现人生""有用于人生"的精神，可供建设我国的新文学借鉴。1921 年 9 月，《小说月报》出版了特大的"俄国文学研究"专号，发表了作家研究的译著 24 篇，作品翻译 29 篇，比较全面地介绍了俄罗斯文学的产生和发展概况。鲁迅和文学研究会的骨干沈雁冰、郑振铎、耿济之、瞿秋白、沈泽民、王统照、周建人、陈望道等撰译了许多有价值的文章。这个专号上第一次刊登了译成中文的《国际歌》（当时译为《第三国际党的颂歌》，译者 C、T 即郑振铎）。这篇歌词的译文虽然比较粗糙，但它出现在党诞生后的第三个月，却确是难能可贵的。

由沈雁冰、郑振铎、叶圣陶和徐调孚先后担任主编的《小说月报》，先后译介了普希金、托尔斯泰、契诃夫、屠格涅夫、安特列夫、阿尔志跋绥夫、爱罗先珂和高尔基等 38 位进步、革命作家，翻译了他们的作品或评介文章 155 篇。俄罗斯、苏联文学被大量介绍进来、传播开去的主要原因在于：五四运动是在十月革命的影响下发生的，对于反映俄罗斯人民生活的作品引起人们的广泛注意；还由于作品中所反映的内容，中国的读者容易理解，"中国有许多事情和十月革命以前的俄国相同，或者近似。"（毛泽东《论人民民主专政》）人们从俄罗斯文学中知道了变革、战斗的历程，从苏联文学

上编

中又知道了建设的艰辛和成功的欢乐，从而看到了中国应该走的道路。

文学研究会的成员几乎都译介过俄罗斯、苏联文学，其中成绩最显著的要推耿济之。他精通俄文，先后从原文翻译了托尔斯泰、屠格涅夫、契诃夫、A·奥斯特洛夫斯基、安特列夫等人的作品。他还写了《俄国诗坛的昨日今日和明日》《〈猎人日记〉研究》等重要译著。耿济之还是托尔斯泰作品的主要中译者。据1929年1月《文学周报》第7卷上一篇文章的统计，当时译成中文的托尔斯泰短篇小说有4个集子（包括文言译本，下同），短篇的童话、故事34篇，长篇的小说、剧本、儿童文学和文艺论著16种。其中耿济之和瞿秋白合译的短篇小说集1种，耿济之单独译了短篇的故事、童话11种，长篇的《复活》《黑暗之势力》《艺术论》3种。（赵景深《汉译托尔斯太著作编目》）

文学研究会很注意苏联建国初期的文坛，在"海外文坛消息""现代文坛杂话"栏里经常介绍苏联文艺政策和文坛近况。例如《小说月报》12卷4号上，推荐了德国 Konstantin Umanskig 博士著的《俄国的新艺术》，说该书"最有趣的一章是评述行政机关保护艺术家及艺术品的竭力"，驳斥了所谓苏维埃政府破坏艺术、不要艺术家的谬论。《文学家对劳农俄国的论调一束》，批评了英国剧曲家琼斯的反苏论调，赞扬萧伯纳敢于公开对列宁表示敬意。当时14个帝国主义国家围攻苏联，我国不少人还不了解苏联的真相，文学研究会的介绍产生了很好的影响。

文学研究会注重译介俄罗斯和苏联文学，赞扬列宁领导下的苏维埃政权，反映了党对新文学阵营的影响日益深化，也反映了新文学家向俄罗斯、苏联文学寻找精神力量的迫切心情以及他们思想的转变。例如沈雁冰，他早期更多的是从建设新文学的角度向俄罗斯文学学习的。1921年他加入了共产主义小组，并以主编《小说月报》作掩护，担任了党中央的联络员，使他有机会接受党的教育，了解苏联建国初期的真实情况，并且更明确地认识到中国革命在政治上和文学上，都要走苏联的道路。这样，他的译介工作就自觉地同革命事业密切联系起来了。（茅盾《复杂而紧张的生活、学习与斗争》）当时，在马克思主义广泛传播的影响下，陈望道翻译了《共产党宣言》，王统照翻译了列宁著作，这些都表现了文学研究会成员的进步倾向和对共产主义的向往。

第三，注重当代的外国文学。文学研究会译介了 40 多个国家的作家作品，输入各种文学流派。但是，他们尤其注重译介当代的外国文学。《文学研究会丛书缘起》就明确告诉读者："我们在这个丛书中，所介绍的世界文学作品，只限于近代的。并不是古代中古的作品没有介绍的价值，乃是因为我们的出版力与人力，太觉缺乏，较量轻重，遂不得不暂置古代与中古的文学，而专译近代的作品。"这里说的是一个原因，即人力物力有限；还有另一个原因，即根据"介绍给群众"的实际需要，分清先后缓急。沈雁冰在《小说月报》第 13 卷第 6 号"通信栏"里，还公开表示了个人的偏爱："我是一个迷信'文学者社会之反影'的人；我爱听现代人的呼痛声诉冤声，不大爱听古代人的假笑佯啼，无病呻吟……"这说明了文学研究会注重译介现当代的外国文学，是同他们的"文人们必须和时代的呼声相应答，必须敏感着苦难的社会而为之写作"（郑振铎：《中国新文学大系·文学论争集·导言》）的文学主张，同他们面对现实、脚踏实地的工作作风，都是一致的；进一步说，同他们译介的崇高目的——创造中国的新文学，为世界文学的进步发展做贡献——也是一致的。

文学研究会译介现当代的外国文学，采取了编写简明消息、出版专号等方式，对某些文学流派和作家作品还扼要指出它们的消极作用。

上编

在《小说月报》第 12 卷到 17 卷里，沈雁冰根据当时欧美的报刊资料，编译了 200 多条的"海外文坛消息"；13 卷 7 号起增辟了"欧美最近出版的文艺书籍"栏；18 卷到 22 卷则由赵景深等编译了"现代文坛杂话"近 400 条；19 卷上还有钱杏邨的"文学漫评"十余条……这些简明的文坛消息和作品述评，及时地介绍了世界各国文坛的近况，无异于给封闭的黑屋子开了一口天窗，大大开阔了我国文学青年的眼界。

编辑出版专号和专栏，也是文学研究会集中译介现、当代外国文学的另一重要方式。为了欢迎印度诗人泰戈尔访华，《小说月报》出过两期专号，比较全面地介绍了泰戈尔的生平、思想及其在文艺上的贡献。同类性质的还有"罗曼·罗兰"专号、"霍普德曼"研究专栏等。尤其值得注意的是《小说月报》20 卷 7 号的"现代的世界文学"专号和《文学周报》百期纪念刊《星海》，译述介绍了欧美各国和日本现当代的文学概况，为建设我国新文学提供了有益的借鉴。

文学研究会广泛地介绍了现当代世界各种流派的文学作品，除了大量翻译苏联、法国和北欧的现实主义名著以外，还介绍了象征派先驱法国波德莱尔的作品（他的《腐尸》曾在北京《晨报副刊》的《文学旬刊》上登过三次不同的译文）、象征派布洛克的《十二个》、唯美派王尔德的《莎乐美》、表现派尤金·奥尼尔的剧作，以及德国的"雾飙运动"和勃伦纳尔的"绝对诗"……在大胆介绍这些流派和作品时，译者或编者都作了简明的评述，指出其消极作用，引导读者取其精华，弃其糟粕。例如沈泽民在《王尔德评传》中写道："正当欧洲文学日渐与人生接近的时候，他独倡为艺术的艺术而主张把艺术分离人生。""王尔德的著作在艺术一方面，他那种华美的文采、丰富的想象是有不朽的价值的；至于他在文字中所表现的享乐主义的倾向和艺术无上主义的僻见，对于世道人心及文学本质上的影响却很有讨论的余地。"（见《小说月报》12 卷 5 号）

文学研究会在积极译介现当代的外国文学中，也存在一些缺点。例如，沈雁冰"企图运用西欧资本主义国家在 19 世纪末到 20 世纪初流行的一些理论，如泰纳的艺术社会学和左拉的自然主义理论，来解决文坛上的一些问题"。（叶子铭《论茅盾四十年的文学道路》）他曾经把法国文艺批评家泰纳的理论作为文艺批评的标准，认为泰纳的纯客观批评法，"虽然有缺点，然而是正当的方法"。在《自然主义与中国现代小说》中，他还提倡以自然主义来克服当时中国文学界的缺点，即"消闲的观点，和不忠实的描写"。这些出发点还是好的。而他曾经把自然主义和现实主义混同起来，说"文学上的自然主义与写实主义实为一物"，（见《小说月报》13 卷 6 号）还认为自然主义是新文学发展的必由之路，说"现代文艺都不免受过自然主义的洗礼，那么，就文学进化的通则而言，中国新文学的将来亦是免不得要经过这一步的"。这种说法是不恰当的。文学研究会的成员十分重视文学的地位和作用，但过分夸大文学的功能，认为文学的"伟大与影响，是没有什么东西能够与之相并的"，它"常常立在时代的前面，为人与地的改造的原动力"。这种提法显然也是不恰当的。存在这些问题并不奇怪，因为当时在西欧近百年来活动过的各种文学思潮纷至沓来地流入中国，文学研究会的成员不能不受到影响。基于他们革命民主主义者、民主主义者的立场，建设新文学的愿望，认为只要是反抗旧传统、旧文学的，他们就拿来当武器，并且针对当时轻视文学的倾向，矫枉过正，抬高文学的地位。这些缺点，比起他们译介外国文学的重大成就，只是白璧微瑕。

　　文学研究会对外国文学的译介，在内容上注重被压迫民族文学、俄罗斯文学和现当代世界文学的同时，还认真进行翻译理论的探讨，曾经在《小说月报》《文学周报》上开展了译文学术的讨论，涉及翻译的目的、内容、态度以及文学名词的译法等。这次讨论延续了两年多，提出了许多有价值的建设性意见。

上编

文学研究会的成员，一边认真探讨翻译理论，一边努力实践，使当时的翻译界出现了新的面貌。

三

文学研究会成员本身的创作和翻译，互相影响，相得益彰。沈雁冰在进步文学主张指导下从事译介，作为创作的借鉴。他回忆说："我开始写小说的凭借还是以前读过的一些外国小说。"（茅盾：《印象·感想·回忆》）"我爱左拉，我亦爱托尔斯泰；我曾经热心地——虽然无效地而且很受误会和反对，鼓吹过左拉的自然主义，可是到我自己来试作小说的时候，我却更近于托尔斯泰了。"（《从牯岭到东京》）例如他在创作优秀的长篇小说《子夜》时，前后写过三回大纲，这种写作方法，"颇得益于巴尔扎克，尤其得益于托尔斯泰。托氏写《战争与和平》，就曾几易其大纲。"（苏珊娜·贝尔纳：《走访茅盾》）当《子夜》问世时，瞿秋白同志就写了文章，称誉"这是中国第一部写实主义的成功的长篇小说"。一方面，它"带着明显的左拉的影响（左拉的'Largent'——金钱）"，另一方面，"茅盾不是左拉，他至少已经没有左拉那种蒲鲁东主义的蠢话"，而是"应用真正的社会科学，在文艺上表现中国的社会关系和阶级关系"，并取得了"很大的成绩"（《"子夜"和国货年》）。叶绍钧在五四运动前受了华盛顿·欧文《见闻录》的影响，写了《穷愁》《博徒之儿》等文言小说。文学研究会成立后，他成了该会代表作家，不少短篇小说直接描写了下层社会被侮辱被损害的人的命运，寄予深切的同情。作者那种关注社会人生的态度、客观冷静的手法、严谨周密的结构、细致入微的心理刻画、淳朴流畅的语言，带有契诃夫、显克微支作品的痕迹，又能自成风格。《皇帝的新衣》吸取了安徒生童话的精华，又有新的发展，喊出了"撕掉你的空虚的衣裳"，具有强烈的战斗性。与沈、叶不同，朱自清、冰心以散文和诗见长。朱自清的"一步步踏在泥土上，打上深深的脚印"，最足以代表文学研究会不断进取、实事求是的作风，在文坛上起过很好的作用。他的散文吸取了中外优秀散文的精华，具有英国随笔的"幽默和雍容"、中国古典散文的"漂亮和缜密"，形成了"风华从朴素出来，幽默从忠厚出来，腴厚从平淡出来"的独特风格。冰心虽以"问题小说"步上文坛，但"冰心体的诗和散文"影响更大。她那深受泰戈尔诗歌影响的《春水》《繁星》，当时获得了广大的读者和模仿者。王鲁彦是个认真、严肃地从事创作和翻译的作家。他翻译了果戈理、显克微支以及保加利亚、犹太等弱小民族的文学，这些作家作品也影响了他的创作，形成了用冷峻笔触客观地描绘现实生活的风格。许地山研究过佛教哲学，翻译过印度文学，受了它们的影响，他早期的小说往往故事曲折，富有传奇色彩和浪漫气息。短篇《命命鸟》写一对青年男女由于得不到婚姻自由而自杀，但他们是手携手相偕投水，去寻找"极乐净土"的，反映了作者涅槃归真的佛教思想。《缀网劳蛛》中女主人公对自己的不幸遭遇泰然处之，以为人就像蜘蛛补破网一样，"听其自然罢了。"这又表现了"达观"临世的佛教教义。这些特色在文学研究会同人作品中显得很突出。不过他那脍炙人口的散文《落花生》，却与同人的格调一致，真挚朴素，感人至深。

文学研究会的主张和译介，对"五四"以后的戏剧运动和创作也产生了很大的影响。1921 年 5 月，由沈雁冰、郑振铎、陈大悲、欧阳予倩等 13 人发起的民众戏剧社，提出要向西洋的现实主义戏剧学习。宣言说："萧伯纳曾说'剧场是宣传主义的地方'，这句话虽然不能一定是，但我们至少可以说一句：当看戏是消遣的时代现在已经过去了，戏院在现代社会中确是占着重要的地位，是推动社会使之前进的一个轮子，又是搜寻社会病根的 X 光镜。"这个宣言，几乎可以说是文学研究会宣言的姐妹篇，文学主张是一致的。沈泽民

上
编

曾经代替沈雁冰写了《民众戏院的意义与目的》，提出了戏剧"给观众以正当娱乐"的主张，"后来差不多就成为民众戏剧社的共同信条"，至今仍有其正确的一面。文学研究会会员欧阳予倩主张，"要打破因袭的观念"，"从戏剧里面认识人生"，"要扩大研究范围"，"虚心接受世界的理想"，"注重写实主义的欧洲戏剧"。这些主张，对我国现代话剧运动和创作，都产生了积极的影响。

总之，文学研究会的译介工作，不仅在 50 多年前启迪、引导文学青年走上正道，对我国的无产阶级文学的发生、发展起过积极的推动作用，而且在今天，他们译介工作中的许多方面，诸如译介为革命服务，为建设中国新文学服务，为提高自己的创作水平服务，注重译介被压迫民族文学，俄罗斯、苏联文学，世界现当代文学，进行翻译理论的探讨，在翻译中提倡精益求精，编刊物，出丛书，辟专题，编辑外国文坛消息、杂话等，这都是我们为繁荣社会主义文学而批判地吸收外国文学时应该继承发扬的优秀传统。

浅论封建社会[①]
——学习心得报告

一、封建社会的发生、发展及其没落的概况

在奴隶制度的母胎中，已经孕育了封建的生产方式，大规模的奴隶经济，由于奴隶劳动力的低下，逐渐崩溃下来，奴隶主就把领地分成许多小块，以一定的条件出租给小农。这样，小农便从自由的生产者变为附属农民，便是以后封建农奴的前身。到了奴隶社会末期，由于奴隶不断地起义和逃避，奴隶制度逐渐崩溃，以后更因战争的失败而完全灭亡。在这奴隶制度的废墟上，产生了封建制度。

封建制度产生的主要原因有三：

1. 奴隶制度临近没落之时，许多自由民因为不堪奴隶国家兵役赋役的苛重和种种的压迫与剥削，便自动地把土地献给边疆码头的领主，以求得到他们的保护。农民只要缴纳一定的赋税，就可以自由享用原有的土地，这就形成了封建剥削的萌芽。

2. 在战争中取得胜利的军事首领，把侵占的土地封给战争中有功的人或自己的左右侍从做采邑。这种采邑叫作封地，以后变为世袭。领得土地者，有服兵役的义务，土地还是由小农耕种，不过小农到了此时，是被迫依附于新的主人了，采邑的领主成为封地上的

---

①本文系陈钟英在华南女子文理学院文史系毕业前写的毕业论文。

上编

剥削者与统治者，亦即封建主，于是封建制度就开始建立起来了。

3. 奴隶制末期，部分的奴隶主，因为受了奴隶起义与战争的影响，眼看奴隶经济的日渐削弱与崩溃，于是起来废止奴隶制度，开始采用封建生产方法，像中国西周初期一样。

在封建社会的初期，生产力与文化水平十分低落。后来经过封建主与封建农奴在庄园采邑中，建设生产上的自给自足的自然经济阶段，劳动的分工扩大，商品关系也随之发展，社会生产力逐渐提高了，制铁工作更进一步改善，农业、制酒业、园圃业、制油业继续发展，手工业发达起来了。这时封建庄园中已经有铁匠、裁缝匠、钟表匠、鞋匠、车匠、雕刻匠、镀金匠以及酿酒、制油、制面包等工匠了。社会生产力的发展使劳动分工更加复杂化，手工业逐渐与农业分离，一部分手工业者，经封建主允许，出外经营手艺，来往于各庄园乡村之间。开始手工业者不过把农奴所供给的原料制成物品，换取一些农产品做报酬，后来交换渐次发达起来，手工业者把订货以外所做的物品拿到市集上去卖，农奴也把某些农产品拿去交换手工业品，用来交换的生产品，便一天天多起来了。于是在大封建主庄园内与大教会的附近形成了繁盛的市集，逐渐地在市集的周围，形成了城市。城市最初是依靠着封建主，后来就逐渐脱离这种依靠，并获得许多特权，许多逃亡的农奴、手工业者也都集中到城市中来了。由于人口逐渐向着城市集中，旧有的手工业者害怕自己失去在手工业生产上的独占地位，努力设法排斥竞争者，于是他们组织了行会，制定章程，以强制办法来管理生产，并规定严格的等级制度。

由于城市手工业的发达，物品种类日益增多，又由于劳动分工与交换的增加，商业就跟着发达起来。商业发达，市场随之扩大，商人之作用加强了。商人在剥削了生产者与消费者而积累了大批财富之后，便想进一步控制生产，但因受着行会的限制，只能向家庭手工业方面发展，开始的时候供给原料，收购手工艺品，以后就变成无代价地供给原料，收回制成品，而以支付工资的方式来剥削家庭手工业者，于是资本主义的剥削方式开始产生了。

商业在最初的作用，一方面是推销封建主各种新奇的商品供给封建领主享用，在这个时期中，商人也不过是为封建领主穷奢极欲而奔走，以求从中取利的人。可是随着商业的日益发达，城市和农村间起了分离作用。手工业在城市的繁荣，吸引了大批农奴逃亡到城市中来，因此动摇了封建制度的基础。同时商业发达，商人很快地成了巨富，商业资产阶级凭着货币的权力，使一般手工劳动者、家庭手工业者日渐落到他们的支配中去，手工小生产者因为被剥夺失去了生产手段而沦为无产者，于是商人也就由商品承销者的中间地位，一跃而为事实上的生产组织者、作坊或工厂的主人了。商人的威权日渐加大。另一方面，封建领主们因为领地经济日益衰落，加上生活和战争的消费，迫使他们日益向商人阶级要求经济的援助，不得不把土地出让给商业资本家。封建领主贵族一向是瞧不起商人的，可是到了此时，在财富的诱惑之下，只好低头做商人荷包的俘虏了，于是封建式的绅商通婚和政治上的互相勾结等情形随之而生，这就说明了封建领主的日趋没落，有力量的大封建主自己也放弃了农村的庄园，迈进了城市，与商人合伙或自行经营商业，封建社会便逐渐崩溃了。

封建社会崩溃灭亡的原因有：

1. 资本主义的产生——因为商品经济的发达，资本主义生产方式抬头了。由于海外新奇奢侈品的输入，贸易和货币经济大大的发展，使封建地主的贪欲也大大增加，封建主为了得到现钱以供挥霍享用，加重了向农奴的剥削，从力役地租、物品地租发展到了货币地租，充分地表现了封建关系历史发展的三个阶段，以及封建领主们的无底的欲望，步步加紧地剥削农奴，因此农民的反抗也加强了。

另一方面，商业资本家和新兴工业企业家在剥削小生产者和掠夺海外殖民地中积累了大量资本，利用大批破产的小生产者来做工人，开办起大规模的工业企业，在瓦解着的封建制度内，产生了资本主义生产方式。这种方式所带来的阶级以及受残酷封建压迫的农奴联合起来，反对封建制度，封建制度于是不能不灭亡下去。

2. 农奴的暴动——在整个社会历史上，曾经发生了无数次农奴暴动，这些暴动由于带着自发性质，没有很好的领导，且各地不能配合，所以终于失败了。但是他们不断地和封建统治者作残酷的斗争，是有着巨大的革命作用的，他们震动、摧毁了封建的关系，造成了有利于资本主义发展的条件。

3. 资产阶级的革命——新兴的资产阶级为着要发展资本主义的生产，急待推翻封建制度的束缚和压迫，克服封建社会的割据状态，以求市场的统一，因此趁着农民暴动的机会，喊着"自由平等"的口号，起了推翻封建制度的革命作用。

二、封建社会的阶级及国家形态

封建社会里主要的阶级是封建地主和农奴。封建主各拥有土地，国王是最大的地主，国内土地的最高权属于国王，他可以任意处置土地，随便把土地赐给诸侯——大封建主。诸侯又可以任意把国王所赐的土地册封给各贵族，贵族便成了大小地主。封建地主在其世袭的财产内是完全的统治者，对于所属的农奴享有无上的权力（如中国春秋战国时代，周天子会见诸侯，竟有 800 国之多，这些大小国家便是封建割据，大小地主各霸一方所形成的）。地主可以随意处置农奴，加以拷打杀戮。西欧的封建主还拥有极端无理的权力如'初夜权''死手权'等。中国历代的封建地主对于农奴也是操有生杀予夺之权的。所以在封建地主这样残酷的剥削与压迫之下，农奴的痛苦是达到了极点的，他们要服从自己的地主，又要服从更大封建主，一直到服从国王。国王、诸侯、贵族、地主及其一切侍从，都是农奴的劳动养活的，农奴受尽一切侮辱，还过着一辈子的牛马生活，所以在封建社会中，这两个阶级的矛盾最尖锐，斗争最激烈。有人说封建社会的历史就是农奴反抗封建地主的历史，原因即在于此。

封建社会中除了这两个基本阶级外，随着手工业与商业以及城市的发展，还产生了手工业者与商人高利贷者两个阶级。在封建城市中，有三种不同的集团。第一是特权有产者，如巨商、高利贷者，他们和封建地主有密切关系，第二是市民，包括师匠、中小商人等，第三是学徒、仆役等。到了封建社会末期，师匠和商人的一部分形成了近代资产阶级的前身，而艺徒则渐降于无产者的地位。国家是阶级的产物，是一个阶级利用来压迫另一个阶级的工具，所以封建社会和奴隶社会一样地需要国家的存在，封建领主也正如奴隶主一样地利用国家权力，在剧烈的阶级斗争中维持自己的统治。所以封建领主一方面是土地所有者，另一方面又是政治上的统治者。在封建社会初期，由于当时经济条件的限制，每个封建庄园的自给自足的自然经济，使各个庄园各自独立，很少发生联系，形成了许多封建小邦。封建领主大小不同，小领主服从大领主，大领主服从国王，各级领主设置议定数目的家臣、武士、侍从、牢狱、法庭等，许多领主共同拥戴一个大领主为国王，国王设置一个中央集权机关，形成封建国家的最高政治机构。这时社会生产力向前发展，商业日渐繁荣，各小邦之间经济联系日渐密切。为着要求市场统一，并镇压农奴暴动与抵御外族侵略，各封建小邦急需联合，于是便在这样的情形之下，各封建小邦合并成统一的封建专制的国家了。

三、中国封建社会停滞时间特别长久的原因

中国封建社会一直延续了 2000 多年才逐渐被打碎以至于消灭，欧洲封建社会的情况基本上是和我国相同的，可是他们的封建社会只经历了 1000 年便出现了资本主义社会。我国的封建社会为什么会

上编

延续 20000 多年呢？人类社会发展固然有不平衡的现象，但其主要的原因是决定于经济的条件，所以中国封建社会长期延续的原因，我们应该从社会内部去探求，在中国封建社会本身生产方式中寻找出停滞长久的原因。

马克思说："无论哪一个社会形态，当它所给以充分发展余地的那一切生产力还没有展开以前，是绝不会灭亡的，而新的更高的生产关系，当它所借以存在的那些物质条件，还没有在旧社会胞胎里成熟以前，是绝不会出现的。"根据这个原理，可从三方面探讨出中国封建社会延续 2000 多年的原因。

（一）从农业生产力延缓发展来看封建制度的延续

封建社会的生产力本身，是一种不容易发展的生产力。在封建社会里农民耕种土地，地主占有支配土地，吸食农民的血汗。当时人口的绝大多数是农民，由于农业劳动是比较容易和习惯的方式，农民只要有地可耕，总是遵循着旧路走下去。同时，由于物品地租的影响，农民为了要向国王及地主们缴纳物品，就不得不终年生产物品，因此加强了自然经济的稳定基础。另一方面，封建地主穷奢极欲，装阔排场，把农民所奉献的贡物，全部用于消费，并且为了要填满无底的欲望，更不惜用各种手段来榨取农民的脂膏，因此农民的生产剩余物无法作为扩大再生产之用，农业生产力得不到发展，农民的痛苦日深，地主们的剥削也愈益加剧。农民虽然经过了无数次的暴动，但是由于生产力的不足，只能替封建地主改朝换代，不能因此而产生一个新的社会。农民与封建地主作残酷的斗争，多少也变动了当时社会生产关系，推动了社会生产力的发展，但是因为生产力发展得迟缓，所以只能打击封建制度，而不能打破封建制度。

（二）从生产关系对于生产力的破坏来看封建制度的延续

农业生产力发展滞缓的原因，主要的是在于地主阶级对农民残酷的剥削与对生产可怕的破坏。农民创造财富，供养了地主阶级，但是地主阶级绝不满于这些供养，它要敲骨吸髓，来填满无底的贪欲，因而造成疯狂屠杀、外族侵入等一连串的悲惨后果，这些后果的承受者当然是农民阶级。

1. 残酷的剥削使生产力萎缩——一个朝代到了末期，猛于虎的苛政特别明显起来，租税渐重，徭役屡兴，高利贷盘剥，土地集中，农民生活逐步恶化，社会生产力不断萎缩。到了改朝换代的时候，连年混战，农民颠沛流离，老弱转乎沟壑，壮者散之四方，田园荒芜，没人耕种。兵刃之后，加上凶年，社会生产力大大地萎缩下来。

2. 疯狂屠杀使生产力连受破坏——农民被封建地主压迫剥削，无法生活下去，为了争取活命，不断地武装暴动，战争规模之大是世界上所没有的。地主阶级为了要维持封建的统治，拼命屠杀农民，镇压农民起义，弄成千里无人烟的大惨剧。这种大规模的屠杀，使生产力遭受了严重的破坏。

3. 军阀混战，破坏生产——地主阶级为了争夺土地和权力，经常内部分裂，出现军阀混战的局面，战地生产连受破坏，非战地受了战争的影响，生产也必然下降。

4. 外族侵入，带来落后的生产关系——地主阶级奢侈腐败，残民以逞，往往招致边境落后民族的侵入，它们带来落后的生产关系，在封建制度的中国社会里，行施奴隶制度，并以奴隶主的精神统治中国，对社会起着极大的阻碍作用。北魏、辽、金、元、清莫不如此，特别是清代，因为害怕外国人可能助长很大部分中国人民对清廷的不满情绪，实行了200年最严格的闭关自守政策，摧毁明末从西洋输入的科学知识，断绝中国与欧洲的交通，使中国长期保持着落后的局面。

（三）从工业生产发展的迟缓来看封建制度的延续

因为自然经济的影响，封建社会的初期，商人是附属于地主阶级的，只能小规模地进行一些交换，加之要办工业，要大量生产工

上编

· 209 ·

业品，农民却不需要，因而这些工业品的推销，就都要受自给自足的自然经济所限制了。商人无法抬头，商人的资本也无法进行很大的累积，无法变成新的生产力，因为资本主义生产的发展需要一定高度的原始资本积累。封建社会中最大资本是投在土地上面的，而土地又分散在多数的小地主和富农手中，如果要把它集中起来，向资本主义转化，是非常困难的。加上中国社会基本经济成分的结构，是小农业与家庭手工业相结合的生产结构，中国的政治制度是世界上第一等的几乎牢不可破的封建专制制度，在这个总制度里面，包含着各式各样阻挠社会发展的小制度，如各朝代共守的重农轻商制、秦汉以后的土地自由买卖制、两汉以后的儒学独尊制、隋唐的诗赋取士制、明清的八股取士制等，服务于总的封建专制制度，使它更加牢固而有力。这种经济结构和政治制度，只有在国外或国内的市场无限扩充时才有冲破的可能，而明清两朝，特别是清朝，恰恰严格执行闭关政策，商人到海外贸易被认为是非法的行为，国内市场的范围也很狭小，不足以促进手工工厂的更多发展。工商业者获利以后，因无法积累资金，扩大再生产，多余的资金，只好购买土地放高利贷，转到地主阶级手中。中国封建社会里所孕育着的工商因素，与英国或欧洲大陆各国作比较，显然是落后的，它不可能对旧社会起着决定性的否定作用，是无可置辩的事实。

四、小结

社会发展史是马列主义重要学说之一，也是无产阶级的斗争不可缺少的武器，因此我们如果要学好政治，搞通思想，树立正确的人生观与世界观，掌握革命有力的武器，一定要认真地学习社会发展史。

社会发展史也就是人的生产力与生产关系的发展史，因为生产力与生产关系不断的矛盾和趋于更高度的发展，形成了五种社会的形态，就是原始共产社会、奴隶社会、封建社会、资本主义和社会主义社会。因为历史发展不平衡的结果，有的地方至今还停留在原始社会，17 世纪欧洲国家已经进入资本主义社会，而我们中国直到 20 世纪还是个半封建的社会。中国封建社会延续了 2000 多年，也是历史发展不平衡的一种现象。中国 2000 多年之久停滞于封建社会的结果，封建社会的史料和经济基础上的上层建筑，比任何时期都来得丰富。

　　为了正确无误地学习封建社会的文史、文学等各门功课，研究中国封建社会的发展史成为必要而且刻不容缓的事情，所以我才决定了研究的目标，也就是我选择这个题目做报告的动机。

1950 年 7 月

上编

中　编

散 忆 黄 老

　　黄寿祺老师逝世 15 周年了。时间过得飞快，最近我突然想起：明年将是"四人帮"被粉碎 30 周年。朋友们听我这么一说，莫不感到惊讶。真的，这 30 年过得太快了。苦难的日子难熬，幸福的岁月如梭。可惜黄老走得太急了，不能多多享受这越来越甜美的生活。

　　黄老 1954 年开始担任福建师院中文系主任，直至 1979 年升任副校长，由俞元桂老师接任系主任。他主政中文系 25 年，可以说是以他的学问和道德来治理系务的。他整天上班、上课，晚上还要为青年教师讲专书，为已毕业的学生改诗文，还有自己的科研工作。他只能用熬夜的办法来延长时间，第二天一早又得坐在系主任办公室处理公务。黄老真的太累了。我经常看到他鼻尖冒汗的情景。但是，应该说这还是难得的太平景象。由于他与副主任俞元桂教授团结合作、领导有方，那时的中文系在培养本省语文骨干教师和文艺人才方面的的确是做出了明显的成绩。

　　中文系的太平景象不时被各种名目的政治运动所冲破。从"反右""交心""拔白旗""照镜子"到"文化大革命"，学问渊博、师德高尚的黄老首当其冲，备尝艰辛。他多么希望"运动"早点过去，赶快恢复他那老黄牛式的耕耘啊！他那首在"交心"会上写的脍炙人口、颇具代表性的诗篇"事同春意闹，闲忆少年游。何日交心罢，西湖共泛舟"，真实地表达了当时人们对政治运动的厌烦、无奈而急

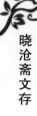

于摆脱的心理，从中也看到了黄老渴望太平景象赶快恢复的心情。

从"反右"到"文革"，20年光阴都在硝烟时起或短暂太平中度过。俞元桂老师形容为"且战且走"。黄老也是这样：政治运动一过，就抓紧时间拼命工作挽回损失。我认为正是由于他们的勤奋敬业、百折不回的精神所起的表率作用，中文系始终能朝着正确的方向前进，教学、科研蒸蒸日上。

十几年前写纪念黄老的文章时，我称黄老为"至诚至善的人"。其实，应该加上"至真"两字。不过"真"与"诚"已很接近了。黄老1981年入党时写的诗篇中有"但求永保童心在，绝假纯真志不移"句。"绝假纯真"是他做人的准则，他一句假话也不肯讲。

"七十如今已不稀，九旬还可望期颐。愿将暮齿为蚕烛，放尽光芒吐尽丝。"这是黄老晚年思想生活的写照，也是他一生忠诚人民教育事业、甘为孺子牛的誓言和总结。余宝笙老师创办华南女子学院时，得到黄老的热情鼓励和帮助。1986年黄老曾写诗赠余老："华南重建胜当年，历尽艰难志益坚。八十三龄宏教泽，岂徒造福半边天。"这是志同道合者的由衷赞颂，这是老教育家的肺腑之言。余宝笙老师和黄寿祺老师同属于"愿将暮齿为蚕烛，放尽光芒吐尽丝"，愿为人民教育事业鞠躬尽瘁死而后已的可敬可钦的老一辈教育家。

黄老离开我们已经15年了。这15年，我们的国家变化之大，人民的生活水平提高之快，真是预想不到的。特别是大学里工作环境的改善、人际关系的正常、学术氛围的宽松，称得上是真正的太平景象。可惜黄老已经不能亲历这一切了。

智者的形象

——记俞元桂老师

俞元桂老师与我们永别了。他的最后一部散文集《晓月摇情》刚刚送到我的手中，似乎墨迹还未干，他便匆匆辞世了。他走得那样急，那样突然，是否从 20 世纪 90 年代初期的《晚晴漫步》到 90 年代中期的《晓月摇情》，他已把智慧的思想耗尽，已把智慧的语言说完？我们多么希望他能有第三部充满学者的智慧与净友的坦诚的散文集问世啊！

我与俞老师从认识到他逝世，共事差不多半个多世纪了。这半个世纪以来，我与他都只在两个地方工作与生活着，即福建师大（包括它的前身）中文系与中国民主同盟组织内。这漫长的半个世纪啊！自然，那数不清的各种名堂的政治运动直至登峰造极的"文革"中的"牛鬼蛇神"劳改队，我们都一起经历过，那数得清的正常的教学科研学术活动与民主党派的参政议政活动，我们也都一起经历过。俞元桂老师，在我的心目中，是一位才思敏捷、机智风趣的人。他在教育教学上的突出成就和学术上的深厚造诣，更凸现出他那才华横溢、机敏过人的精气神。

1951 年 4 月，协和大学与华南女子文理学院合并，我第一次见到俞元桂老师。那年 10 月，文学院师生举行纪念鲁迅先生逝世 15 周年纪念会后，便整装奔赴将乐县僻远山区参加土改工作队去了。

中编

那时俞老师才三十出头，已是一位颇有名气的副教授了。他脱下由西装改制的滑稽中山装，换上粗布棉袄，满怀革命激情踏上革命征途。经过几天的跋涉后，到达当时只有一条小街道和几间小店铺的将乐县城。我们住在极其简陋的客栈里。附近的县政府也不过是座平房土屋，可见当时这个县邑的贫困与荒凉。但我们文学院师生的革命热情很高。听县干部介绍将乐县第三期土改的形势报告后，我们师生全部分散插到各个村庄去与当地干部一起发动群众、斗争地主恶霸，把土地分给农民。3 个月后土改队集中县城做总结，大家畅谈心得体会。俞老师带头发言，认为念文科的人就应该到火热的斗争中去锻炼才能转变立场、改造世界观，也才能读懂革命文学作品。我们在土改队 3 个月，每日三餐只有一碗芥菜梗煮盐水下饭，这生活关并不好过。记得俞老师说他常想念从南平到将乐的小船上所吃的豆瓣酱下饭，觉得那是天下最好吃的东西了，回去过南平一定要买个大竹筒装豆瓣酱带回家。后来他真的带了，许多人也都带了。将乐土改，至今回忆起来还是愉快的。这是 1949 年后师生第一次一起走出校门，不分彼此，大家都是革命的力量，都要接受锻炼与考验。因此，生活再苦，心中也是乐的。

1953 年省立师院从乌石山搬到仓前山，合并成立福建师范学院。新成立的福建师院学科门类齐全、师资力量雄厚。中文系有众多学有专长的教授，但助教仅有 3 名，即协大的陈君、师院的曾君、华南的我。我们 3 人年龄相仿，专业相近，都喜欢中国现代文学，因此，很自然地都靠拢最年轻的教授俞元桂老师。虽然系里对助教的指导老师是另有分工的，但俞老师除了精心指导他名下的助教陈君之外，对我和曾君的进修也非常关心，经常询问我的进修情况并批阅我送给他看的我的进修作业。可惜这样宝贵的时光太短促了。1954 年学校送我去北京大学文艺理论进修班学习。1956 年暑假结业返校，被派去俄语系教苏联文学课程。此后向他讨教的机会就少了。

1957年疾风骤雨式的反右斗争扩大化留给俞老师的感受如他近年文章中所说的仿佛落水被捞起的感觉。接着是"拔白旗",大破师道尊严。我感到俞老师能沉得住气,躲进小楼成一统,潜心研究学问。

几番风雨过后来了三年困难时期。物质上的贫乏对于知识分子来说似乎还好受一些。俞老师的第一部著作《文学作品分析》就是在此时成书出版的。他努力学习马列主义著作,钻研《毛泽东选集》,在教学和科研中运用自如,因此曾被推荐为文科教师活学活用毛泽东思想大会的中心发言人。我在座听到他那充满智慧的发言与校党委书记总结时对他的肯定,心情十分舒畅,认为他反右后被泼上去的那层灰溜溜的颜色现在可以改变了。谁知好景不长,社教运动之后,灭顶之灾的"文革"又来了。在劫难逃,我们都成为专政对象,被批斗、游街、关押、提审、打入劳改队……

中文系牛鬼蛇神劳改队的阵容特别壮观。每日按时举着队牌在长安山最高的山岭上筑路,或在学生宿舍周围打扫,或在运动场边锄草。每日都要写一篇"劳改日记"交给看管我们的革命小将,他可以从"劳改日记"中找出问题随时加以训斥。差不多每天都有几位老教授遭到无端呵责。记得俞老师一次都没有被挑出"毛病"过。他十分机警地注意着周围的动静,常提醒大家"牧童"来了!果然,那位革命小将推门进来了。首先倒霉的是坐不端正或眼睛没有盯在指定天天必读的那篇《敦促杜聿明投降书》上的人。

"牧童"这个雅号也是俞老师起的,十分确切而又善意。他还把连劳改都十分认真苦干的黄寿祺教授叫作"黄牛",把白发苍苍的钱履周教授叫作"白毛牛"。我相对年轻些,每日负责提小木桶到厨房打开水给劳改队队员喝,因之被叫作"水牛"。多才多艺的程世本先生偷偷地用寿山石刻印送我,图章上端的浮雕便是水牛和那只木桶。可惜这枚图章后来被"牧童"勒令交出,至今不知去向。在那般艰辛苦涩、哭笑不得的日子里，如果没有一点幽默感，一定会使人发疯的。幸亏俞老师的机智和幽默，不时地给牛鬼蛇神们带来了欢乐。我还记得在建瓯南雅时，革命群众忙于整党，我们劳改队要上山砍柴火，过河抬面条。闽北山区清晨雾大，我们一队人马提着竹篓竹竿在河边等待渡船。俞老师随口吟道："雾失楼台，月迷津渡，桃源望断无寻处……"这宋词名句诗情画意中的朦胧美，确能减轻人们心灵上的重负。从南雅镇上装满面条过渡回来，下渡船后两人抬一篓。由于用力不均或路滑难行，走在前面的人往往不免跟跄几步。俞老师说了一声"马失前蹄"。这逼真的写照，惹得队友们开心地笑起来。

现在，中文系当年这一支浩浩荡荡的劳改队队友已所剩无几了。此时我悼念俞老师，回忆的闸门打开了，这一段往事便滔滔涌出。没有深受其害的青年人也许会感到好笑。可如今我倒觉得这一切分明体现了中国知识分子的传统美德：身处逆境，心存社稷。他们不计个人荣辱得失，勇敢地活下来，迎接祖国美好的明天。

十一届三中全会以后，俞老师迎来了比 20 世纪 50 年代初更好的机遇。他当中文系主任，有职有权地主持系里的教学行政工作。他带研究生，组建中国现代散文史学术梯队，短短几年时间就出版了七大部散文史系列专著，在全国产生了不小的影响，也奠定了福建师大中文系在这个领域的学术地位。看着他一手建起的学术梯队如此神速地出成果出人才，我由衷地高兴与羡慕。我慨叹已老，不能自荐加入他的梯队，只能有机会时多找他的梯队弟子们谈心，从中得到一些信息和启迪。记得他主政中文系不久，就积极响应南京大学匡亚明校长的建议，组建大学语文教研室，为全校文理科系开设《大学语文》课程，加强学生对祖国语言文学的阅读欣赏能力与写作训练。他找我谈话，要我担任大学语文教研室主任。只有 10 分钟时间就谈妥了。我毫不考虑改行的损失或搞基础课的艰辛，因为我牢记他常说的话：中文系老师必须有开3门课的本领。他曾经教过6门课，难道我不应该向他学习，多教一两门课吗？

从20世纪80年代到90年代中期，俞老师担任民盟中央委员，民盟福建省副主委，省政协第四、五、六、七届常委。在省民盟，他分管教育工作委员会。在省政协，他兼教育委员会、文史资料委员会等领导工作。他深明参政议政是民主党派的天职，努力在教育工作方面建言献策、再三呼吁。他那两本散文集中，关于教育问题的就有十几篇。他用诙谐逗人的语言谈论自己心中以及别人心中都十分忧虑的问题。他看到当前教育问题的严重性，也看出了有回黄转绿的希望，因此他的笔调还是轻松的，充满了对光明的憧憬。他连续两年都以"十四组"为题写省政协教育组的讨论，表达了自己对祖国教育事业难以遏制的殷殷之情。1995年6月3日，福建师大党委统战部召开民主党派代表座谈会，欢送老党委书记林可华，欢迎新党委书记邱炳皓。俞老师病体难支，已有大半年不能出门参加会议了。他写了书面发言，表达欢迎欢送之意后，力陈师大应兴应革事项。统战部干部代读他的书面发言，在座代表随着他那精彩的内容与优美的文辞，心潮起伏、澎湃不已。这可能就是俞老师最后一次对党尽诤友之责了。

在《四十年粉笔生涯》一文中，俞老师曾引陆游诗"僵卧孤村不自哀，尚思为国戍轮台"以自况。他说："同样的，园丁老去，对花木也未能忘情，深望在教学园地里耕耘的同行们，协力推进改革，别辜负这回黄转绿的美好春光。"这是对他情之所系的长安山教学园地上的同行们所说的心里话，也是对他半个世纪以来所培育出的无数学生们说的心里话。对于这一位德高望重、智慧超群的教育家、文学家、杰出的民主人士、大家所敬爱的师长的殷殷嘱咐，我辈当铭记在心。我们要以他为榜样，在教育园地上辛勤耕耘，为了祖国更加美好的明天！

中
编

谦谦君子　温润如玉

——黄曾樾老师诞辰110周年纪念

　　谦谦君子，温润如玉。这是黄曾樾老师在我心目中最鲜明的形象，从20世纪50年代初到今天，始终不变的形象。

　　20世纪50年代初，经过院系合并调整之后成立的福建师范学院，真是人才济济，名师云集。当时我还是一名年轻的助教，1956年从北京进修回来改教《外国文学》。黄曾樾老师是外国文学教研室主任，又和我同在一个民盟小组，因此，我们很快就熟悉起来了。

　　青年人总是希望行有楷模，学有榜样。在当时中文系那么多名师中，我特别欣赏黄寿祺老师的忠厚朴实，俞元桂老师的智慧灵巧，黄曾樾老师的谦虚温雅……他们都是大学问家，但性格风度却迥然不同。我时常注意他们的举止言行，希望能学习他们怎样读书做事，怎样处世做人。

　　当第一次听说黄曾越老师曾担任抗战胜利那一年的福州市市长时，我着实吃了一惊。虽然人们都说他是"书生市长""清廉市长""从永安山城出来的穷学生"……我总觉得这个"历史包袱"是够沉重的了，但当时他却显得轻松潇洒，舒卷自如。他每天从城内乌石山寓所搭车来学校上课。课堂上他那意气风发、风度翩翩的教态，他那学贯中西、艺兼文理的渊博学问，他那行经万里路、足迹半欧亚的丰富阅历，的确能深深地吸引着青年学生。我常看到他下课后被学生们围堵的情景，看到学生们跟随他走进教研室来继续谈着言犹未尽的话题。我还听见他与一批批热爱他的青年学生约定星期日到他家继续深谈，为他们讲授专书专题……那时，中文系老师擅长诗词的人不少，"中文二黄"最有名。黄寿祺、黄曾樾两位好友经常诗词唱和，佳作共赏。这几乎成为他们课余生活的最大乐趣。黄曾樾还参加福州十才女诗社活动，成为她们的座上宾，受到社会人士的尊敬。有一段时间黄老师还被邀为省级领导讲授中国古典文学课。我看得出、也感受得到这段时间是黄老师后半生最幸福的时光。

　　1957年反右派斗争之后，高校的空气开始沉闷了。接着，"反右倾""拔白旗""大跃进""四清运动"……层出不穷，接连不断。民主党派组织生活中出现个新名堂，叫作"神仙会"。让大家暂时忘掉艰难困苦，做一阵子"神仙"，吐吐心中的郁闷，像神仙一样快乐逍遥。这时，我发现黄老师脸色已不像从前那么红润了，他那神采奕奕的样子已经难得一见了。他在"神仙会"上说的话，我现在只记得"妾薄命"与"愧糜廪粟"这两句了。前者是他对自己所背的历史包袱的担忧，后者是他觉得自己薪水太高的谦虚。"妾薄命"说得多么沉痛！他已预感到山雨欲来无处躲避，他怨自己命薄，摊上这个历史包袱。

　　大约是从三年困难时期开始，黄老师患上严重的冠心病。他提早退休，在家中养病。我家也住在城内，星期天上午从鼓楼步行到南门乌山路13号看望他，每每遇见前来向他请教的师院校友或在校生。黄老师依然是那样精神抖擞、诲人不倦，脸上涌现出的红光，使他病容顿消。在旁的师母脸带笑容。连那位身材高大、进进出出为客人倒茶水的女佣也感到特别高兴。可是，这一切没有维持多久，"文化大革命"风暴席卷大地，人间一切美好的东西都烟消云散了。

　　1966年8月18日北京红卫兵开始大破"四旧"、横扫"牛鬼蛇神"。福建师院中文系红卫兵8月29日开始在长安山锅炉房设"牛

中编

· 223 ·

棚"。从此，黄寿祺、俞元桂、钱履周、游叔有、程世本……还有我本人，共十几个"牛鬼蛇神"每天集中在"牛棚"内写检查，读《别了，司徒雷登》，还要清理学生宿舍周围的卫生，拔草，修路，每天挖山不止。从"牛棚"列队出来，十几人成一行。前面七人各执一木牌，连起来就是"牛鬼蛇神劳改队"七个大字。后面的人拿锄头、簸箕等工具，因为走在这个有点名堂的队牌之后，步伐似乎很整齐。有时还会有别系的劳改队遥遥相望，似乎又有吾道不孤的感觉。"革命小将"在我们每天公布的"劳改日记"上借故挑刺来骂人整人，这是"牛棚"生活中最难受的一幕。俞元桂老师戏称这些小将为"牧童"。他坐在靠窗的座位上，经常是最先发现有人向"牛棚"走来。他叫一声："牧童来了！"提醒大家端正坐姿，埋头书写，预防被整。一声"牧童"，俞老师的智慧化解了我们心中的无尽屈辱。

1966 年 10 月 11 日，黄曾樾老师在乌石山寓所被迫害致死的噩耗传来，"牛棚"里笼罩着一片惨雾愁云，大家终日无言。黄老的挚友黄寿祺、钱履周老师一定是在心中酝酿着悼亡诗词，但不能写出来。我则一直在想着：如果黄老师不生病，如果黄老师不提早退休，如果他能和我们一样关在"牛棚"里，那么社会上的"革命小将"就找不到他了，也许他就能逃避过这一劫了。黄曾樾老师，这么好的一个人，这么难得的一位好老师，为什么会遭此劫难呢？

改革开放以后，黄寿祺、俞元桂等一批老教师，学术成果大放异彩，社会地位空前提高。他们苦尽甘来，愉快地生活了二十几年。黄、俞二老在 20 世纪 90 年代相继逝世。黄曾樾老师原来也一定和他们一样：多部学术著作可以出版；本科生、研究生可以大量培养；参政议政的职责可以很好地履行。

改革开放以后，报刊上不断涌现反思"文革"、怀念亲友师长的文章。重灾区文化教育界，各大专院校几乎都有名师被迫害致死。

这真是一个毁灭性的摧残。我曾经想过：难道这一场灾难真的无法避免吗？有识之士都说不可能。因为这是长期极"左"路线发展到登峰造极时的必然结果。

不久前偶然翻阅《南风窗》杂志，看到一篇短文题目叫《可爱的中国企业家》。这是报道经济学家茅于轼撰文苦劝民间不要仇富的文章。茅老从近代史讲起。他说：清朝时是保守派和维新派斗，民国以后是军阀和军阀斗，再就是党派和党派斗，最后是阶级斗争；其实并没有什么剧烈的阶级矛盾，都是人斗人的借口。改革开放20多年，基本上避免了自己人斗自己人，这才保证了今天我们能够享受现代化的果实。于是茅老劝企业家和工农群众不要内斗。他说："实际上，企业家和工农群众并不处于跷跷板的两头，他们处于同一个升降机里。"茅老对过去为不少人所热衷并奉为圭臬的阶级斗争的实质，一针见血分析得多透彻！理论上的错误导致路线上的错误，使广大群众和无数精英人物蒙受多么大的痛苦与冤屈，而这些痛苦和冤屈过去只能埋藏在心里，无处诉说。

今天我们纪念黄曾樾老师110周年诞辰，除了要把心中郁积的许多话说出来之外，还要告诉当今的青年学生们：你们没有遭遇"文革"，真是太幸运了。你们一定要爱护你们的老师，珍惜他们对你们的谆谆教导。一位好老师，总是最关心学生的学习，百问不厌、诲人不倦。正如我在黄曾樾老师身上所看到的那样。黄老师是我们的楷模。我们师范院校的学生，必须要具有他那种"为师"的品质，将来才能成为一名真正的好老师。

人们记忆中的林徽因

　　福建现代最著名的三位女作家：冰心、庐隐、林徽因，唯独林徽因作品从未结集出版，因为创作只是她的副业。她是个著名的建筑学家，19世纪30年代几乎是天坛与文坛同时攀登。她忙于考察古建筑，撰写中国建筑史论文，余暇时间才写诗。不久，抗日烽火燃遍大地，她那已见出版预告的诗集不可能面世了。人们只能在书刊上看到她零星的作品。然而，她在北方流传很广的"一代才女"的美名，却深深地印在她故乡后辈人的心中。我们定下了搜集林徽因作品的计划，决心跟随着她的足迹到福州、上海、北京、西安、昆明、成都、重庆等地寻访她的亲属、朋友、同学、学生，寻找她那像断线珍珠一般散落四处的作品。从1983年至1986年的寒暑假，我们几乎都在旅途中度过。由于岁月已深，故人老矣，许多重要人物如沈从文、朱光潜、梁思庄等都在病榻之中，无法探访。有的就在我们访问期间住院，如钱端升。而最主要的访问对象金岳霖先生，在我们五次造访之后逝世；王稚姚老太太在我们第六次造访时开始小中风。虽然如此，我们还是搜集到不少有关林徽因生平和思想的重要而有趣的材料。电影《人间四月天》放映后，关注林徽因的人越来越多了，我们珍藏多年和访问所得的口头资料应该与大家共享，故整理成札记。

她的美丽令人难忘

　　几乎所有被访问者都会提到林徽因的美貌。她的出奇的美丽给人留下的印象实在太深了。她的表姐和堂妹们都能细致入微地描绘她当年的衣着打扮、举止言谈是如何令她们倾倒。我问老作家冰心先生：林徽因与陆小曼谁更美？冰心回答："林徽因'俏'，陆小曼'不俏'。"表姐王稚姚1901年生，长林徽因3岁，从童稚时期在杭州、上海，青少年时期在北京，都和林徽因共同生活。她说林徽因的大眼睛像祖父，美貌像祖母。祖母也是福州人，眉毛细而弯，非常漂亮，所以祖母十分溺爱她。表姐还说她的母亲林泽民是林徽因的大姑母，在杭州时期当她的启蒙老师，爱林徽因胜过其生母，因为她又聪慧又美丽，十分可爱。

　　1935—1936年，林徽因曾在国立北平大学女子文理学院外语系教《英国文学》课。云南大学中文系全振寰教授曾修读她上的这门课。全教授告诉我们："当时许寿裳任院长，潘家洵任外语系主任。曹靖华、周作人、朱光潜都在此执教。林徽因每周来校上课两次，用英语讲授英国文学。她的英语流利、清脆悦耳，讲课亲切、活跃，谈笑风生，毫无架子，同学们极喜欢她。每次她一到校，学校立即轰动起来。她身着西服，脚穿咖啡色高跟鞋，摩登、漂亮而又朴素、高雅。女校竟如此轰动，有人开玩笑说，如果是男校，那就听不成课了。"全教授客厅里柔和的灯光映照着她那因回忆往事而愉悦得发亮的笑脸，使我们眼前立即浮现出那所女校为这位才貌惊人的女教师而轰动的场面。

　　林徽因对自己的容貌是如何评价的呢？看来她颇为自我欣赏。1931年夏天，她正在香山双清别墅养病，徐志摩上山来看望她，由她的堂弟林宣（现为西安建筑科技大学教授）陪同，住在附近的甘露旅馆。午晚两餐他们都在双清别墅用餐，吃厨子做的西菜。饭后

中编

两位诗人谈诗论文、谈天说地。星期日，梁思成开车来接他们。四人一道进城到当时最著名的东兴楼饭馆吃汉菜。林宣先生讲述了香山时期的一则趣闻：香山月夜。林徽因身着白纱睡衣，点一炷香，将一朵莲花（请林宣采）插在瓶中，坐着写诗。月光，花影，一缕烟……美极了。她说："男子见了定会晕倒。"梁思成回答："你看，我还站着呢，没有晕倒。"

我们到清华园访问林洙先生。她问我们的第一句话是："你们见过林徽因吗？"我们遗憾地摇摇头。她连声说："太可惜了！"她说："林先生是我所见过的女子中最美的一位。虽然患肺病，又很瘦弱，但还是极美。她的精神特别感人。透过她的身影，可见她的精神之光。"林洙先生1948年带着她父亲的介绍信到清华园见林徽因，想进清华建筑系先修班。林徽因十分热情地接待这位同乡姑娘，亲自为林洙补习英语。林洙先生亲得謦欬，故有独特的感受。

最近台湾出版的有关林徽因的文章，有的作者还不满足于沿用20世纪30年代已风行的"一代才女"这个称号，而称她为"绝艳才女"。的确，要突出写她的美貌，已经是极赞无辞了。

她的才气使人佩服

所有被访者都一再赞美林徽因的才气。文学界的老前辈们说她的才气在当时已负盛名的女作家之上；建筑界的后辈们也都说她才华横溢，思想奔放，无人可比。她不是专业作家，但她的诗几乎都是精品。卞之琳先生说："她的诗不像新月诗人那样的方块格律诗，而是将口语融入古典的和外国的词语，创造出独特的形象和意境，才气过人。"她在中国建筑史，尤其是雕饰史方面有很深的研究。她所写的古建筑调查报告，充满了诗意。她所写的诗歌，又洋溢着建筑美。她那超群的才气，使她事事独具慧眼，匠心独具，胜人一筹，使人佩服。钱端升夫人陈公蕙是林徽因的亲戚，是林徽因为他俩作的大媒。我们第一次在钱府访问他俩，第二次在北京医院病房探望钱先生，钱先生都说："要几辈子感激徽因。"西南联大迁校昆明，他与梁家都在郊区龙泉村搭屋居住。陈公蕙说："林徽因性格极为好强，什么都要争第一。她用煤油箱做成书架，用废物制成窗帘，破屋也要摆设得比别人好。其实我们早就佩服她了。"

指引常沙娜走上工艺美术道路这件事，最见林徽因的慧眼独具。1951年2月，天安门午门楼举办敦煌美术展览。梁思成、林徽因同去参观，见到常书鸿和常沙娜父女。林徽因非常激动。她极喜爱敦煌艺术，常以不能亲赴敦煌为憾。她十分欣赏常沙娜的才艺，当场要求常沙娜到清华建筑系来，由她负责培养。那时，徐悲鸿先生已同意常沙娜去中央美术学院。经林徽因这么一说，常沙娜立即决定去清华。从此常沙娜走上了新中国第一代工艺美术家的成功之路。我们坐在中央工艺美术学院常沙娜院长办公室，听她娓娓叙述当年的情景。清华建筑系工艺小组接受为亚太和平大会设计礼物的任务。林徽因把设计的意图告诉常沙娜，她绘出的图案，林先生不用修改。他们小组所研制的景泰蓝台灯、小脂粉盒、烟灰缸等新的图案和色彩很受欢迎。可惜景泰蓝成本太高，不能大批量生产……我们一面静静地听着，一面不禁想着。莫宗江教授告诉我们："常沙娜画琴弦一笔一根，令人惊叹。"好几位清华教授说过："林徽因爱常沙娜胜过自己的女儿。"信之矣。

莫宗江教授出言画龙点睛："林先生1947年左右突然间搞起工艺美术来了，成立了工艺美术设计小组，后来才有设计国徽的可能。"这是天才！独具慧眼、不同凡响的天才！

在现代女作家中，的确很难找到第二个像林徽因这样兴趣广泛、有着多方面成就的人，她集建筑学家、美术家、学者、教授、诗人于一身，而且都达到巅峰。在冰心先生家里谈起林徽因，她开口就说："她很美丽，很有才气。"

没有林徽因就没有梁思成

王明贤说："没有林徽因就没有梁思成。"林洙说："梁思成与林徽因不可分。"常沙娜说："他们从事业到生活都已融为一体。"

1928年他俩完成留美学业到加拿大结婚，游历欧洲，考察西方建筑。回国后，当时著名的基泰设计公司多次与他们商谈，极力邀请他们加盟基泰。最后，梁、林二先生决定投身教育事业，到东北大学建筑系工作。梁为系主任，教《建筑史》《初步设计》课程。林任教授，教《雕饰史》《建筑专业英语》《初步设计》等课程。系里没有助教，他俩每晚都到教室为学生评改建筑制图，直到深夜才回去休息。他们在东大培养的三届学生，后来几乎都成为我国建筑界的名流，有的还成为大师级人物。

"九一八"前夕，东北时局动荡，林徽因肺病加剧。他们不得不辞去东大职务，回到北平来。1931年4月，他俩接受朱启钤之聘，加盟"中国营造学社"。梁思成任研究员、法式部主任，林徽因任"校理""参校"等职。中国营造学社是民营科研机构，经费充足。朱启钤先生又是政界耆宿，热衷于古建筑创作和研究。在全面抗战前的6年宝贵时光里，梁思成与林徽因带领营造学社社员莫宗江等，翻山越岭，沐风栉雨，考察了几处重要古建筑。在山西五台山发现了我国最古老的一座木结构建筑——建于唐代大中十一年（857）的佛光寺大殿。他们合作写出了不少调查报告。如《平郊建筑杂录》《晋汾古建筑预查纪略》等，为我国古建筑的实地测量树立了榜样，为中国建筑史的编纂奠定了基础。

全面抗战期间，林徽因全家辗转于昆明、四川李庄。林徽因在物质极匮乏的情况下，带病继续进行学术研究工作。莫宗江先生说：林先生躺在病床上读二十四史，夹条子、打扛扛，为梁先生撰写中国建筑史做准备工作。当时中央研究院历史语言所在李庄，图书不少，借阅方便。莫宗江经常带着书单去借，然后用扁担挑回来供林、梁先生阅读。一部由中国人撰写的《图像中国建筑史》，一部由中国建筑学家第一次以英文撰写的具有权威性的中国建筑史，就在李庄这个小村镇的茅舍纸窗、一灯如豆的环境下诞生了。最后的脱稿，是由林徽因完成的。

抗日战争胜利后，梁思成应聘清华大学建筑系主任。林徽因疾病缠绵又加上肾脏手术，身体极度虚弱。在养病期间，她还组织公益美术设计小组，并组织学生勤工助学解决购买绘图材料的费用。胡允敬教授告诉我们："梁、林先生的家是建筑系不可分割的一部分。师生们自动上他们家讨论工作，经常座无虚席。大家都把梁府看作建筑系的'沙龙'。梁、林二位先生都非常健谈，林先生更是才华横溢，除建筑外，文学、绘画、雕刻、音乐、手工艺等无所不谈，而且都有高超的见解。"

中华人民共和国成立后，清华大学聘林徽因为一级教授。1949年9月26日清华大学建筑系接受设计中华人民共和国国徽的任务。梁思成、林徽因率领10位清华教师连续奋战9个月，直至1950年6月23日全国政协会议通过他们所设计的国徽图案为止。朱畅中教授告诉我们："林先生在国徽设计小组中提出'国徽'与'商标'的区别，让大家展开讨论，针对大家的讨论，她提出了精辟的见解，同时还展示实物（外国的国徽），进行评说。这就提高了大家对国徽设计的认识，明确了设计创作的思路。在会上，一致通过采用中国传统表示喜庆的金、红两色作为国徽的颜色。梁、林二先生亲自参加构思设计，勾画方案，夜以继日地工作。他们的家成了大家的制图室。"

金岳霖先生说："设计国徽，林徽因出力胜过梁思成。"

莫宗江先生说："梁先生写得最好的文章，是在与林先生争论过程中写成的。林先生逝世后，梁先生的文章就平淡多了。"

吴良镛先生是梁思成先生的接班人，当时任建筑系秘书，后来任系主任。他最熟知梁、林的故事。他告诉我们："金岳霖先生曾经戏言：照一般人的说法是，'老婆别人的好，文章自己的好。'这不适用于梁思成。他是'老婆自己的好，文章太太的好'。"

金岳霖爱林徽因也爱梁思成

金岳霖是深爱着林徽因的，刻骨铭心，生死不渝。所有被访者谈林徽因、梁思成，几乎都会谈到金岳霖。

金先生告诉我们，他是由于徐志摩的介绍而认识林徽因的。1923 年徐志摩与张幼仪在柏林离婚，他是证人之一，在离婚书上签了字。1926 年徐志摩与陆小曼在北京结婚，他当伴郎。

金先生说他总是跟随梁家安排自己的住所。"我住在梁家的后面。梁家的厨子做中菜，我家的厨子做西菜，中午端在一起吃。""林徽因真了不起，她从来没下过厨房，抗战期间在昆明，来了客人，她亲自炒菜。我至今还记得那盘菱角炒得非常好吃。""她身体不好，每天早晨要吃一个鸡蛋。看着手表，只煮五分钟。四川娘姨喊声：'鸡蛋下锅了！'她开始计时。我喜欢养鸡，我负责养鸡供应她，还替她杀鸡。"

我们五次访问金岳霖先生，亲眼看到他一次比一次思想活跃，气色更好。我们带去的《林徽因文集》手写本和林徽因在伦敦拍的大幅照片，使他欢呼雀跃，立即从斜躺姿势中坐起。当他翻阅到《八月的忧愁》这首诗时，大声叫好，朗读着："黄水塘里游着白鸭……"他告诉我们："这诗句她自己连续吟诵了好几遍才写下来的。"接着他默然无语，陷入沉思。他是在回味往昔的情景，回忆这位貌若天仙、才华盖世的女诗人。

第二次访问金先生。他斜躺在沙发上，看到我们立即坐起欢呼，抱拳作揖说："我最高兴的是看到她'黄水塘里游着白鸭'已写得这么长了。"他请求我们把林徽因那张手抚绣球花的照片送给他，还说："我要到福州去。"他实在太激动了。他那病弱的身体难以支撑这过度的兴奋。于是他斜躺在沙发上，闭目养神。我们静坐一旁等待着。小憩一会儿，他高声喊道："我想起来了！"他告诉我们："王府井原书画社，三层楼，上有旗杆的房子是梁思成设计的。林徽因搞室内装饰。梁思成画图很好，林徽因偏于美术。他们两人的结合真是太好了！"（梁从诫爱人方晶老师刚好在家，她补充说：那是荣宝斋书画社，现改为高级服装店）金先生边说边把放在沙发旁小桌上梁（思成）林（徽因）的合影、林的个人照片抽出来给我们看。那是林徽因年轻时的照片，非常漂亮。两张照片独放一处，伸手可得（想必是金先生为了随时要看）。

第三次访问金先生。见面第一句话是他先说的。他用福州方言叫："福州人！"显然他对往事的回忆如抽丝般慢慢抽出，声音也大了，病态减少了。这次我鼓起勇气问他：林徽因室内挂徐志摩失事飞机残骸碎片的传说是否真实？他答道："1931 年我在美国，不知道这件事。但是徐志摩总是想着林徽因的。他写'销魂今日进燕京'。他不度德，不量力。梁、林是世家，政治世家，研究系世家，两小无猜。徐志摩岁数大，怎么能这样呢？"讲完之后，金先生又补上一句，"我本不应该讲这些话，但是为了说明问题，不得不讲。"

金岳霖爱林徽因又爱梁思成。这种爱是伟大的。他关心他们的生活，抗日战争时期购买昂贵的进口奶粉和药品寄往李庄支援他们。他关心他们共同的事业。每当梁、林二人用英文写作而发生争论时，最后的裁定权是金岳霖。"哲学家的头脑"还缓解了梁、林二人日常不少的纠纷和烦恼。他爱梁、林的后代，晚年和梁从诫住在一起。

林徽因也爱金岳霖，曾为此而苦恼过。梁思成尊重她的选择。金岳霖由此悟出梁思成是真爱林徽因，不忍心介入。经此风浪，三人依然保持着亲密的、深厚的友情，直到生命的尽头。

　　人民文学出版社决定出版《林徽因》一书。我们距离上次访问金先生半年之后，1983年12月第五次到金先生家。我们央求金先生写一篇纪念林徽因的文章。金先生沉吟良久，缓缓地说："对于林徽因我不能说什么。我所有的话都只能对她说。这个文章我不能写……"接着他说："林徽因太了不起了。她说过，女人不能只讲美，应当有自己的事业。她还要研究历史，她特别推崇汉武帝。"

　　林徽因的学生王其明说，林先生指导她写毕业论文，她常去林家。见到林先生躺在病床上，金岳霖先生在旁念英文诗给她听。金先生很爱她。传说金先生为她而终身不娶。

　　常沙娜说，林先生曾将自己的罗曼史讲给她听，并且说这都是年轻时的事了。常沙娜还以郑重的、结论式的口吻对我们说："我感到他们都是正派人，情操高尚，学识渊博，十分难得。"

　　我和陈宇同志完全同意常沙娜的评价，因为我们在三年的访问中，也得出了这样的共识。

2000年9月15日

人间真君子

——漫谈林徽因、梁思成、金岳霖、徐志摩

即使世上倘有真君子，情场上也难有真君子。这个说法似乎有一定道理。然而民国年间，情场上却出现过一群真君子。他们是文化教育界的精英，他们从欧美留学归来。其名曰：林徽因、梁思成、金岳霖、徐志摩。都在北大、清华任教。

徐志摩与林徽因之父林长民是朋友。1920年，林徽因16岁时随父到欧洲旅行，在伦敦遇见徐志摩，当时徐已婚，并有子。徐不顾一切地追求林徽因，遭到林家姑母们的强烈反对，认为此举有辱门庭。追求不可能成功。1928年林徽因与梁思成在加拿大举行婚礼，婚后曾回福州探亲，后随梁思成一直在北京工作、生活。由于徐志摩的介绍，金岳霖认识了梁思成和林徽因。徐和金是好友，徐志摩与张幼仪在德国离婚，金岳霖做证人。徐志摩是为林徽因而离婚的，我和陈宇编《林徽因集》时曾访问过金先生。他批评徐志摩"不度德、不量力，他们（指梁林）是多好的一对呀"。但是，像金先生这样一位极理智的哲学家也不禁深爱着林徽因。他自称"逐林而居"，也就是说林徽因住哪儿，他也搬到哪儿住。中午饭由金先生雇的厨师做好搬到梁林家来吃，晚饭就在梁林家共餐。

1930年林徽因患肺病住在香山双清别墅疗养。徐志摩随陆小曼定居上海。他由上海来京探望她，住在香山旅社，每日由林徽因堂

中编

弟林宣陪同看望她。此时，林徽因开始写诗消遣。她早期的诗作明显是模仿徐志摩的。1931 年 11 月，林徽因应邀在北京协和礼堂对外国人士讲中国古建筑专题，徐志摩由上海赶来听讲座，不幸飞机失事遇难。梁思成、金岳霖赶到山东党山收殓，并带回飞机残片挂在室内纪念。四年之后，林徽因撰写《纪念志摩逝世四周年》一文，刊在《大公报》。他们情深义重，情谊高尚，令人景仰。真君子也。

抗战期间，梁、林、金都在昆明。梁、林在中国营造学社任职。金在西南联大教书。林徽因身体极度衰弱，金先生养鸡生蛋，专供林徽因补身体，帮她渡过难关。林徽因病榻寂寞，金先生诵读英语诗歌，为其解忧。他们心心相印，但从不逾矩。梁思成明知金岳霖深爱着林徽因，但从不有愠。我们采访林徽因最得意的学生、中央工艺美术学院常沙娜院长时，她说："他们都是品格最高尚的人，令学生们十分敬佩。"据梁思成第二任妻子林洙先生回忆：听梁先生说，有一天夜里林徽因突然向他哭诉说，她发现自己也爱着金岳霖，不知怎么办才好。梁先生说你完全有自由选择，如果你选他，我就退出。后来金岳霖听到这些话，便告诉林徽因："思成是真爱你的，我应该退出。"他们确是真正的君子。

萧乾先生告诉我们：1954 年参加北京市人民代表大会时，他遇到林徽因。林已经非常瘦弱了，双脚特别瘦小，要穿几双袜子。他叫了一声："林小姐。"徽因说："还小姐呢？都老太婆了。"那时她正帮助梁思成所领导的清华大学设计小组设计国徽图案与人民英雄纪念碑图案。不久林徽因就病倒了。

1955 年春，我在北京大学进修，每逢傍晚在未名湖畔散步时，都会遇见金岳霖先生端坐在自家的三轮车上，由车夫拉他出校门往清华园去。哲学系的学生们告诉我："他是去看林徽因，啊，对了，林徽因是你们福州人。"一代才女，故事多多，这使我暗立心愿要收集出版她的作品。

此后，政治风云变幻，心愿难以实现。直到 20 世纪 80 年代，我和陈宇都在福建师大中文系大学语文教研室共事，我们的科研题目毋庸置疑，立即选中了林徽因。我们以福州为起点，寻找她的堂妹林新声（戏剧家林天民之女），然后绘出路线图跟随林徽因的足迹走访上海、北京、西安、昆明等地，访问林徽因的亲友学生。在上海徐家汇藏书楼和北京皇城根图书馆旧报库待的时间最长。在那里要认真仔细地翻阅 20 世纪 30 年代的旧报刊，林徽因作品就散见在这些报刊上，她还没有出过专集。

我们收集到林徽因的 50 多首诗和十几篇散文、小说，抄写装订成册。萧乾先生来信夸我们"功德无量"，要我们立即送北京人民文学出版社。该社"五四"组负责人刘小沁说，我们要出这本书。刘小沁编辑也是个美女，熟识了以后，我告诉她，如果林徽因故事编成电视剧，她可以饰演林徽因。

为了使《林徽因集》更为圆满，我们想请金岳霖先生写篇文章。当他看到我们用宣纸订成的手抄本《林徽因集》时，马上从沙发上坐起来，容光焕发地喊起来，说："你们是福州人，我也想去福州。"接着又深情地轻声背诵林徽因《八月的忧愁》诗句。我们请他为这个集子写一篇文章。他低头轻声地说："我不能写，我有话只能对她说。"

据说，林徽因逝世后，每年生日，金先生都要为她做寿。客人到齐后，他的第一句话就是"今天是徽因的生日"，此时客人才明白他为何请他们来餐馆。但不知此举延续了多久，当时忘了问金先生。人们都知道金先生为了林徽因终身不娶。他对林的爱真是深如海洋，刻骨铭心，是真君子啊！

如今这几位人间真君子都到天上去了。但不知他们在天上是否重聚在一起，是否能演出比人间更精彩的一幕！

2016 年 1 月 22 日

中编

万里风霜访遗篇

——搜集林徽因作品及传记材料纪事之一

　　1954 年秋天的傍晚，北京大学燕园未名湖畔，三五成群的学子在悠闲地漫步着。那时北大的规模还不大，未名湖畔临湖轩至岛亭、静斋一带成为来自全国各省市的进修生课余最爱去的场所。那湖光塔影的美自不必说，吸引他们的还有一个原因：这闻名世界的最高学府、全国精英的荟萃之地，轶闻趣事可真不少。各系进修生们傍晚在这里散步、闲聊，的确可以增广见闻。

　　如果是傍晚 5 点钟左右在湖畔漫步，时常会遇到著名的学者、北大哲学系主任金岳霖教授。他端坐在一辆自备的三轮车上，不管是晴天还是阴天，头上都扣着遮光用的帽子，神情庄重而严肃。车夫为引起谈笑风生、漫不经心的人群的注意，不停地按着铃。目送这辆独特的三轮车渐渐远去，哲学系进修生便谈论起这位著名的学者来：他是清华大学建筑系教授梁思成、林徽因夫妇的密友，此刻刚从清华园梁宅喝茶归来。他们还保持着下午 4 时进茶点的英国习惯，边进茶点边谈论学术、交流思想……说话者看着我还补充上一句："林徽因是你们福州人，会画画，会写诗，是个才女，容貌极美。"

　　此后，每逢湖畔散步遇到这辆独特的三轮车迎面而来或从身旁驶过，我多少都能听到这三位著名学者的一些轶事趣闻。对于我们的这位福州乡亲林徽因教授的人品与文品逐渐有所认识。当时北大进修生们这样谈论她：

"30 年代已经盛传她是'一代才女'了！"

"她不仅是建筑学家，还是新月派诗人呢！"

"听说她学问渊博，口才超群，走到哪都能使四座惊服。"

"她还是我国国徽的主要设计者之一。"

"她的诗写得漂亮极了，文如其人。"

……

我怀着崇敬而好奇的心情，走进北大图书馆，想借林徽因诗集来读。翻遍卡片箱，细查目录索引，找不到林徽因的诗集。我不信北京大学的图书馆竟没有收藏她的诗集，于是便向副馆长梁思庄先生请教。梁先生既是北大图书馆副馆长，又是林徽因的小姑，她一定能帮我找到我所急切要读的书。谁知当我问她："为什么林先生没出过诗集？"她只凄然一笑。当时我不明白是什么道理，过不久就全然明白了。

过不久，对胡风"反革命集团"的批判见报了。对梁思成大屋顶的批判也见报了。接着是对《红楼梦》研究的批判……

再过不久，我辞别燕园，辞别那醉人的未名湖，回到福州来了。接着，更大的批判——所谓反右派斗争也来临了。梁思庄副馆长指点我去查旧报刊找林徽因的诗篇已经不可能实现了。不过，在辞别燕园时，我曾暗暗下了决心：将来一定要研读林徽因的作品，尽可能做些介绍工作，使我们福建有数的几位现代女作家不至于被历史的灰尘所遮蔽。

二

1983 年春天，《徐志摩诗选》《朱湘诗选》等重新得到出版，陆续与读者见面。学术界对新月诗派及其代表人物的研究文章渐渐增

中编

多，评价也日趋公允了。埋藏在我心底近 30 年的愿望突然萌发为一个积极的行为——搜集林徽因的作品、研究她的生平与创作。同教研室的陈宇老师愿意合作完成这个科研项目。

在林徽因的故乡进行对这位女作家的生平与创作情况的查访，只要问中了知情人，就会得到热情的帮助和指点。我们仅用 4 个月的时间，就在福州、厦门两地图书馆内查到散见于 20 世纪三四十年代旧报刊上的林徽因作品 60 多篇。在福州经过老一辈人的指点，找到了女作家的堂妹林新声。她十分热情地接待我们，全力以赴地加入我们的工作，提供了她珍藏数十年的极为难得的照片和信件；与定居上海、北京、西安等地的林家堂兄妹、表姐妹联系，为我们周密地安排访问的时间；不顾自己的病弱之躯，带领我们走街串巷寻找 1928 年林徽因第一次也是仅有的一次回福州时住过的地方……

将这 60 多篇用毛笔宣纸抄好的诗歌和复印出来的小说、散文装订成册，我们大胆地在封面上写着《林徽因文集》五个大字。带着它，还带着介绍信和"联络图"，1983 年 7 月 12 日我们登上"茂新"号客轮去上海，开始了进一步搜集林徽因传记材料和作品的工作。

林徽因是个特殊的人物。20 世纪 30 年代，她作为诗人、才女而名噪一时。40 年代后期至 50 年代前期，她作为建筑艺术家、教授而享有盛名。但是，她并没有留下文学创作集。记载她、评论她的文字资料极少，只能靠翻检旧书报和访问知情者来实现我们的计划。自 1983 年至 1986 年中的三次寒暑假，我们先后到上海、北京、西安、昆明、重庆、成都等地访问了林徽因的亲友、学生 40 多人，录音或笔录了丰富的传记材料，补充了不少在福建没找到的作品。1983 年 12 月 24 日，春城昆明百年不遇的大雪，我们遇上了。云南大学招待所水管冻结，食堂停炊，道路不通。我们被困在屋内，饥寒交迫却毫不在意，因为在云大图书馆发现了当年林徽因在这里出版的刊物上发表的一篇写抗日战争的散文。在北京图书馆皇城根旧报库，在上海图书馆徐家汇藏书楼，多少次午餐是用白开水加面包度过的。但如有所获，则饥渴顿消。

感谢林徽因的亲属，特别是比她年长 3 岁的表姐王稚姚老太太。王老太太的母亲林泽民携女常住娘家，是林徽因的启蒙老师。表姐妹自幼一起长大，一同受教育，在祖父的杭州官邸里共同度过快乐的童年，青年时代又同住北京城，一起参加松树胡同 6 号新月俱乐部的各种活动。这位表姐十分疼爱她那聪明美丽的表妹。虽然她已85 岁高龄，但还能记住她表妹举止言谈的许多生动细节，还能回忆起她表妹当年写诗的情景，解释诗篇中所蕴含的真实寓意……王老太太与其他被访问者不同，她一直催促我们多问。她说："你们一问，我就能答。"历时三年前后 12 次访问她。王老太太动情地说："我能将妹妹的事告诉你们，了却我的心愿，也对得起妹妹。"

老作家冰心、萧乾、卞之琳，老教授金岳霖、陈岱孙、钱端升、刘开渠，以及清华大学建筑系、中央工艺美术学院、北京建筑工程学院、西安冶金建筑学院的当年林徽因的学生，今已是有名的专家、教授的莫宗江、吴良镛、朱畅中、胡允敬、常沙娜、王其明、林宣、刘鸿典等人，听说我们要编林徽因诗文集，要搜集她的传记材料，都乐意挤时间接待我们，尽力提供他们所能回忆的一切。同时代人的多角度的回忆与后辈学生眼中的老师形象是那样的真切吻合，几乎是一笔描出的。这一致性，使人深深感受到诗人、建筑学家、教授林徽因人格的光辉。

我们在福建开始搜集资料时就得到老作家萧乾热情的支持。他在答记者问和一些文章中曾提到他是在林徽因的鼓励下从事创作的。因此，他最能体会出版林徽因作品的价值。他在来信中称做这项工作是"一大功德"。我们带着那本自抄自订的《林徽因文集》到他的寓所第一次和他见面时，他立即向人民文学出版社推荐此书稿。

1985 年 3 月，《林徽因诗集》由北京人民文学出版社出版了。这

中编

是将交给香港三联书店首版的《林徽因》（中国现代作家选集丛书之一）一书中的诗歌部分抽出先行印刷出版的。这本诗集的超前问世，是许多中国现代文学研究者与诗歌爱好者向往已久的事。该书的责任编辑刘小沁也在研究林徽因，有许多精辟的见解。她长得很漂亮。彼此熟悉之后，我曾直率地向她建议：请她找人合作为电视剧《林徽因》编剧，而她自己完全可以饰演主角——林徽因。

30年前在燕园未名湖畔常常遇到的那位金岳霖教授，1983年7月他已卧病在家，不大出门了。当两个陌生的来访者突然出现在他的面前，他惊愕得说不出话来。我们福州腔普通话的自我介绍一下子又不能使他听懂。急中生智，我取出那一大本手抄的《林徽因文集》，只听得他一声欢呼，全懂了……金岳霖教授与林徽因、梁思成教授风雨同舟十年，他告诉我们许多极有价值的传记材料。限于篇幅，留待将来单列撰写吧！

和泰戈尔合影的一位女士探秘

——搜集林徽因作品及传记材料纪事之二

从 1988 年 12 月到 1989 年 1 月的《人民日报》（海外版）和《光明日报》上，看到三篇报道故宫发现数帧泰戈尔与溥仪等人合影照片的消息。据我国印度学专家吴晓玲先生告诉故宫博物院紫禁城出版社副编审汪莱茵女士说，他也不知道泰戈尔进过故宫，与溥仪有接触，在印度参观泰戈尔博物馆时也未见到有关照片。中国末代皇帝溥仪在和印度大诗人泰戈尔在北京故宫里的合照被发现时，恰好印度总理拉吉夫·甘地在中国访问。中国政府将这帧照片翻拍放大，作为礼物赠送给拉·甘总理。印度总理高兴地接受了这一礼物，并对发现和考察这帧珍贵照片的人表示感谢。

故宫博物院汪莱茵女士连续撰文两篇介绍发现照片的经过及其意义。一曰《泰戈尔在故宫》刊 1988 年 12 月 17 日《人民日报》（海外版）；一曰《故宫发现泰戈尔与溥仪合影照片》刊 1989 年 1 月 28 日《光明日报》。在《泰戈尔在故宫》文中，她详细介绍了 1924 年 4 月底 5 月初泰戈尔在故宫分别与溥仪、郑孝胥以及颜惠庆等 12 人合影的三张照片。两张两人合影的照片是在同一地点拍的，其背景是御花园西部千秋亭东的四神祠前。泰戈尔与溥仪合影，溥仪在上，泰戈尔站在比溥仪矮一级的石台阶上，而泰戈尔与郑孝胥合影则泰戈尔在左，共同站在石阶下照的。作者还饶有风趣地探讨了泰戈尔之所以站在比溥仪矮一级的石阶上合影的原因："不知是因为泰戈尔的个儿比溥仪高半头呢，还是出于对逊清皇帝的尊重。"文中对照相的季节也做了分析："那是早春天气，溥仪穿薄薄的棉袍，四神祠房顶的瓦楞中间，仍能看到稀稀疏疏的越冬枯草。"

《泰戈尔在故宫》这篇文章附刊两帧照片。其一就是泰戈尔与溥仪合影。其二是泰戈尔与颜惠庆等 12 人的合影。文章介绍这照片的拍摄地点与人物时说，"那张 12 人的合影，从背景房屋看，显然不是在宫内拍摄的，可能是在庄士敦的住处摄下的"，"经过多方努力，这 12 位除其中一位女士之外，其余全被认出来了"。接着，文章按照片排列层次一一介绍了人物：

前排（坐）：泰戈尔（左）、颜惠庆（右，时任内阁总理大臣）。

前排（站）：任萨姆（左）、婉容的英语教师、林徽因（右）。

中排（自左至右）：徐志摩、伽梨陀莎·那伽（印度人）、思厚之（英国人，农学家）、沈摩汉（印度梵学家）、润琪（婉容弟弟，后来成为溥仪的妹夫）、难达婆薮（印度画院院长）

后排（自左至右）：不详（左）、庄士敦（右）。

这位与庄士敦同站在后排的不详女士究竟是谁呢？故宫博物院工作人员"经过多方努力"还是没有认出她来，足见考证之难度了。

难度在于目前知道泰戈尔 1924 年春进宫拜会溥仪这件事的人太少了。也许可以说现在世界上只有一个人知道。这人就是林徽因的表姐王稚姚老太太。她今年已 88 岁高龄了。照片中那位女士就是她的亲姐姐王孟瑜。

1983 年至 1986 年的几个寒暑假，为了搜集林徽因的作品和传记材料，我与项目合作者陈宇同志几度进京访问林徽因的亲友，其中访问次数最多的就是王稚姚老太太。记得有一次她从她参加过新月社的活动谈起，谈到泰戈尔来北京这件事。她还向我们解释了她们几个表姐妹为什么总在一起活动的原因。她说她们表姐妹从小就住在一起，感情特别深厚。她的母亲林泽民是林徽因的大姑母。林徽因的祖父在杭州做官时，林泽民经常携女长住娘家。这位大姑母还是林徽因的启蒙老师。表姐妹们一块儿读书、嬉戏，度过欢乐的童年。1916 年迁居北京后，她们又一起就读于英国教会办的培华女中。这所学校所有课程都用英文讲授。林徽因的良好英语基础就是在这个时期形成的。1920 年林徽因随父亲林长民赴欧洲游历。他们先在伦敦住下，然后去欧洲大陆旅行。父女二人先后访问了巴黎、日内瓦、罗马、法兰克福、柏林、布鲁塞尔等城市，两个月后仍回伦敦居住。林徽因跟随着既是当时的政要人物又有诗文名气的父亲出入社交圈子，结识了许多名人，包括正在英国留学的徐志摩。她还进伦敦圣·玛利学院读了一年书，1921 年 10 月随父回国。

1923 年徐志摩、胡适等人在北京松树胡同 6 号成立新月社。林长民、林徽因、梁思成等均参加新月社活动。早期的新月社是以戏剧活动为主要内容的文学团体。林徽因常常邀请她的表姐王孟瑜、王稚姚、曾语儿（她的四姑母林丘民的女儿）一道参加新月社举办的各种文学、游艺活动。四姐妹人品出众、形影不离，被当时的社交界绰号为"四小金刚"。

印度诗人泰戈尔 1924 年 4 月 23 日到达北京时，北京文化学术界在天坛草坪上开欢迎会。泰戈尔发表演说，由林徽因担任翻译。5 月 8 日新月社同人在北京协和礼堂举办晚会庆祝泰戈尔 64 岁生日。胡适、梁启超发表祝寿演说。泰戈尔致谢辞。文艺节目开始前，由林徽因饰一古装少女瞭望"新月"的造型图案，作为新月社的标志。接着，由林徽因主演泰戈尔的著名抒情诗剧《齐德拉》。林徽因饰公主齐德拉，张歆海饰王子阿朱那，徐志摩饰爱神玛达那，林长民饰春神伐森塔。张彭春担任导演，梁思成担任布景。当时剧本尚未翻译，系用英语演出。5 月 10 日《晨报》详细报道演出盛况。关于赞誉林徽因的有"父女合演，空前美谈"，"林徽因女士态度音吐，并极佳妙"等语。

在这样的背景之下，泰戈尔进宫拜会溥仪的陪同人员中有年轻的女学生林徽因是十分自然的事了。而林徽因当时参加社交活动的习惯是"四小金刚"形影不离，所以她的表姐王孟瑜也成为陪同人员之一，就不难理解了。

王稚姚老太太告诉我们，当时她正怀着孕，所以不能参加。她的姐姐王孟瑜去了。事后她还听说溥仪见到泰戈尔时递给他一个大梨。顿时，泰戈尔不知所措。溥仪自己则大嚼起来，果皮扔在地上……

我们在搜集资料的过程中，见过林徽因与泰戈尔的合影，但没见过这张12人的合影。感谢故宫博物院朋友们的钩沉发掘并及时公之于世。我们1986年编成的《林徽因年表》记载她1924年4—5月间的活动时，曾写道："泰戈尔在京期间曾由徐志摩、林徽因、王孟瑜、曾语儿等人陪同前往拜会溥仪。"（见《福建师范大学学报》1987年第1期）对照故宫博物院新发现的有关照片，陪同者不只徐、林等人，而且林徽因的另一位表姐曾语儿根本没去。这个差错可能是受四姐妹形影不离的影响而想当然所致。这件事说明了研究历史人物，特别是像林徽因这样在20世纪30年代极负盛名，但由于种种原因没有留下一页可供参考的传记材料的历史人物，搜求、挖掘有关的实物资料是何等重要的一项工作。

1989 年

庐隐的恋爱与婚姻

鲁迅的小说《伤逝》已拍成电影上映。这部描写知识分子爱情、婚姻问题的名篇，和他写的《幸福的家庭》一样，都发表于 20 世纪 20 年代中期，也正是庐隐和郭梦良耽于组织小家庭的那个年代。当然，庐与郭的情况不同于鲁迅这两篇作品中的男女主人公，然而他们盲目地恋爱，只重主观感情、不顾客观实际，婚前充满美丽的幻想，婚后一一破灭的情况则是相似的。

庐郭的恋爱悲剧，反映了五四时期知识分子盲目追求个人幸福的必然结果。由于庐隐的作品描写男女恋爱的篇幅不少，又由于她与使君有妇的郭梦良结婚，不久郭竟一病不起，个人的恋爱与婚姻罗曼蒂克，所以当时庐隐即被扣上"浪漫女作家"的头衔。有一家法文报纸曾直称她为"中国浪漫的女小说家"，大概也就是这些缘故。

其实，庐隐的生活态度貌似浪漫，实则严谨。从她逝世以后朋友们所写的回忆文章中就可以看出这一点。

庐隐在五四初期的"学生会时代"认识了同乡郭梦良。庐是女高师国文系的高才生，郭是北大哲学系的高才生。两人从政治活动到学术探讨都很相投，因而产生了爱情。可是，郭梦良在福州近郊郭宅乡中已娶了妻子，庐隐怎么办呢？她苦闷、彷徨，理智与感情一直交战。她害怕舆论的谴责，"含沙射影，使人难堪"。她想拔出

中编

慧剑斩断情丝，然而她不能，她太重感情了。最终她下了决心："我觉得宛转因物，为世所称，倒不如行我所适，永垂骂名。"她决心不为世俗所拘，冲破阻碍她实现自由恋爱的重重罗网。她以为主观情感可以战胜一切。当郭梦良向她透露准备和家中妻子离婚时，庐隐凄然劝道："身为女子已经不幸！若再被人离弃，还有生路吗？况且因为我的缘故，我更何忍？所谓我虽不杀伯仁，伯仁因我而死……我生平主张精神生活，我们虽无形式的结合，而两心相印，已可得到不少安慰……"《海滨故人》中露莎对梓青说的这段话，就是庐隐自己向她的爱人郭梦良说的。《海滨故人》是庐隐的成名之作。它带着明显的自传的性质，记载了作者充满矛盾的恋爱史。

1923年庐隐与郭梦良在上海一品香旅社结婚了。庐隐在自传里写到婚后的心情："我的心情是复杂的，一方面我是满足了——就是在种种的困难中，我已和郭君结了婚；而一方面我是失望了——就是我理想的结婚生活和我实际的结婚生活，完全相反。"婚后半年所写的短篇小说《胜利以后》也吐露了她此时的幻灭之感。作品的主人公反复说着："胜利以后只是如此呵！""这也是她奋斗所得的胜利以后啊！——只赢得满怀凄楚，壮志雄心，都为此消磨殆尽呵！"值得注意的是庐隐笔下的女主人公冷岫也是与有妇之夫结合，所以她很快就感到幻灭了。借此文，庐隐表达了由于郭梦良不完整的爱所产生的抑郁、悔恨的心理。

1925年郭梦良在上海病逝，庐隐抱着襁褓中的女儿运灵柩回故乡安葬。当时她与郭梦良的前妻同住郭家在福州城内东街所开的一家纸行后面的房子里。庐隐自3岁离开家乡后，这才第一次回来。面对如此尴尬的家庭现状，素有"不羁的野马"之称的庐隐怎能忍受得了？她的心情自然恶劣极了，对福州的一切都看不惯，只有到鼓岭避暑那一段生活，才使她感到重新获得了自由。她在福州写的短篇小说《灵海潮汐致梅姐》中，描述了她这次回乡"心灵怎样被捆扎"的具体情景。半年之后她就离开了福州。最近，庐隐的女儿郭薇萱告诉笔者：1934年庐隐在上海逝世后，她回到福州就跟着这一位母亲生活。前两年，她的这一位母亲才去世。

从当时的局面看来，即使郭梦良健在，庐隐也不会幸福的。庐隐盲目追求自由恋爱，不但牺牲了自己，同时也担当了"不道德"的罪名，而且很快地就自食苦果。真是彼苍者天，曷其有极！

1930年，庐隐经过了长期的徘徊后，终于与比她小11岁的江西诗人李惟建同居了。《云萝姑娘》这个短篇就是写她与李惟建恋爱的心理过程。庐隐曾经自叹过此举的愚蠢："她想她自己的行径，真有些像才出了茧子的蚕蛾，又向火上飞投。"她到底还是向火上飞投了。不过，她这一次倒过上三四年安静的日子，还生下一女，取名瀛仙，大概是纪念她与李惟建去日本度蜜月这一段生活的。1934年5月13日，庐隐不幸因难产而逝世。

庐隐的恋爱与婚姻，不仅遭到当时一般人的非议，连她亲近的朋友也不能理解她。庐隐的同学、老作家苏雪林在《关于庐隐的回忆》中曾写道："1930年我到安庆安徽大学教书，会见舒畹荪女士和吴婉贞女士（《海滨故人》中的朱心悟）。谈到庐隐时，二人都评她太浪漫：从前与使君有妇的郭君结婚已是大错特错，现在又与年龄相差甚远的李君恋爱。"不过后来苏雪林到上海访问庐隐，亲眼看到她与李惟建过着相当恬适的生活，这时她由衷地感到："庐隐饱经忧患的寂寞心灵是应当有这样一个人给她以温柔安慰的。"

最近看到一些海外评论庐隐的书刊，几乎都有为她的早逝而惋惜的文字。有一篇评论写道："……才人多不寿，文学史上多的是这样使人伤心的记载，而倘若庐隐在遭到爱情的重创之后，重寻海滨旧侣，不再为情丝所牵，又怎会在春秋正富之年，遽然辞世！"这可能代表一部分人对庐隐的恋爱与婚姻问题的又一种看法。

1980年台湾出版的《中国近代作家与作品》（林海音编）一书

中编

· 249 ·

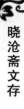

中，曾提到李惟建数年后又续娶另一黄姓女子，"以后他们及庐隐留下的二女的消息，便无人得知了"。（见该书第 130 页）据郭薇萱的回忆，她的同母妹妹李瀛仙后来跟随李惟建去台湾。她告诉笔者，最近她更热切地盼望得到妹妹的信息。郭薇萱已经做外祖母了。在福州仓前山一座名为"积雪山馆"的小洋房里，舒适地住着她一家人。她正等着妹妹有一天翩然归来呢。

庐隐的"宝宝"在福州

　　冰心和庐隐是五四运动期间同时出现在中国新文坛上的两位著名的女作家。她们都是福建人，都在北京上大学，第一篇作品都是受五四运动的激励，怀着紧张的试探心情，从大学的课堂里投向北京、上海的报刊的。

　　不幸的是，庐隐在20世纪30年代中期就过早地逝世了，只留下《海滨故人》、《曼丽》、《归雁》、《云鸥情书集》（与李惟建合著）、《女人的心》、《象牙戒指》、《庐隐自传》、《灵海潮汐》、《东京小品》、《玫瑰的刺》等10个集子。庐隐逝世不久，抗日战争全面爆发。8年离乱之后，又接着3年内战。在烽火连天中，她的著作不可能正常地重版。1949年后，百废待兴，一时还顾不上整理、重版她的著作，再加上极"左"思潮的影响，庐隐自然也就更不为人们所知了。

　　今天的中国文坛思想解放多了。目前，在大学教科书《中国现代文学史》中，在新编《中国文学家辞典》上，庐隐开始占有一定的篇幅了。有影响的杂志上出现《庐隐传》的连载。高等学校的文学研究项目中也有人要写《庐隐论》了。这真是可喜的现象。一个在文学史上有过贡献的作家，是不应该被人忘记，更何况她又是20年代寥若晨星的几个女作家中之一。

　　人们研究庐隐，同时也自然而然会想起她的家庭。庐隐结过两次婚。第一次和福州的郭慕良，生了女儿郭薇萱，不幸两年后，郭

中编

慕良就病逝了。第二次则和李唯建结婚，生了一个孩子，现在大概住在美国或是中国台湾。那么，庐隐在作品中昵称为"宝宝"的郭薇萱，现在究竟在哪里呢？

郭薇萱和她的一家现住在福州风景区仓前山聚和路的一座名为"积雪山馆"的西式楼房里。那天她亲自出来为我开门，给人的第一个印象是：虽然年纪已经57岁了，但举止敏捷，性格开朗，令人油然想起爽朗豪放的庐隐。她现在仓山第三中心小学教语文，她的文学根底好，因此得到学校师生的好评，她的丈夫在外县邮电局任职，共有一男一女，都已成家并在工厂工作。

郭薇萱至今还感到很遗憾。1934年庐隐在上海病逝后，她便住到当时在上海银行任职的二舅父家里。不久，郭家派人去上海把她接回福州，那时她才10岁，还不懂得应该把母亲的遗物带一些回来留作纪念。现在她身边只珍藏着一张母亲的半身照片，连她父母合照的相片都没有，其他的书籍、文稿等更不可能有了。她一再叹息着说："我那时年纪太小了啊！"

郭薇萱清楚地记得，她的父亲郭慕良1925年在上海患伤寒病已经快好了，由于忍不住饥饿，吃了一碗"饭汤"（即泡饭，福州人称"饭汤"）后，突然转危而致死的。那时她还未满周岁，大家都叫她"宝宝"。当她的父亲垂危时，母亲抱她到床前，请他为她取名。郭慕良自知必死，将她取名"唯萱"，后来才改成"薇萱"。她的祖母曾经专程到上海探望她父亲的病。郭慕良是郭家的长子，郭家对他是相当重视的。当时郭家的经济很充裕，对长子是绝不会吝啬的。所以郭薇萱认为早年有些文章涉及这一段历史时，把它写成是郭家反对她父母的结合，经济上加以胁迫，以致他父亲不得不为生活奔波，积劳成病，患了肺病而早逝，这是不符合事实的。

父亲死后，郭薇萱随母运灵柩回到故乡，那时她才周岁。半年后，母亲又带她漂泊到北京、上海等地。1930年她跟着母亲到日本去。这时她已6岁，异国的风光还依稀记得。回国后又在杭州住了一段时间。她还记得作家孙福熙与她们同赁一屋。夜间她常常在客人未散时就躺在椅子上睡觉了。孙福熙曾为她画了一幅"宝宝熟睡图"。后来，她又随母定居上海。至今她还牢牢地记住上海那座带花园的小洋房是在愚园路愚园弄24号。

"积雪山馆"三楼卧房的墙上挂着一幅工笔人物画。作者署名"黄湘"。郭薇萱告诉我，这是她的姨母——庐隐唯一的亲妹妹黄湘所画的。黄湘擅长绘画、音乐，早年也住在上海，去年才殁于福州南后街寓所。要是早一点知道黄湘也在福州该多好啊！她只小庐隐两岁，一定知道许多《庐隐自传》里来不及写下的生动故事。可惜，晚了！

中
编

秋瑾·福建·诞辰

　　鉴湖女侠秋瑾籍贯浙江绍兴，以绍兴城的名湖——鉴湖自号。她就义于绍兴城的闹市轩亭口，至今纪念碑亭仍巍然矗立街心。秋瑾的故居在绍兴县和畅堂 23 号，现已辟为纪念馆，和绍兴的周恩来故居、鲁迅故居同样受到人们的瞻仰。秋瑾牺牲后，埋骨杭州西湖畔。她在世上只度过 29 个春秋。除了在湖南结婚，居住过北京，后来去日本读书外，她主要活动于江、浙一带，办杂志，兴学堂，奔走呼号，宣传革命。

　　那么，秋瑾与福建有什么关系呢？她到过福建吗？

　　在秋瑾亲密的同志、同学陶成章、徐自华等人为她撰写的传记、墓表里，都载有"幼随其父宦于闽"和"少长闽中"（见《秋瑾集》，中华书局 1962 年版）等语。秋瑾少时到过福建，这已见载籍。但福建还是秋瑾出生地这一点，人们也许就不甚其详了。秋瑾于清光绪五年（1879）诞生于福建省云霄县。她的祖父秋嘉禾（字鹭轩）当时是云霄县令。这个事实对于认识、了解这位在辛亥革命前夕为革命抛头颅洒热血的女英烈秋瑾，也许并不怎么重要，但是，它却关系着秋瑾烈士传记材料中的一项重要的史实——她究竟生于何年？

　　徐自华《鉴湖女侠秋君墓表》载秋瑾就义时"年仅三十有三"。陶成章《秋瑾传》则书"瑾死时年三十一"。秋瑾的生年在她被害（1907 年）后不久，她的朋友们写的纪念文字中已有出入。后人所写的传记或有关文章，多采取秋瑾殉难时 31 岁这一说，断定她的诞生年为清光绪三年（1877）。

绍兴县文物管理委员会工作人员在整理、充实秋瑾故居文物之时，深感烈士的生年有进一步研究的必要。他们派人专程到福建云霄查阅云霄县志及其他有关资料，证实了秋瑾祖父 1878 年任云霄知县。秋瑾在她的祖父上任的第二年诞生，她的生年应为 1879 年。她就义时才 29 岁。

秋瑾故居中高悬伟大的中国革命先行者孙中山先生的亲笔题书"巾帼英雄"和周恩来亲笔书写的题词"勿忘鉴湖女侠之遗风，望为我越东女儿争光"，这是中国历史上伟大人物对秋瑾的高度评价。

秋瑾不仅是中国辛亥革命时期著名的女革命家，也是一位重要的革命民主主义诗人和作家。她在戎马倥偬之际，还写作了近 200 篇诗、词、歌、杂文等作品，其中绝大部分是鼓吹革命、抒发革命情怀的。如《黄海舟中日人索句并见日俄战争地图》一首云："万里乘风去复来，只身东海挟春雷。忍看图画移颜色，肯使江山付劫灰！浊酒不销忧国泪，救时应仗出群才。拼将十万头颅血，须把乾坤力挽回。"她的咏梅名句"孤山林下三千树，耐得寒霜是此枝"虽不写革命，却抒写了革命者的风度。

1907 年 7 月 13 日秋瑾不幸被捕。在刑庭审讯时，她不吐一词，只手书"秋风秋雨愁煞人"七字。秋瑾就义后，绍兴卧龙山上和杭州西泠桥畔都修建了"风雨亭"，纪念烈士坚贞不屈、视死如归的英雄气概。

秋瑾烈士墓在杭州西泠桥畔，与岳飞坟相去不远，都是人们争相瞻仰的地方。

中
编

冰心与郑振铎

　　冰心与郑振铎是两位著名的福建作家，原籍都是长乐。他们之间有着深厚的乡情和友谊。

　　五四运动时，他们都在北平读书。郑振铎读铁路管理学校，冰心读协和女大预科。因为是同乡，又都参加学生运动，有机会相识。郑振铎年长两岁，经常在集会上纵谈国事和讨论哲学、文学问题。冰心却显得有点羞怯，对郑振铎那诚恳、刚正与率真的性格，颇有好感。1919年，郑振铎与瞿秋白、许地山等共同创办《新社会》杂志，正式投入社会活动和文学活动，不久又到上海编辑《小说月报》。冰心在北平则写了《两个家庭》《斯人独憔悴》等许多小说，不断向《小说月报》投稿。1920年，冰心又和福建作家许地山、庐隐等，参加了郑振铎和茅盾等发起的文学研究会。

　　1931年，冰心和郑振铎同在燕京大学任教，来往十分密切。当时冰心患病，常卧床榻。郑振铎便将家藏的百来部章回小说借给冰心病中消遣。数十年后，冰心忆起这一段生活时说："振铎在中国旧小说的阅读方面，是我的一位良师益友。"郑振铎与鲁迅共同编印了《十竹斋笺谱》，印成之后，送冰心一部，对她说："这笺谱的第一部是鲁迅先生的，第二部我自己留下了，第三部就送给你。"

　　1936年秋，吴文藻与冰心夫妇赴美途经上海时，郑振铎邀请茅盾、胡愈之等一起为他们饯行。席上摆满了郑振铎母亲亲手做的福建菜，给冰心留下极深的印象。

1951 年，冰心由日本回到北京。这时郑振铎已是中国科学院文学研究所所长和文化部副部长了。郑振铎热烈欢迎冰心归来。久别重逢，冰心觉得郑振铎"精力更充沛、勇气更嘉、想象力也更丰富了"。

这两位好友虽然在生活环境、创作道路和思想性格等方面各不相同，但是也有许多类似之处。他们都是五四运动的健儿，在中国现代文学史上都占有重要地位。他们都是作家兼翻译家；对外国文学都有很深的造诣；都特别热爱印度大诗人泰戈尔的作品。早在 20 世纪 20 年代，郑振铎就发表了《泰戈尔传》，介绍了泰戈尔的《飞鸟集》和《新月集》。冰心 20 年代写的诗集《繁星》《春水》也明显地受到泰戈尔《飞鸟集》的影响。50 年代，冰心访问印度之后，也翻译了泰戈尔的《吉檀迦利》和《诗选》。冰心和郑振铎都热心儿童文学。郑振铎于 1922 年创办了中国最早的儿童读物《儿童世界》周刊。冰心则有 20 年代的《寄小读者》、50 年代的《再寄小读者》和 70 年代的《三寄小读者》，成为中国最著名的儿童文学家之一。

1958 年 10 月 1 日，冰心和郑振铎偶然相会。郑振铎告诉冰心，他要率领文化代表团出国访问。冰心说她也要参加一个代表团到外国去。郑振铎笑着说："你不是喜欢我母亲做的福建菜吗？等我们都从外国回来时，我一定约你们到我家去饱餐一顿。"谁会想到，这次谈话，竟成永诀？16 天后，郑振铎率领中国文化代表团访问阿富汗途中，因飞机失事，不幸遇难。

今年，冰心已是 81 岁高龄了。三年前，她在《追念振铎》一文中说："为了悼念我所尊敬的朋友，我必须尽上我的全部力量，去做人民希望我做而我还能做的一切事情。"她不顾年老多病，正在孜孜不倦地从事写作和翻译。

中编

· 257 ·

同留青冢向黄昏

——由巴黎茶花女墓和南京李香君墓所想起的

　　世界文学史上取妓女为正面主人公的作品，一两百年来活跃在舞台、银幕上，并脍炙于人口而经久不衰者，当推 19 世纪法国小仲马的《茶花女》与我国清代孔尚任的《桃花扇》。这两部名著中的两位女主人公在世界的两大名城——巴黎和南京还留下了她们的茔地，这恐怕也是世界文学史上绝无仅有、确切地说是无独有偶的事了。

　　《桃花扇》写于 17 世纪末叶。作品以侯方域、李香君的爱情故事为线索，反映了明朝末年腐朽、动荡的社会现实，以及统治阶级内部的矛盾和斗争，是一出写南明王朝兴亡的历史剧。《茶花女》的写作年代要晚一个半世纪。作品以阿尔芒和玛格丽特的爱情故事为线索，反映了法国七月王朝时代，特别是 1840 年基佐组阁之后，金融贵族掌权，法国上层社会极其腐败、糜烂的现实。两部作品都曲折生动地描写了男女主人公悲欢离合的际遇和生死不渝的爱情，都谴责了达官贵人利欲熏心、荒淫无耻的罪恶行径。作品抒情气氛浓郁，富有批判精神，照出了时代的面目，因此赢得了许多读者和观众，成为传诵千古的名篇。

　　当然，作品最动人心魄的是女主人公的形象及其悲剧的命运。李香君和"茶花女"生活在封建社会和资本主义社会的最底层。秦淮旧院和巴黎勾栏并没有染污她们洁白的灵魂。两部作品的作者都把他们笔下的女主人公——秦淮名妓和巴黎名妓写得比周围的人崇高。作品批判的对象达官显宦、公爵伯爵们自不必说了，与女主人公出身差不多的下层人的精神面貌也不如她们，就是作品的男主人公比她们也要矮了一头。

例如：《桃花扇》"却奁"这一场写李香君何等深明大义。她责备侯方域在阮大铖的重金收买面前所表现的动摇："官人是何说话，阮大铖趋附权奸，廉耻丧尽，妇人女子，无不唾骂。他人攻之，官人救之，官人自处于何等也？"她坚决辞退阮大铖假手他人为她置办的妆奁，并以鲜明的政治态度影响侯方城："官人之意，不过因仙助俺妆奁，便要徇私废公；那知道这几件钗钏衣裙，原放不到我香君眼里！脱裙衫，穷不妨；布荆人，名自香。"李香君要的是令节香名，她视财物如粪土！后来她不肯事权奸，"溅血点作桃花扇"。接着又当面责骂马士英、阮大铖之辈："堂堂列公，半边南朝，望你峥嵘。出身希贵宠，创业选声容，后庭花又添几种。"李香君这种深明大义，坚贞不屈，"碎首淋漓不肯辱于权奸"的反抗精神，使她成为我国戏曲舞台上最光辉的妇女形象之一。

"茶花女"玛格丽特使人敬重的也是她那颗高尚的心。她生活在泥淖之中却不甘堕落，为了获得严肃的爱情，被迫做出了非寻常人所能忍受的牺牲，直至以生命殉之。玛格丽特与李香君一样的纯洁、真挚，在她的面前，那些公爵、伯爵们显得多么渺小卑屑！那个满脑子资产阶级偏见、极端冷酷自私的税收员、阿尔芒的父亲，道貌岸然、振振有词地与她"谈判"，却经不起玛格丽特道德光芒的照射，顽固而虚伪的面目须眉毕露。阿尔芒是真诚地爱着玛格丽特的。他不是逢场作戏，而是和玛格丽特一样严肃地对待他们之间的爱情。但是，与玛格丽特为证实这严肃的爱情所做的自我牺牲相比，阿尔芒只顾报复的举动，显然使他要矮了一截。

孔尚任和小仲马在那种乌烟瘴气的社会里，敢于用自己的笔讴歌被侮辱与被损害的妓女，写她们的道德品质比那些上层社会的老爷们不知要高出多少，这的确是十分难能可贵的。世界文学中以妓女为主角的著名作品远不止这两部，然而最能给人以美感的首推这两部，因为它不但写出了历史的与思想的深度，而且塑造了道德纯洁、感人至深的女主人公形象。

也许正是这个原因吧，李香君和玛格丽特在文学作品中、在戏剧舞台上有着永恒的艺术魅力。也许正是这个原因，巴黎北部蒙马尔特公墓中的茶花女墓和南京东北郊栖霞山的李香君墓，不仅表示着人们的纪念，还证明着这两部名著的真实性。

"茶花女"和李香君都是实有其人的。法国对于小仲马和《茶花女》的研究比较多，资料也很丰富。从法国传记作家阿·莫鲁阿写的《三仲马》一书和法国《历史》月刊 1981 年 7 月号的材料来看，可以断定《茶花女》的女主人公玛格丽特就是当年曾与小仲马热恋过的巴黎名妓玛丽·迪普莱西。1847 年"茶花女"逝世后，小仲马怀着满腔激情，仅用一个月时间就写成小说《茶花女》。1849 年的一天，小仲马到玛丽·迪普莱西墓前痛哭，回家后又以 7 天的惊人速度写出了同名剧本。小仲马在小说《茶花女》的第一章开头就写道："我请读者相信这个故事的真实性，故事中所有的人物，除女主人公以外，至今尚在人世。"当然，文学作品是不能排斥虚构的。进一步研究其虚实成分，从而探讨文学创作的规律，是一个有价值的研究题目。

孔尚任在《桃花扇》第一场"先声"中，也指出他的这一出戏"就是明朝末年南京近事。借离合之情，写兴亡之感，实事实人，有凭有据"。我国重视小说戏剧还是近代的事，在古代这一类文学体裁是不登大雅之堂的。因此，有关李香君的生平资料留下的不多。不过，从清朝文人写的稗记中还是可以找到一些的。孔尚任的朋友张潮所辑的《虞初新志》收了侯方域的《李姬传》。这篇小传侧重记李香君深明大义劝侯公子识别忠奸拒绝阮大铖收买一事。篇末有张潮的按语："吾友岸堂主人作桃花扇传奇，谱此事。"比侯方域早生两年、原籍福建莆田、流寓南京的清初戏曲评论家余怀，在所著的《板桥杂记》中记叙了李香君的容貌性格、却奁的经过以及血溅定情宫扇等轶闻，并说：侯方域"感之为作李姬传"，"孔云亭谱桃花扇传奇记其事"。这部笔记还为柳敬亭、李贞丽等《桃花扇》的其他人物立传。这些记载或可佐证上述孔尚任所说。在《桃花扇·凡例》中孔尚任还写道："朝政得失，文人聚散，皆确考时地，全无假借。至于儿女钟情，宾客解嘲，显稍有点染，亦非乌有子虚之比。""稍有点染"即艺术的虚构。这是在生活真实的基础上的虚构，并非乌有子虚。《桃花扇》与《茶花女》一样，既是写真人真事，又是经过作家艺术加工的文学作品。

巴黎茶花女墓的建造特色是突出这位长眠者生前喜爱茶花这个特点。墓碑的正前方悬挂着一个一尺见方的瓷制靠垫。靠垫周围是黄釉绦带，中间是淡紫色的凸花垫心。垫心上斜放着一枝淡粉色的茶花，除两朵盛开外，还有五朵小花蕾。在嫩绿枝叶的衬托下，这几朵茶花显得格外妩媚。花枝下面是一张折角的白色信纸，纸上仅有个秀美的"怨"字。墓碑的右侧正上方，也有绿叶扶持着的两朵深红色瓷制茶花，栩栩如生。墓座周围摆满了鲜花，其中有几盆是塑料做的红、白色茶花。这样，不管春夏秋冬，茶花女墓上永远盛开着各色茶花。百余年来这座墓吸引了无数的世界各国的旅游者，小仲马和《茶花女》的崇拜者。法国近期《历史》杂志还记载着这个消息："辞世已百余年的茶花女仍然使今日的男士们倾倒。在她的墓前总可以看到一束束新献的艳丽茶花。"巴黎茶花女墓成为世界文学中超越世纪的一个生动的事件。

据说南京栖霞山盘山公路西侧的名胜"桃花涧"附近有桃花扇亭和李香君墓。新出版的《南京游览手册》还有文字记载。上月我到南京开会，顺便登栖霞山探胜。素以六朝胜迹著称的栖霞山和栖霞寺，四面重岭似伞，枫树千木障天，奇石嵯峨，泉水清澈，堪称"金陵第一明秀山"。山上风景殊绝，历史胜迹极多，可惜不知李香君墓在什么地方。我问过担任导游的南京市文物管理委员会的同志，他说史籍上有李香君墓的记载，将来或许会发现的。是的，我相信将来。我们五千年文明古国的广袤大地底下，不知深藏着多少历史文物。将来如果修复李香君墓，饰以鲜艳的桃花，那么，李香君和"茶花女"同留青冢向黄昏将成为世界文学史上最动人的美谈，将使得《桃花扇》和《茶花女》更加生色生辉。

怀念"青商"时代

  "青商"时代是我的中学时代。从初中到高中，从 1939 年到 1945 年，从 13 岁到 19 岁，我都在永泰县台口村"福州私立青年会商业职业学校"（简称"青商"）度过。抗战 14 年，我们在台口 6 年。台口山清水秀，为了抗战，老师、同学背井离乡聚在一起，弦歌不绝，倍感温馨。

  我至今还清晰地记着那美丽幽静的大樟溪从台口村边缓缓地流过。黄昏课余散步的最好去处也就是这条溪流所穿过的山谷中这块平地。宽阔的溪面上架着独木桥，是台口村通往永泰县城的必经之地。我们黄昏散步时常常会遇见校工"乌犬"（当地人不知他的大名）挑着货担轻轻松松地走过那长长的独木桥，货担里装满黄豆、面酱、大头菜，煤油之类的日常生活物品。台口是穷乡僻壤，要改善生活，必须到县城采购。所以一看到"乌犬"挑担回来，我们就知道明天有黄豆煮酱这盘"美味"了。同学们吃饭都很规矩，举箸夹豆，最多两三粒。有一位女同学控制不住自己，多夹一次，约有七粒，便被戏称为"七星女"。这种可笑的细节，同龄人都会记住，并引以为戒。

  "青商"时代可记可忆的事太多了。我记得我们最讨厌人家说"青商"是"学店"，是培养小老板（老板仔）的学校。是的，学生中商家子弟较多，我们家族就有 8 个子弟在此就读，家里都是开布

中编

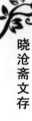

店的。但是商家子弟也一样志存高远、刻苦读书。大多数人都事业有成，不辱母校。这也是不争的事实。

我感谢"青商"母校培育了我，使我从小就知道自由的心灵与友善的精神之可贵。我在台口村就立下长大要当语文老师的志愿，因为只有修读语文才能充分理解心灵的自由，只有老师这个职业才能充分发挥友善的精神。因此在台口，除学好商业课程外，课余时间我还跟随语文老师杨在纲修习古文名篇，有时也写点小文章投向当时的《南方日报》。

抗战胜利了，"青商"从台口迁回福州，我正好高中毕业了。由于中职课程的缺陷，我经过一年的补习与苦读，1946年才勉强以全班最低分（试读生第三名）考取华南女子文理学院文史系。

能进入华南女子文理学院文史系，我的语文老师梦就能实现了。后来我果然留校当老师，再后来华南、协大合并成师院，我成为培养老师的老师了。再再后来，我退休了，又在余宝笙老师的带领下创办新华南——华南女子职业学院。我又有机会当老师了。直至现在我仍坚守在我所挚爱的教育岗位上，当一名我感到终生"乐此不疲"的老师。

是青山绿水环抱的台口村使我从小就有着清醒的头脑，懂得要立志当语文老师，是国难当头离乡背井聚在台口村的老师、同学们的关爱、友善，使我认识到教育事业的伟大意义。我永远怀念"青商"，怀念台口村。

榕 城 灯 火

短巷长街同在昼，千门万户不须关。爱煞迤南双塔影，入云端。

这首《浣溪沙》的下半阕是描写福州的夜景：灯光、塔影。"三山两塔"是榕城的主要标志，而灯光，福州的老住户看到它，都会流露出喜悦的心情。16 年前，福州三天两停电，街灯如鬼火，老百姓缴足电灯费只能点半明半昧的电灯，而豪门大户点白电却灯火通明！如今"短巷长街同在昼"，古老的城市大放光明，谁能不为之欢欣鼓舞、观赏流连呢！

从鼓楼前到仓前山这条热闹的马路上，最引人注目的是新装的高压水银荧光灯。这种比普通路灯光亮几十倍的街灯，装在银灰色的特制的灯柱上，显得格外光彩夺目。那瓢一样的灯罩从灯柱端向马路两侧覆盖，好像对过往行人殷勤地招手，表示乐意为他们照亮前进的道路。这种新型的街灯是上海复旦大学物理系电光源实验室主任蔡祖泉试制成功的。这位旧社会里的玻璃工人，现在已成为国内有名的工程师、电光源专家了。几年来他研究试制成功十几种供工业、农业和科学研究等部门应用的灯，如碘钨灯、氢弧灯等。复旦大学举行科学晚会时，曾专门开过灯光会，展览蔡祖泉的最新科学研究成果。在全国各大城市的街道上，也都安装了这位工人出身

中编

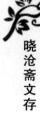

的工程师的杰作。这一盏盏驾临万家灯火之上的高压水银荧光灯，不但以它的银色强光使夜市如同白昼，而且这银色的光芒会照亮人们的心坎，使人们为祖国的每一项建设成就、每一种发明创造而鼓舞。

福州工人在"榕市灯如昼"这项建设上的贡献也是十分杰出的。1964 年福州灯泡厂出品的永光牌灯已经赶上全国先进水平。灯泡的燃点寿命都在 1000 小时以上（国家标准为 1000 小时），光效达到国家规定标准以上。福州有这样先进的工厂，大批地生产优质的灯泡，自然就会给这个城市带来了光明和力量。

遇到节日的夜晚，榕城的灯火更是放出五颜六色的神光异彩。街树上闪烁着节日小灯泡放射出来的彩光。高楼大厦的屋檐墙边，全是灯泡织成的光圈和彩带。市中心区的街道上还装着用电动机控制的巨幅灯光标语，既能美化市容，又有教育意义。在城南，乌山东麓的石塔和于山西麓的白塔，每层塔檐的周遭也都装上电灯。每逢佳节良夜，数百盏银灯齐放光芒，双塔就像神话中的宝塔一样，光辉灿烂地耸立在五彩缤纷的市区灯海中。灯光使千年古塔显得玲珑剔透，仿佛有了青春与活力。在城西，著名的小西湖也同样被繁星般的灯火点缀着。披着彩灯的荷亭倒影湖中，比传说中的水晶宫不知要美丽多少倍！环湖的园树上也都装着各种花果形的小电灯。整座湖山都盛装浓抹，欢祝喜庆。前辈乡人咏西湖名句"桑拓几家湖上社，芙蓉十里水边城"，这种山村水乡的情调，已完全不能形容今天现代化城市的西湖公园了。

佳节良夜的灯火以繁华璀璨取胜。在榕城的夜晚还有一种形状极为普通的灯，却以它的昭信载誉见长。这就是"通宵灯"。有些店号住屋的门口装着一盏灯，外用玻璃片做折叠屏风状的灯罩，上写"三轮车夜间服务处""自行车通宵打气筒""药房通宵窗"等。这些彻夜不灭的灯光告诉人们：它的主人们愿意无限制地为公众服务，只要你有急需，可以随时敲门。

灯是繁荣昌盛的象征。福州从以前的"道路不平、灯火不明、盗贼横行"的黑暗世界，进入"短巷长街同在昼，千门万户不须关"的大放光明的境界，这是十分巨大的飞跃。然而在时间上这却只不过是短短的 16 年！凡是观赏过榕城灯火的人，怕都会引起深思吧？

中编

下　编

项南与"华南"

　　项南同志在福建主政 6 年所立下的功绩，老一辈福建人历历数出。本文拟从创办华南女子学院这个角度，回忆与之有关的一些故事，再现他锐意改革、勇于创新实践的精神风貌。

　　1984 年 3 月，余宝笙老师到北京参加全国人民代表大会期间，华南女子文理学院在京的校友们为她举办了欢迎会。会上，得悉燕京大学已成立校友会的消息。回闽后，她立即向省委书记项南申请成立华南女子文理学院校友会。项南书记给予热情支持。这一年 8 月，福州华南女子文理学院暨附中校友会在仓山"华南"原址成立。在榕的 200 多名老校友久别重逢，欢聚一堂，并推举产生校友会理事会，选举余宝笙担任理事长。此前，在海外早已成立新加坡校友会和台湾校友会。福州校友会一成立，即与海内外校友取得联系。之后，在刘永和博士等的努力下，北美华南校友会也宣告成立。

　　那时，福州市筹办的闽江大学已开始招生，福建省机械厅也开办了中华职大，高等教育大众化的呼声日高。"华南"海内外校友中相当一部分人是从事教育工作的，因此，华南女子文理学院暨附中校友会理事会讨论今后要开展的第一项工作时，最集中的意见就是再办"华南"。原华南女子文理学院是 1908 年由美国教会办的，今天要再办"华南"，虽然有余宝笙老师的胆识和广大校友的同心协力，但也有不少风言风语。当时，"阶级斗争"之弦还绷得很紧，对

下编

于筹办"华南",有些人竟然发问:"他们要在烟台山上干什么?"

在这种情况下,项南书记却批准我们办福建华南女子职业学院。1984年11月16日的立案文件上写明,由校友会理事长余宝笙担任院长。当余院长向项南汇报学院已开始基建,海外捐款还接不上,需要贷款时,他请省人大教科文卫委员会拨给学院40万元供基建和购买设备用,使得学院1985年5月1日能动工基建,10月18日正式开学。开学时,课桌椅还来不及制成,学生们带"小马扎"进课堂。

1985年,学院首届招收160名学生,开设四个专业:特区实用英语、儿童教育与咨询、营养与食品科学、服装设计工程。开学第一天上午,在大教室举行开学典礼,项南书记有会不能来。下午,老校友、海军英模萨本茂向学生讲述自己的成长历史,鼓励女孩子自立自强。我坐在教室靠窗户的地方,忽然看见项南书记在窗外张望,便请本茂暂停报告,开门迎接项南书记进来给学生讲话。我记得有一段话他是这样说的:"同学们,你们余院长办这所学校很不容易,你们要好好学习,特别是要学好英语,将来我们省里需要人才就到你们这里来拿。"项南这样信任余院长,这样期待"华南"能成为福建省培养有用之才的基地,我们佩服他,也感谢他。

1986年正月初二,师生们都回家过年了,只有家住学院附近的许引新老师在传达室帮助工友值班。这天上午,项南突然出现在传达室门口。许引新老师迎了出来。项南说他没事随便走走看看,并称赞她节假日还守在岗位上。许引新说:"我老了,做不成什么事了。"项南风趣地说:"老母鸡会守更。"

他为什么春节假日还要独自登上烟台山"走走看看"呢?我想,这不仅仅是因为他热爱教育事业,关心一所新学校的办学,更是因为"华南"是中外合作办学的窗口,是改革开放大潮中出现的第一所民办女子高校。它历史背景"复杂",但机制灵活,可供做改革开放的试验田，所以更需要关注、关心与支持。

1991年10月，项南与汪志馨回连城老家时在福州小住。在福州期间，他俩一起来烟台山，探望"华南"师生。在柯伯诚董事长捐建的纪念室内，他们坐在余院长两侧合影留念。这张十分珍贵的照片，永远留在"华南"的史册上，也永远留在师生们的心中。

1995年10月，华南女子职业学院庆祝建校10周年。项南夫妇从北京寄来贺词："民办学院，华南先行，实用学科，社会欢迎。德育为首，奉献精神，十年苦斗，前景光明。"他们身在京畿，却心系"华南"，始终关心福建的改革发展事业。

福建省政协常委、香港著名闽籍企业家、华南香港董事会董事长柯伯诚先生说："没有项南就没有华南。"这是真实、朴素的表达，也是经典的概括。

2015年5月1日

下编

愿献余热育英才

——福建华南女子学院纪实

在美丽的闽江之滨、福州著名的风景区烟台山上，屹立着一座专门培育女子人才的高等学府——福建华南女子学院。1988 年 7 月 1 日，《人民日报》发表文章称赞这所学校，标题为《私立福建华南女子学院饮誉八闽》。《海峡》杂志 1988 年第 1 期刊出中篇报告文学，报道该校的人和事，篇名为《谜一般的女儿国》。这时学院已创办三年，有了颇受社会上欢迎的第一届毕业生。而学院的创办者们竟是一群 58 岁至 84 岁的老太婆，平均年龄 65.5 岁。她们告别自己的原单位，聚集在烟台山上，聚精会神、认认真真地办学培养人才。她们敢于办一所私立女子大学，而且办得有声有色，这就难怪会被人目为"谜一般的……"了。

教育的"特区"

1983 年邓小平同志讲过：要发展经济必须依靠人才。1984 年在武汉召开全国教育工作会议后，各地职业大学应运而生。省委书记项南在领导作为我国改革开放综合试验省份的福建的工作时十分强调"以智取胜，振兴福建"。福建华南女子学院的诞生本身就是福建改革开放的产物，也是一种大胆试验的结果。请看：

1984 年 10 月 20 日华南女子文理学院暨附中校友会理事长余宝笙教授向省政府申请立案办学。

1984 年 11 月 16 日省政府批复:"经研究,同意华南女子文理学院暨附中校友会创办华南女子职业学院……"

1985 年 3 月 9 日省委书记项南由福州市委书记袁启彤、市长洪永世陪同,登上烟台山察看由校友刘美珍的父亲刘仰文先生提供的办学地点。省政府拨款 40 万元资助基建和购买设备。

1985 年 5 月 1 日破土动工盖教学楼。10 月 18 日首届学生举行开学典礼并正式上课。

参加开学典礼的领导和来宾们都称赞这是特区的速度。

省委书记项南在开学典礼的当天傍晚独自来到学院。这时,学生们正在聆听老华南校友、海军 4805 工厂高级工程师、全国三八红旗手、上海市劳动模范萨本茂作共产主义理想与道德的报告。突然有人发现项书记来了。萨本茂校友暂停报告,大家热烈鼓掌欢迎项南书记。项南同志说明上午省委开会不能来参加开学典礼,现在来看看大家。他嘱咐同学们要热爱学校,努力学习,并勉励学生们特别要学好英语专业,将来本省需要英语人才就来这里要……党的关怀和期望,省委的信任和重托,在开学的第一天就深深地铭刻在全校师生的心坎里,并且化成一股无比巨大的力量,永远推动着华南女子学院向前飞奔。

自 1985 年迄今,华南女子学院为本省的经济建设输送了实用英语、儿童教育与咨询、营养与食品科学、服装设计工程等专业人才 643 名。建校 6 年多来已形成了自己的办学特色,即:特别重视培养学生自立自强、开拓奉献的精神;要求学生切实掌握好一门外国语并具有应用所学专业知识于实践的较强的动手能力。因此,经过三年学习之后的毕业女生,既有专业理论知识又有动手应用能力,又懂得一门外语(目前主要是英语),还具有青年女子所特有的心灵手

下编

巧、热情勤快等特点。这样的人才素质十分适合改革开放地区经济建设的需要，连续四届毕业生都受到社会的欢迎。她们之中有不少人已成为企事业单位的部门负责人和业务骨干。她们普遍受到赞赏的共同点是英语好。

瞄准改革开放需要大量外向型人才的趋势，发挥私立学校办学机制比较灵活机动的优势，依靠老华南校友在海外的广泛联系与影响，通过美国亚洲高等教育联合董事会、联合国计划开发总署、南京爱德基金会以及志愿者等四个渠道，几年来学院引进了大批外籍教师，形成了全校学生都能讲英语，实用英语专业学生口语纯正流利，学前教育、食品、服装专业学生也能攻读外籍教师采用英文版教材讲授的专业理论课程这一办学的主要特色。

1988－1989 学年度外籍教师人数多达 14 人，其余学年度为 7－8 人，前后来学院任教的外籍教师共有 38 人。其中美国 32 人，芬兰 3 人，加拿大 2 人，新西兰 1 人。他们任教时间长短不一。多数是 1－2 年，有的则是连续 3 年，也有的只来上一学期的课。如美国丹佛大学心理学教授菲利普博士曾两度利用假期来学院上两个学期的课。还有每年只来做一个月的讲座，如美国佛罗里达州立大学服装教授戴维斯博士，每年 5 月份前来集中授课，已连续进行三年了。值得一提的是这 30 多位外籍教师教学水平高，工作认真负责，对学院所取得的成就做出重大的贡献。他们来华工作的旅费和工资均由派出单位负责（志愿者则由自己负责），学院只负责做好接待工作。这就减轻了一大笔私立学校付不起的经费开支。私立学校这一教育的"特区"有着明显的长处与活力。

人老心不老

省内各界人士常常客气地称呼学院的主事们为华南老大姐。他们或许还想不到这一群为数近 30 名的老大姐竟是"四代同堂"的师生呢。今年88岁高龄的余宝笙院长是大家共同的师尊，是她从教60年培育繁衍出这四代人。如今她又率领老师们放弃退休后的安闲自在的生活，同甘共苦，奋力爬坡，为培育新一代的妇女人才而献出余热。

1988年11月，余院长第四次赴美。这一次出国与前三次的使命完全不同。1928年、1935年她两度赴美是为了攻读硕士、博士学位。1979年她第三次赴美是为了与在美定居的30多位亲属团聚，同时利用这一时机到美国明尼苏达大学免疫化学实验室进修。此时她已75岁。20年的政治风霜蚀剥了她原有的丰富的生物化学知识的层面。她要迅速地抢回来。1981年她从美国带回科研论文和仪器，在她任教半个世纪的福建师范大学化学系建立生化研究室，培养研究生，开展中药治癌的研究。1988年，她是作为华南女子学院的院长第四次赴美为学院的发展筹集基金。她在美国、中国香港两地联络老华南校友和闽籍爱国爱乡的企业家，发动他们捐款建教学大楼，改善办学条件。在福州市政府与仓山区政府的大力支持下，1989年10月，两座新教学大楼破土动工。1990年12月，由海外老华南校友和香港华南女子学院董事会捐款建造的文科楼与由香港福州籍企业家、华南女子学院董事会副董事长柯伯诚先生捐款建造的理科楼同时落成。文科楼命名"世静楼"，以纪念已故老华南院长王世静教授。该楼第三层为王世静纪念堂。第二层图书馆内墙嵌有陈叔圭石像和生平事迹刻石，以纪念老华南教育系主任陈叔圭教授。理科楼命名"柯信谋夫人纪念楼"，以纪念柯伯诚先生的慈母柯信谋夫人。在理科楼前有一座古朴高雅的亭子，命名"宝笙亭"。这是捐款建造王世静纪念堂的陈寿明校友和她的先生张骊祥教授特别捐款建造的，以表彰余院长对华南女子学院的特殊贡献。

1991年，余院长第五次赴美。她不顾87岁高龄，继续为拓展学院的新专业、开辟青年教师出国深造的渠道、建立支持学院发展的

下编

民间友好组织"华南之友"而奔波。

是什么力量使得余院长这样老而弥坚、奋不顾身呢？1981年她第三次从美国回来，"七一"前夕在《福建日报》上发表的《祖国，母亲！》一文回答了这个问题。她深情地写道："祖国，我的母亲！您的女儿再一次回到您的怀抱。我想做的工作很多，一切都得从头开始……我要……使出浑身的劲，拿出成果向我们伟大的祖国献礼。"

像余院长这样热爱自己的祖国、人老心不老、一心为事业的华南大姐还有美籍心理学家刘永和博士。她是余院长的学生、华南的"第二代"。1979年余院长抵达美国时，她正在洛杉矶创办奥匹卡心理诊疗所。她曾任美国加州大学教授、美国国际心理学会委员、洛杉矶市政府人际关系委员，是一位很有才华、极其能干的大姐。余院长把成立北美华南校友会的任务交托给她。她还应余院长代福建师大校方的邀请，于1981年、1983年两度回国讲学。1985年初筹办华南女子学院时，她接受余院长的聘请担任名誉院长兼儿童教育与咨询专业主任职务，专程回闽参加办学方案的讨论，然后到香港紧张地工作，成立香港华南女子学院董事会、聘请外籍教师、购买仪器设备等，为学院的创立与发展建了大功。待到学院正式招生上课时，她虽已年逾古稀，仍站在教学第一线，亲自讲授《儿童智力测定》《儿童心理治疗与行为矫正》等课程。她还亲自制订计划组织学生成立"暑期儿教扶贫工作队"，利用暑假时间到8个贫困县的山区农村办家长学校，进行儿童智力调查测定等。她还组织学生翻译出版《为什么你的孩子多动》一书。儿教专业生气勃勃、特色鲜明。"美籍"刘博士说过："我首先是华人，其次是女人，我要为中国培养妇女领袖人才。"的确，妇女领袖人才的培养要先从儿童教育抓起。

华南有了这第一代、第二代的代表人物，第三代、第四代虽然难望其项背，但在她们铺设下的轨道上跟着向前奔跑应该还是可以的。何况这一群华南大姐们也是人老心不老的呢。

众多的窗口

近年来美国、日本等国家的女子学院又出现了兴旺景象。教育家们认为：女子学院比男女同校对培养女生有利。在美国名人录的妇女名单中，女子学院的校友人数与男女同校毕业的女校友人数相比是 2：1。1987 年秋季美国卡内基基金会发表的一项调查报告说明：在男女混合班里，"甚至最聪明的女学生也常常保持沉默。"美国韦尔斯利学院院长南尼尔·凯汉尼指出，在女子学院，女生享有"平等机会，而且享有每一种机会"。1990 年华南女子学院对在福州工作的 219 名校友进行毕业后的跟踪调查表明：女子学院对培养女生的工作能力方面确实有利。219 名毕业生中，担任工作单位具体业务部门领导职务的占了五分之一。

华南女子学院自创建之日起就成为妇女教育与妇女工作的窗口。它接待过众多的妇女代表团，迎来了杰出的妇女人物雷洁琼、韩素音等。1989 年 10 月，全国人大常委会副委员长、全国妇联主席陈慕华率领在福州召开的全国妇联基层工作会议的代表来学院参观指导。代表们对学院为欢迎来宾而举办的服装表演与食品展示十分欣赏。陈慕华副委员长在省人大常委会举办的欢迎茶会上，还讲述了她对华南女子学院办学的深刻印象。

全国政协副主席钱昌照视察学院时留下了题词："公诚勤朴为治学之本，华南女子学院做到了这一点，前途无量……"全国政协港澳委员考察团和广东省政协、浙江省政协考察组曾远道来学院考察。福建省政协委员尤其是省政协港澳委员曾多次来学院视察有关办学的各项工作。他们不仅对妇女教育、民办高等教育的工作表示特别关怀，同时也对学院内部分属 6 个民主党派的成员们与学院党组织

下编

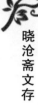

团结合作、亲密共事的气氛表示浓厚的兴趣。

国家教委的新老领导朱开轩、黄辛白、张文松以及职业教育司、计划建设司的司长们曾先后来学院检查指导工作。他们对这个"特殊的窗口"都很赞赏，并表示要有特殊的政策帮助学院的发展。

社会各界人士公认华南女子学院是"老有所为"的窗口。1987年1月在泰国召开的亚洲妇女高等教育研究会上，华南女子学院的代表被邀请作专题介绍。会议主持人菲律宾卡希尔达博士听后激动地说："83岁老人还在办学，而且办学人员平均年龄达64.5岁，这给我很好的启发：我老了也有事干，不是无用的人。"省妇联领导邀请泰国妇女理事会代表团来学院参观。团长莎坤·素金达激动地说："我现在知道我老了也有用，我们也可以办学。"

再上新台阶

1988年夏季华南女子学院有了第一届毕业生。此后连续4年，学院共选留品学兼优的30名毕业生担任助教工作。这一支青年教师队伍是学院未来主要的办学力量。她们遵循"自强、勤朴、开拓、奉献"的校训，自愿留校与老大姐们共同创业准备接班。为了加快步伐培养她们，1990年5月，学院与美国佛罗里达州立大学签订校际交流协议。议定每年选派一名助教到该校学习。一年取得学士学位，再读一年半取得硕士学位。1991年已开始派出。南京爱德基金会资助学院在国内培训青年教师。1991年已送出4名到南京大学、中国纺织大学、福建师范大学等校进修。服装专业还开辟了到香港培训服装设计与制作的渠道。1989年迄今已派出两批8名助教赴港培训。留校青年教师已有二分之一得到进修培训。

省委省政府和市委市政府的领导们十分关心华南女子学院的发展。时任省委书记陈光毅、省长贾庆林，市委书记习近平、市长洪永世都亲临学院看望老教师和外籍教师并帮助学院解决困难。最近省市政府已决定共同拨款支持学院扩充校舍建立实验基地和学生活动场地。

华南女子学院在校舍规模方面和师资队伍方面将要再上新台阶。它将更加努力、更加大胆地闯出女子高等教育新路，为福建的进一步深化改革扩大开放，贡献出自己的力量。

下
编

幸哉，我华南

　　我们华南真是幸运。建校 30 年来，每届省市政府主要领导人几乎都来我院视察，热情关怀我们的办学，一般民办院校恐怕都没有我们幸运。

　　我记得来过我们学校的省、市主要领导有：项南、习近平、贾庆林、王兆国、贺国强、黄小晶、陈明义、陈光毅、洪永世……

　　来过学校又给我们题词的只有项南和习近平两位书记。

　　1990 年 9 月 27 日，习近平刚担任福州市委书记不久，就率领福州市各部门领导，如市委宣传部副部长刘平、市教委主任吴亚俊、市委副秘书长陈伦一行 8 人来学院视察。那时，我院余院长在烟台山 104 会议室接待他们，习近平满脸笑容地对余院长说："感谢华南为福州市培养这么多人才，我们一如既往地支持华南办学，希望你们总结社会力量办学的经验，有什么困难可以书面寄给我。我当召集有关人员一起解决。"1992 年国家教育部召开民办教育会议，我院被邀请参加，我在会上作了题为《解放思想大胆探索，华南女子学院闯出一条民间办学之路》的发言。稿子由教育厅派人帮助修改。这就是习书记要我们总结社会力量办学经验的必然结果。他跟项南书记一样的重视余院长，看好华南。

　　1995 年 4 月，习近平已离开福建，在我院庆祝校庆十周年前几个月，他就为我们题词：

巾帼不逊须眉，

华南女杰辈出。

他鼓励我们：女性不输男性，女性一定要自强，华南能培养女性人才，杰出的女性人才一定会一代一代地从华南培育出来。

习总书记这两行题词是对我们大家、对全体华南师生最大的鼓励与最热切的希望。我们应当牢牢记住，作为座右铭，再接再厉，不断前进；要百倍用心，千倍努力，把华南办得更好，才对得起国家和人民，对得起习总书记。

2016 年 4 月 27 日

下编

渊乎，我华南

——为纪念华南女子学院 108 周年校庆
暨缅怀余宝笙院长逝世 20 周年而作

"渊乎，我华南！有守有为。"

这是我们华南女子学院校歌第三段的结尾，传唱至今已经历 108周年。

108 年风云变幻，瞬息沧桑。老一代华南女子学院的缔造者们坚守岗位，矢志不渝，为中国妇女教育事业披荆斩棘，奋力拼搏，成就了 20 世纪 20 年代至 50 年代初 6 位博士主政华南时期的辉煌建树，培养了无数为国家教育、科学事业服务的优秀人才。20 世纪 80年代，王世静院长、陈叔圭博士相继离世，周贞英博士、吴芝兰博士因年老相继从福建师大退休，唯独余宝笙博士，81 岁高龄敢于扛起大旗，复办华南女子学院。

余博士在改革开放大潮的汹涌澎湃中，敢于独立潮头勇当"弄潮儿"，敢于向省委书记项南提出复办"华南"。这需要多大的勇气啊！这勇气来源于她对祖国的热爱和对妇女教育的真知灼见。她常说："妇女的素质，决定国民的素质。"所以，她要从事妇女教育事业，以提高国民的素质，实现国富民强的梦想。

余宝笙院长创立的福建华南女子职业学院，至今已经历 31 个寒暑了。她的继承者们也因高龄而退居二线，担任学院的督导。当今，主政学院的是她多次亲自跑美国有关机构联系资助进修培训归来的

20多位获得博士、硕士学位的青年教师。这样的大手笔，这样的战略眼光，只有余院长才具备，只有她才能千方百计坚决实行；因为她深知办教育是为了培养人才，教师必须是个人才，才有可能培养出合格的人才。

教育是"仁而爱人"的事业。爱是教育的灵魂。没有爱心的人，不可能办好教育。余院长的爱心和仁慈是她性格中最突出的优点。所有"华南"的学生都能感受得到她爱的普照。

我有幸当过她4年的学生（1946－1950），毕业留校，又在她主持的训导处工作。1951年院系调整后和她一起成为福建师院、福建师大的教师。1985年复办华南后又和她一起在新华南工作。整整半个世纪的追随，我深深感到她是最完美的老师。她极富仁心，同情弱者，宽恕"文革"中迫害她的人。她有儒雅、随和、高贵、善良、宽容、大度的品格，她有博大、仁爱的胸怀，她的心中没有半点杂质，只装着她所深爱的"华南"。这样完美的人真是世间少有。

华南有幸，有这么一位好院长、好老师、好榜样。我们只要以她为标杆来对照自己是否能做到她那样热爱妇女教育事业，热爱学生，尽职尽责做好岗位工作，有奉献精神，肯牺牲个人利益，我们只要能时时事事都想到余院长当时是怎么说的，是怎么做的，就一定会提升我们的智慧和涵养，会提高我们的办学治校能力。老华南学姐马秀发老师，1942年毕业于华南女子文理学院。余宝笙博士是她攻读的化学系的主任和亲授6门化学课的老师。她最得恩师的真传，最有"华南姐"韵味。我们晚一辈的学妹，从她身上就可以学到一些华南精神。

教育是传道、授业、解惑，因而最能做到薪火相传。现在"华南"校训"受当施"精神与余院长精神已凝结成我们所常说的华南精神。我从我们新华南的校园里会看到这种精神的闪光点。例如：高校改革中较难的人事安排、竞聘上岗等程序，在我们这所条件不

下编

足的民办高校中得到顺利开展，圆满完成。我们认为这就是"受当施"校训给我们多年的教育，这就是华南精神给我们带来的巨大凝聚力。

今年中秋节，营养食品与检测专业师生加班加点制作万块月饼，分送全院师生 4000 多人。小小月饼体现了大大的爱心。这就是华南精神！

我们老一辈华南人看到了新一代华南人接班之后所迸发出的努力拼搏、奋勇前进、不忘校训、坚守华南的精神，都感到十分欣慰。如今老一辈华南人已届九十高龄上下了，上者将满百，下者过八五。熟悉的朋友们劝说："该休息了，不用上班了，何必这么辛苦！"但是，我们舍不得离开华南，与其静坐家中，不如静坐学校办公室，欣赏这薪火相传的美景，凝视这理想信念的传承不息。我们要向敬爱的余院长学习，坚守华南，守望华南！因为在我们的脑海里，经常会浮现出校歌的这段歌词："渊乎，我华南，有守有为。"也许，这也是一种华南精神的体现吧！

2016 年 9 月 10 日

懿哉，我华南

"服膺勿失，曰'受当施'，懿哉，我华南！令则令仪。"

这是华南校歌第二段的歌词。

百年来华南学子都铭刻在心，把校训"受当施"作为自己做人做事的准则。

自1928年收回教育主权，王世静担任第一任华人院长开始，以五博士为代表的华南人莫不坚守岗位，兢兢业业，践行她们的理想和信念：要使更多的女性接受高等教育，培养她们具有健全的人格与牺牲服务之精神。

王世静院长体弱多病，常年奔波赴美国、东南亚，为华南筹款盖楼、买设备。每次回来都要住院治疗一段时间，但她无怨无悔。外面有更好的职位等着她，她只选择坚守。

陈叔圭博士任教育系主任。在王院长外出期间，由她主持校政。抗战期间，1945年5月"大湖之役"，华南师生积极拥军受到好评。胜利后，当时的军长任福建省省长，敦请陈叔圭博士出任政府高官，她婉拒多次。她要坚守华南。

余宝笙博士在美国读博士期间，抗日战争爆发，她拒绝导师挽留，迅速赶到上海，乘最后一班轮船回到福州，回到华南，这就是她的坚守。

有这几位博士恪守"受当施"校训精神所铸就的理想、信念与

下编

坚守，20世纪30至40年代的华南女子文理学院才能在培养女性人才方面做出应有的贡献。20世纪80至90年代改革开放大潮中涌现出来的杰出华南校友真不少。在全国、省、市人大代表与政协委员，特级教师、先进工作者、杰出人民教师中，华南校友为数颇多。海军英模、全国三八红旗手萨本茂是其中杰出代表。在国外做出贡献的华南校友代表有美国航空航天事业的著名工程师方爱琼，有获得美国国家专利的苏剑芳，她发明粮食的贮存与防腐新法。

"受当施"校训培育了她们一生为国为民、实干坚守的精神与气质，融入血脉骨髓，终生坚守不渝。

要说"受当施"精神大放异彩的时刻，当数43位校友重逢共聚烟台山复办华南这个最有历史性意义的时刻。

1984年秋冬，在余宝笙老师的召唤下，43名华南校友齐聚在烟台山这块6.6亩的土地上，开始耕耘她们的新园地，践行"受当施"的使命和理想。

当时的情景实在令人终生难忘。

烟台山6.6亩的土地上，除了街道工厂留下的几间小木屋外，没有其他设施。第一批"上山"的校友郑元绚、萨本珊、吴秀玉天天挤公共汽车，跑计委、教育厅等部门办各种手续，递申请书取批文，为基建立项。吴秀玉每天都从家里提两个热水瓶来校，放在小小的传达室里供大家解渴，因为厨房还没有盖好。有趣的是当她们三人挤公共汽车、跑长路气喘吁吁地走到有关单位时，接待人员都说："你们为什么不叫年轻人来呢？"那时，五六十岁的校友中，只有她们三人比较灵活，经得起风吹雨打。有关单位的同志绝对想不到这一点。

余宝笙老师向海内外校友号召："有钱出钱，有力出力。"海外捐款要费时日。她向省委书记项南提出借款盖教学楼。项南书记让省人大教科文委员会汪志馨主任办这件事：拨给华南40万元。于是，第一座教学楼 1985 年 5 月奠基，10 月 18 日就举行第一届四个专业（特区英语、学前教育、营养食品、服装设计）160 名学生的开学典礼了。这一届学生特别懂事，制作了统一款式的书包，上面绣有"受当施"三个字。

四层教学大楼盖起来了，学生宿舍则租用邻近的天安小学的旧宿舍。可教师呢？办一所高职院校需要一支优质的师资队伍和能干的行政、后勤队伍。幸好这 43 位校友都在本市各高校和著名中学、政府部门或科研单位工作，且具有较丰富的教学行政工作经验。从院长、书记、专业主任、处室主任到任课教师，一下子都配齐上马了。还有课程缺乏师资，就请兄弟院校师大、福大、闽大的老师支持。如马列主义课程长期由师大支持，连教材都共用。没有电脑室，就到师大附中电脑室上课。为保持华南的办学特色，我们特别注重英语教学。曾提出非英语专业学生英语口语也要过关的设想。应余院长的要求，美国亚洲基督教高等教育联合董事会派两位老师来，她们是汉娜和阿曼达。她们的薪金由亚联董负责。另一位英语老师是力玛利。她原是华南附中的老师，是校友，也远渡重洋来为母校服务。当时三位美国英语老师教全校四个专业 160 名学生，所以全校学生都有一口流利的英语。华南对英语的重视，使得知情的美国朋友们愿意来华南工作，有的是志愿者，不要薪酬，只供食宿。如丹佛大学心理学博士简·菲利普三次来任教，都不要报酬。

华南女子学院一开办就显出了自己与众不同的特色，备受各界的关注，前来参观访问的个人与团体不少。妇女界领军人物陈慕华、雷洁琼、韩素音来过；美国数学家代表团、泰国妇女代表团、联合国开发计划署代表来过；党委、政府领导李岚清、项南、贾庆林、陈明义、陈光毅、贺国强、朱开轩来过；时任福州市委书记习近平来过。市长洪永世来过多次。他看到我们连办公室都没有，就把一墙之隔的仓山区干部宿舍拨给我们使用。后来他又请有关方面把学

下编

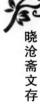

校对面的一座名为"西园别墅"的老洋房以极为优惠的价格让给我们做专家楼。这洋房曾经是武警的驻地。

学校已成规模，又备受关注。只有一座四层教学楼实在太单薄了。余院长启程赴香港地区、美国找校友捐款。那时北美刘永和校友正在香港为华南办学多方联络闽籍企业家，组成香港华南女子学院董事会。余院长在香港会晤了福州籍企业家柯伯诚先生。柯老桑梓情深，对余老特别亲切，他们姐弟相称，十分投缘。柯老即刻答应捐建理科楼（又名柯信谋夫人纪念楼）纪念他的母亲。香港董事会和北美校友会捐建文科楼（又名世静楼）纪念王世静院长和陈叔圭博士。香港董事会副董事长朱正亲自送款来校交给余院长；北美校友会主席陈寿明、严荔青先后回母校探望师友，鼓励后辈，祝福华南；台湾校友会主席黄婉云也亲自携款飞越海峡送给母校。

1989年3月，余院长从美国经香港地区回到福州。她募到了巨款，却只坐大巴回来。我们到闽江饭店等候这辆长途汽车。只见她风尘仆仆，面带倦容，双脚都肿了。那时，她已经85岁高龄了。为了节省路费，她不坐飞机而是坐大巴。洪永世市长在福州市干部会议上讲述了这件事，并称赞为"华南精神"。

余院长平素养成了良好的节约习惯。她在会议室召集我们开会，给她泡了一杯茶，会议结束后她到学校对面的专家楼办公，一手拿手提包，一手端着这杯茶走路，为了节省茶叶，避免浪费。我们有时到她家去，坐在楼下客厅等她，只见她穿着一身粗布衣裤，两袖还套着枣红色的布袖套，匆匆下楼来。而上班或外出开会时，她的衣着是那样的优雅亮丽，这可能就是她的节约观：该节约时就节约，一点也不浪费。节约是一种美德，也与受当施有关。否则你只顾自己奢侈享用，怎能做到受当施？

在余院长的影响下，聚在烟山的43位校友都学会节约，不肯浪费一张白纸。通常打印稿都用印刷过的废纸翻面使用。有学院名衔的信封、信纸更是舍不得用。而且公私分明，写私人的信不用公物。出外采购，先垫款后向财务处报销也不允许。曾秉璋（当时的财务处处长）学姐说："这是私款公用，也不行。"萨本珊和曾秉璋常为此引起争执。多可爱的华南姐呵，如今她们都已谢世了。

华南就是因为有这样一个群体，又有政府领导、中外友人和各界人士的关怀和厚爱，才能顺利复办，快速发展。

第一位从美国回来参加母校办学的是刘永和学姐。她于20世纪30年代毕业于华南女子文理学院。1985年学院复办她就赶回来了。她是心理学博士，在美国洛杉矶开有心理咨询机构。余院长请她担任名誉院长兼儿童教育与咨询专业主任。她在这个平台上大展宏图：建立首山福建农村妇女优教所、西湖医院心理诊疗所；寒暑假组织儿教专业学生到闽东地区开展优生优育与心理咨询工作，得到当时主政福建的习近平书记支持，拨了20亩土地，还有专项经费。刘博士口才极好，演讲感染力极强，她经常提到"受当施"给她的教育，因而也教育了所有的华南人。她回国为母校工作，不领薪酬。当时余老师给回母校工作的校友的工资是每月70元。

如今以余博士、刘博士为首的这个校友群体，随着岁月的流逝与人生的铁律，已所剩无几了。但是，30年来由百年华南复办后精心培养出来的一批又一批人才不断涌现，"长江后浪推前浪"，后来者必居上，"受当施"校训的精神必定绵延不断。因为"受当施"是一种精神，精神的力量是无穷的。在省政府奖励我们的168亩旗山宽敞而美丽的校园内，作为校园文化最富历史意义与现实意蕴的"受当施"校训依然在传递，而且我们相信它将永远传递着……

2015年7月30日

下编

心灵的坚守

——记华南女子文理学院五位老博士

华南女子文理学院不止五位博士，但在我就读时期（1946—1950）管理层的核心人物只有五位博士，她们是王世静、陈叔圭、余宝笙、周贞英、吴芝兰。除了王世静出身官宦之家外，其余四位都出身平民百姓之家。她们的共同特点是：抱定终生服务教育事业之决心，同甘共苦，以校为家，终身不嫁。

20世纪二三十年代这五位博士先后由美国学成归来，相聚在藤山之脊、闽江之湄的华南学府，开始实践自己的理想与抱负。20世纪前半叶是中国走向近代的关键时期，特别是二三十年代，当时的大背景是中国处于两股大潮之中：一是从"五四"延续下来的文化现代化运动，二是北伐后掀起的教育国有化运动。在新形势下，一批教会大学实现"中国化"。华南女子学院首任院长、美国人程吕底亚辞职，学院董事会决定聘请陈叔圭接任院长，但她不肯就任，理由是王世静出身福州名门望族，由她当院长对华南前途有利。王世静读化学专业，自认欠缺教育理论，即赴美国进修教育专业，陈叔圭代她主持校务，1930年王世静才举行院长就职典礼。从此这五位博士接过实现"中国化"的教育权，开创出一片新天地，提出响亮的口号与明确的奋斗目标：要使更多的中国妇女接受高等教育，培养她们有丰富的文化科学知识，有健全之人格与牺牲服务之精神。

1946年秋季我走进华南女子文理学院校门，呈现在我面前的是：古木苍翠、紫藤馥郁、海棠明艳，三座风格独特的大楼掩映其间的古雅幽静的校园。抗日烽烟刚消散不久，随从中学迁往永泰山区，蛰伏了6年刚回城不久的我，真有如入仙境的感觉。后来我看到了高年级的学姐们身上那种非凡的气质，看到了老师们尤其是那几位很有威望的博士，她们衣着朴素高雅，态度和蔼可亲，与学生迎面走来，必定微笑点头，但在课堂上，在教育学生的场合上又是那样的语重心长、严格要求。那时我已意识到这所女子大学校风独特，不像当时有些私立大学那样认为大学生可以"自由散漫""放松一刻"了。

　　五位博士分住在学生宿舍楼层的两头。她们以校为家，不论寒暑、不分昼夜都和学生住在一座楼。学生的动态，她们了如指掌，学生的困难，她们记在心里，学生患重病，她们派人送协和医院住院，随时与医生联系询问学生的病情，医疗费有困难由她们解囊相助。那时是内战时期，临近福州解放，闽北山区交通受阻，大批学生寒暑假留校。她们就组织学生在校园边角地上种植西红柿，以增加营养改善伙食。平时上课时间，她们严格要求学生要晚自习，不得外出，训导主任余宝笙博士负责点名并到学生宿舍查铺。总有个别学生不守规矩，偷偷溜出校门，到邻近的英华学校看电影。第二天课间便须到训导处接受"训话"。余博士的训话也是带着微笑的，她"凶"不起来，也许是她那慈祥而美丽的脸庞即使装"凶"也是和微笑差不多。她说："女孩子读大学不容易，应该抓紧每一分钟，看电影可以选星期六。""训话"还不算完事，还要在学籍注册本上记一个"小过"，犯错学生心服口服，这个注册本我至今仍珍藏着。

　　华南女子文理学院虽然是"女儿国"，但它注重学生德智体美群全面发展。在演剧活动和音乐周的举办方面，一点也不比男女合校差。在吴芝兰博士为顾问的学生自治会的组织下，竟然能上演曹禺

下编

《雷雨》、奥斯特洛夫斯基《大雷雨》和由《简·爱》改编的《水仙花》这样的经典名著。华南附中的小妹妹们也上演《红楼梦》《孔雀胆》等名剧，虽然是女扮男装，但演得一点也不比男角差。一年一度的音乐周活动，更是华南女院的盛事。师生同台，独唱合唱、中外名曲，多姿多彩。福州各院校的师生是主要的来宾，对本地音乐气氛的形成有一定影响，更重要的是本校学生受到音乐教育和熏陶，成为一批又一批音乐人才。

华南女院办家政系时间较早，而且办出自己的特色，这也是培养女性人才不可缺少的一项内容。《家政实习》是全校学生必修课，可以选择幼儿教育、制作糕点、制衣、烹调等不同科目。家政系办的托儿所远近闻名，被视为推进科学育儿的实验基地，金陵女子学院曾邀请陈佩兰主任去帮忙建立家政系。当时的福建省政府主席受到影响，兴办了招收女生的公立福州家事专科学校。

20 世纪 20 年代后期，陈叔圭在美国攻读教育博士时，正是著名教育家杜威学说盛行的年代。她信奉杜威的学说"学生中心论"，"教育即生活，学校即社会"。回校后她担任教育系主任，立即成立社会教育服务部，把学校与社会紧密地联系起来，把学生的视野引向当前的社会生活。服务社会成为华南学院办学的一大特色，节假日、寒暑假，学生们积极参加社会教育服务部安排的各项工作，到附近乡村教妇女、儿童识字，普及卫生常识，风雨无阻、寒暑不辍。即使是抗战期间迁校山城南平，仍然坚持为山村妇女儿童服务，教唱抗日歌曲等。校训"受当施"在学生在校期间就得到很好的磨炼和实践。

1949 年 8 月福州解放。9 月学校如期开学，增加了《社会发展史》《青年修养》等新课程，由省、市党政领导干部主讲。五位博士平稳有序地带领学生进入崭新的时代。

1951 年，全国高校院系调整。教会办的福建协和大学和华南女子文理学院合并为公立福州大学。1953 年省立师范专科学校并入福州大学，改称福建师范学院。五位博士分别担任图书馆馆长、副教务长、系主任等职务。那时的福建师范学院名师云集、群星璀璨，无论教学与科研在全国都有影响，名列全国师范院校的头排。

可惜好景不长。20 世纪 50 年代后期，余宝笙成为"右派"，五博士全部失声。"文化大革命"中更是落花流水。这时，她们都已步入老境了。王世静、陈叔圭没能挨到 80 年代的好日子，先后离世。余宝笙、周贞英、吴芝兰还能继续为福建师范大学做些工作。吴芝兰努力培养物理系青年教师，使他们成为系里的骨干。周贞英继续她的藻类研究，写出《福建海藻名录》，为研究中国海藻的分类与区系提供了重要的资料。余宝笙 1978 年"右派"平反之后到美国明尼苏达大学生化研究室"充电"，带着几箱仪器和科研资料回来，在福建师大建立生化研究室，招收第一批研究生。1984 年她在当时的省委书记项南和省长胡平的支持下，创办了中华人民共和国第一所民办女子高校——福建华南女子职业学院。余宝笙就像她所服膺的居里夫人所说的："要用手去触摸天上的星辰。"

余宝笙天性乐观，有胆有识。在老华南的学生中一直流传着关于她的两件趣事要闻。

一是 1972 年美国总统尼克松访华时，华南 1942 届校友杨丽华跟着回到祖国（她在美国开办养老院时认识尼克松的岳母），跑到福州来。她要求会见余宝笙老师。余老走出"牛棚"，精心打扮，抹粉画眉，风采依旧。杨丽华上前第一句话便是："老师，听说你在扫厕所。"余老笑吟吟地用双手拍着漂亮的衣服，嘴里急急忙忙说："没有哦，没有哦……你看，你看，我不是好好的吗？"她还前后转着，让客人看个清楚。

二是 1981 年她从美国回来，踌躇满志地要为祖国贡献自己的力量。在《福建日报》纪念建党 60 周年的专栏中，她豪情满怀地发表

下编

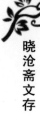

了《祖国，母亲!》一文。中央人民广播电台连续数日播放她的这篇为广大知识分子代言的传世名作。散居祖国各地的老华南校友聆听她的心声，莫不热泪盈眶，唏嘘不已。饱经磨难的老师竟有如此的家国情怀，我们晚辈学子有什么理由不扬鞭奋蹄、为国效力呢？

如今这五位可敬可爱的老师都已经辞世远行了。她们是当年高校难能可贵的管理者群体，功业闪亮。我想，在世界的另一个地方，她们一定还会相聚在一起，坚守自己的人生坐标。

每当我想起她们时，我不禁会有种种念头：如果人们能够对所谓旧社会来的知识分子多加理解，能够欣赏他们因历经困苦和民族危亡的考验而产生出的那种精神和气节，如果人们能够及早地，而不是等到80年代初那场"实践标准"和"两个凡是"争论后，才逐渐明白长期存在并被认为是绝对真理的"左"倾教条主义和"左"倾空想共产主义的严重危害性，就不至于那样对待知识分子了，那该多好啊！如果是这样，余宝笙老师当年也不必在自己的学生杨丽华面前，明明是心中苦涩，却要装出满脸笑容的样子，那该多好啊！

中国妇女自立自强的典范

——记余宝笙老师

　　我国著名的生物化学家、教育家、社会活动家、福建师范大学教授、福建华南女子学院院长余宝笙博士，走完了 93 年坎坷而光辉的人生历程，今年 9 月 23 日在福州与世长辞。余宝笙教授，福建莆田人，1904 年 4 月出生在一个医生的家庭。她是长女，上有一位兄长，下有两个弟弟和一个妹妹。她的父母非常重视子女的教育，才满 6 岁的她便被父母送到福州陶淑小学读书，从小就接受严格的教育训练，过艰苦的集体生活，养就了坚强的性格与独立自主的精神。小学毕业后进入陶淑中学就读，在女校这种特殊环境里整整生活了 12 年。刚入小学时，她的头发里也长过虱子（这是当时封闭式的女校常有的事），到读高中时，她长成了一个美丽端庄、优雅大方的姑娘。每年放暑假回莆田家乡，她常打赤脚与众弟妹一起爬山，吃苦耐劳的劲头与她那白皙的外貌很不相称。1922 年，她升入华南女子文理学院，1924 年，她的母亲给她 800 块银圆让她到美国读书，并叮嘱她："女孩子一定要有志气，要好好读书，毕业后不要留恋外国，要把知识带回来。记住我们是中国人，一定要回国工作。"这位坚强的姑娘携着 800 块银圆独自漂洋过海，在美国哥伦比亚大学靠半工半读获得硕士学位。1928 年回国后，她就到母校服务，担任有机化学教学工作。1935 年她再度赴美，入约翰·霍普金斯大学攻读

下
编

生物化学博士学位。享有世界声誉的生物化学专家、维生素 ABC 的发明者麦卡伦教授是她的导师。这位秀外慧中的中国姑娘的优异成绩使她的导师大为赞赏，决定要留她当助手，共同进行科学研究工作。可是不久抗日战争全面爆发了，祖国的命运使她毅然辞谢导师的挽留，匆匆奔回祖国。当时华南女子文理学院迁校南平，她到南平主持化学系工作，与师生们共度艰苦的战争岁月。

中华人民共和国成立后，高等学校进行院系调整。华南女子文理学院与协和大学等校合并成立福州大学，旋又改为福建师院，余宝笙老师担任理学院院长、副教务长、科研部主任等职。她参加农工民主党，政治上追求进步，勇于敞开思想，自觉接受改造。在学习中苏友好文件时，她对《中苏友好歌》的歌词"我们不做墙头草，我们坚决一边倒"想不通，竟发言说："为什么要一边倒？跟苏联、美国都应该友好。"这对于她两度留美、一口洋文的人来说是个十分危险的话题。可是她天真地说出了，想不通就要说，学习态度很端正。这使得当时领导思想改造运动的闽侯地委宣传部部长郑思远相当赏识她，她们的友谊延续了半个世纪。1984 年华南女子文理学院暨附中校友会成立时，已成为国务院参事的郑思远部长还应余老师的邀请担任校友会顾问。

1954 年余宝笙老师被选为省人大代表、省政协常委，1955 年担任全国政协委员，得到毛主席、周总理的接见。毛主席握着她的手亲切地说："福建很远，交通不便，你们还来了。"宴会席上周总理频频敬酒，和她同坐一桌。她亲耳聆听毛主席关于知识分子问题的报告，深感国家对知识分子待遇的提高。

1957 年，"右派"帽子也扣在善良而又正直的余宝笙老师头上。逆境中，余老师仍不放弃自己的专业，坚持自学，她相信总有一天会用得着。1979 年，"右派"平反后，她马上以饱满的精神投入工作，积极向福建师大党委建议成立生化研究室，得到党委的支持。

1980年，余老师利用探亲时间，在美国明尼苏达免疫化学实验室进行科研试验。这时她已是76岁的高龄。连续6个月，她由弟弟接送，早出晚归埋头实验室，完成论文《经药物秋水仙碱、长素新碱和细胞弛缓素B处理的各类细胞与补体的相互作用》，发表于明尼苏达大学免疫生化杂志。她的两个弟弟一个妹妹都是全家三代居住美国。对于单身在国内的大姐，他们多么希望她能留在美国，合家欢聚安度晚年。弟弟妹妹们含泪挽留她，有的甚至说："姐姐，你受的苦还不够吗？为什么还要回去？"余老师回答说："我还是回到生我养我的祖国，过一个有意义的晚年；我这一生经历都与祖国连在一起，祖国培养了我，正像我们妈妈培育我们一样。我已经平反了，恢复了工作。我要在工作中挽回过去丢失的时光。"

在祖国与亲情之间，她天平的砝码是倾向祖国的。1981年3月，余宝笙老师回到她任教数十年的福建师范大学。回国后，余老师用极大的热情投身到她的生化研究工作中，并将从美国带回的图书资料捐献给福建师大生化研究室，组织全室同志进行中药治癌的研究。经全室同志的努力，完成了《猕猴桃根提取物对小鼠免疫功能的影响》等论文3篇。她还主持生化研究室培养研究生的工作，5年时间共培养两批10名研究生。

1984年，在改革开放大好形势的鼓舞下，余老师把散居在海内外的华南女子文理学院暨附中的老校友们组织起来，成立福州校友总会及各主要省市校友分会，并与海外原先已成立的几个校友分会联合起来，共同创办我国第一所私立女子大学——福建华南女子学院，为福建改革开放培养了妇女人才，为祖国教育事业贡献力量。老华南校友们在余老师热爱祖国、热爱教育事业的崇高精神感召下，纷纷告别了原工作岗位，陆续办理退休手续，聚集在烟台山上的新校址，跟随自己素来敬佩的81岁老师，开始了艰苦而诱人的创业里程。

下编

1988 年，84 岁高龄的余宝笙院长再一次赴美探亲。她借弟弟妹妹们请她到美国团聚的机会，为华南女子学院建造新教学楼募捐款项。学院自创办以来虽然得到省市政府的各方面支持，但余宝笙院长认为我们既然是民办的学校，就不能使政府有过重的经济负担。她总是不辞辛劳到中国香港、美国等地向华南老校友和福建籍华侨企业家们募捐以建造文、理科教学楼。在完成了巨款的募捐工作之后，从香港坐一天一夜大巴回福州，为的是尽量节约旅费，实践自己所倡导的勤俭办学的主张。1991 年，为联系安排青年教师赴美进修，为学院筹集教育基金，余老师不顾年已迈体渐衰，以 87 岁高龄又作一次越洋旅行。半年的奔波跋涉，余老师十分风采的仪容消瘦憔悴了许多，而且开始患心血管病，师生朋友们莫不感到心痛难宁。余院长为中国妇女教育事业披荆斩棘、奋不顾身的大无畏精神，永远铭刻在我们心中，永远激励我们去克服困难继续前进。

余宝笙院长亲自制定校训：自强、开拓、勤朴、奉献。每年新生入学，她都要亲自为新生做报告。她以自己的亲身经历现身说法勉励她们：做人第一要爱国，女子首先要自强。余院长的言传身教给青年学生以深刻的教育。一届届学生都牢记着老院长的亲切教导与殷勤嘱咐，自强自爱，勤奋学习，谁都不忍心辜负这位博学而慈祥的老院长的厚望与期待。

1988 年 7 月 1 日《人民日报》发表《华南女子学院饮誉八闽》；1992 年 3 月 8 日《光明日报》刊载《姐妹共自立专业有特色，华南女子学院闯出一条办学新路》；1992 年 12 月 10 日《中国教育报》登刊《华南女儿不愁嫁》。这是对华南女子学院的热情鼓励，也是对余宝笙院长的高度赞扬。现在，华南女子学院已毕业的 1500 多名学生中，相当一部分人担任厂长、经理与部门主管的职务。她们活跃在福建省的经济建设的各条战线上，为母校、为敬爱的余院长争光。

1989 年余院长荣获全国教育系统劳动模范称号。1990 年荣获全国归侨侨眷优秀知识分子称号。她连续被选为第六、七、八届全国人民代表。此外，她还担任许多荣誉职务。她是中国妇女自强自立的典范，她那热爱祖国、献身教育、坚忍不拔、无私奉献、胸怀宽广、充满爱心的高贵品德，令世人景仰。她那熠熠生辉的人格魅力，将永远感染、净化她的万千学生，使她们个个成为爱国、自强的新时代女性。

在余宝笙老师墓前

清明时节雨纷纷。就在这细雨洒面、寒风入袖的时候，我们伫立在余老师的墓前。

自 1996 年 9 月 23 日余宝笙院长离开华南女子学院起，我们每年清明时节都会到文林山看望她。同时也到圣泉陵园祭扫王世静院长和陈叔圭博士的陵墓。带去鲜花和光饼，看望我们永远敬爱和挂念的老师。

岁月匆促，人世苍茫。今天站在她们墓前的大多数学生已是 90 岁上下的老人了，也有少数是年轻的新华南学生。年老者最了解她们对中国妇女教育事业的贡献，亲身体会到她们当年的艰苦创业，为更多女性受教育而做出的自我牺牲。年轻者从《图说华南》和《余宝笙百年画传》两书中也看到了华南的前世今生，都说："你们很不容易。""你们"当然是指华南办学的几代人。如果没有余老师的远见卓识与人格魅力，以及她的几代学生的共同努力，哪有华南的今天？

今天，我们来到余老师墓前，除了带上鲜花和光饼外，还带上《余宝笙百年画传》一册，一起放在供桌上，让余老师看看她从小到老美丽的一生。她一定会满意的，我想。因为她最仁慈最宽容，最乐意她的学生有所作为。何况这 300 多幅照片确实能反映出她一生为国为民为妇女教育事业所做出的奉献，同时也可以看到，在她的带领下，她亲自培育的几代学生是如何尽心竭力地为她所开创的新华南坚守着，辛勤地工作着。

这几天我都在想，明年是华南建校 110 周年，我们可否请校友会发动全体华南校友，每人捐款 110 元，在校园竖立王世静院长和余宝笙院长的雕像。我不敢自作主张。在余老师的墓前默默地念着，喃喃诉说，希望得到老师的恩准。

在墓前，我们还向余院长汇报工作，告诉她，我们按照她的意愿，选贤任能，按期换届选举新院长，规范学院理事会和校友会的组织，使华南能平稳有序地发展，确保实现长治久安。我们兢兢业业，不敢懈怠，为华南的发展努力谋划着。

此时此刻新任院长与首席顾问正在美国访问，力图与曾经出过三任华南女子学院院长的美国晨边学院能有进一步的合作，为新华南建设再造辉煌。敬爱的余院长，您一定会认可我们的谋划，对吗？

我们这一群老华南培养出来的学生还在墓前郑重地发出誓言：尽管我们已届 90 岁高龄，但我们一定不忘校训"受当施"，不忘余老师的嘱托，不忘初心，继续前进，鞠躬尽瘁为华南，呕心沥血为妇女教育事业。因为我们共同认识到传承是最好的纪念，我们的责任和使命就是把华南精神永远传承下去。

我们一行 10 人，心中都充满期待。但愿明年此日，我们会带来更多的好消息，向敬爱的老师汇报。

2017 年 4 月 10 日

下编

爱，使她更加美丽

——散忆余宝笙老师

余老师离开我们已经 18 年了，但她的音容笑貌、她的言谈举止、她那美丽的身影却久久地萦绕在我们的脑际，难以模糊或淡忘。

通常的规律是人越老就会变得越丑。所以有"自古美人如名将，不许人间见白头"之句。可我们的余老师却愈老愈漂亮，不但脸庞美，风度美，而且她的眼睛始终纯净如水，异常美丽。她的整体形象显得那样光彩夺目。这只能说是天生丽质，唯她独有了。

十年前，在纪念她百岁诞辰时，我曾写过一篇题为《中国妇女自立自强的典范》的文章，主要是谈她的"强"。十年后，我再来回忆她，应该突出写她的"美"了。我认为余老师的整个思想、理念，她的人生观、世界观、价值观全部都充满了"爱"。她完全是以仁爱之心来待人处世。因为有了这样的大爱，她才显得越来越美，外表美与心灵美永远不褪色。

余老师最突出的爱是爱国。她的爱国之情表现在三段故事上，华南人都会记得。一是她 1924 年到美国读书时，母亲给她 800 银圆，嘱咐她："我们是中国人，毕业后要回来为祖国工作。"她毫不犹豫如期回到华南来了。二是 1937 年抗战全面爆发，她正在美国读博士学位，不顾导师挽留，赶到上海乘最后一班轮船回到福州。三是 1979 年"右派"平反后，她到美国探亲，同时到居住地邻近的明尼苏达大学生化研究室做科研。她急于要抢回被迫缺失20年的新知识。许多同事学生都认为她不会回来了，因为她历经20年的苦难，好不容易有改换环境的机会。但是，1981年春，她带着一箱生化资料翩然回国，而且在《福建日报》上发表令人肃然起敬的《祖国，母亲！》一文，表明自己的爱国心迹。

爱国就一定要报国。余老师的报国之举就是她以毕生的精力，从青春年华到生命的最后一息，都奉献给祖国的教育事业。从华南女子文理学院到福建师范大学，再到华南女子职业学院，这是她一生的坚守，一生心血的凝聚。她一刻也不肯偏离教学岗位。1992年至1996年4年间，余老师患病住省立医院，华南的小校车每周四下午都开往医院，让大家轮流去医院探望。当人们听说她常常夜里做梦还在讲课，而且是大声地讲解，无不叹服老师的执着与坚强，无不泪湿眼眶。

仁爱之心是老师所应有的最重要的品质。没有爱就没有教育。蔡元培先生说："教育者，人格养成之事业也。"老师缺乏仁爱之心，如何能培养学生有健全的人格？华南女子文理学院的特色之一就是五位博士王世静、陈叔圭、余宝笙、周贞英、吴芝兰都是和蔼可亲、充满爱心的老师。她们从不责骂学生，从来都是轻声细语，面带微笑与学生谈话。余老师尤其慈爱可亲。她除了担任化学系主任外，还兼训导主任（后改名为生活指导处主任），直接面对学生。即使是对犯错误的学生，她也总是和颜悦色、轻声劝导，从不训斥。所以老华南的学生，始终感到华南是一所特别温馨的学校。优美雅丽的校园内宁静、和谐，听不到喧哗之声，更没有吵架之声。师生之间、同学之间莫不微笑相迎，友好相处。在这样氛围中熏陶成长的华南女生，选择当教师和医生职业的人数特别多，这是与老师们的爱心浇灌分不开的。

余老师的爱心表现出来的许多细节，至今仍然十分感人。例如：

"文革"时期她把同住"牛棚"无家可归的刘海伦老师领回家住宿。刘老师的丈夫是台湾官员,本人又是抗战时期重庆市电台的英语播音员。她的儿女们难免也要关进"牛棚"。遇到"放风"日她无家可归,余老师不怕牵连把她领回,这对于落难人是多大的安慰啊!又如:拨乱反正时期,师大开始清理"打砸抢"三种人。党委请她参加座谈会揭发检举"三种人"。她不肯检举曾经打过她的造反派工友,怕他被开除没饭吃。多么仁慈宽厚的老人!她的心真是充满了爱。爱,就能宽恕、包容。

余老师仁爱之心的种种表现,华南的学生还可以说出很多、很多。

爱国之情使余老师做出了杰出的报国之举。仁爱之心铸就了她成为万千学生敬爱的好老师。爱,使她更加美丽,芳华永驻,白发胜青丝。我们虽然难望其项背,但也应努力勉励自己:要做一个充满仁爱之心的好老师。

怀念余院长　牢记"受当施"

　　今年是华南女子学院建校 106 周年，恰逢余宝笙院长 110 周年诞辰。在这特殊的日子里，作为 20 世纪 40 年代华南学生和 80 年代华南老师的我，禁不住浮想联翩，心潮难平。尤其是今年暑假中连续看到报纸电视对华南举办两场重要活动——中国职业技术教育学会教学工作委员会、家政服务专业教学研究会年会与第二届海峡青年节暨第九届两岸青年联欢节配套活动之一、海峡两岸女大学生环保创意大赛的报道，我真为余院长复办华南的胆识和魄力叫好。那时她已 81 岁了，"文革"的创伤未复，她竟那样大胆地挣脱极"左"的束缚，在烟台山 6.6 亩的土地上办起了中华人民共和国第一所女子高等职业学校。

　　余院长根据老华南校训"受当施"的精神，加入现代元素，定新华南校训为"自强、开拓、勤朴、奉献"，其核心在于奉献。实际上"受当施"的潜台词是"知感恩、识责任、敢担当、讲奉献"，最终要落实在"奉献"上。华南五位老博士：王世静、余宝笙、陈叔圭、吴芝兰、周贞英，她们富贵不移、威武不屈，坚守华南几十年。为了什么？为了实践"受当施"的诺言。王世静院长在对学生"训话"的各种场合都说："华南办学宗旨是使更多女性接受高等教育，培养中华女界领袖人才。"余院长复办华南也是在新的历史条件下继承华南的传统、实践"受当施"的精神。

下编

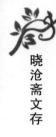

"受当施"这三个字，朴实无华，不是豪言壮语，不能激动人心，但却能永驻人心，终生难忘。它时刻提醒我们：做人要知感恩、识责任、敢担当，讲奉献。

一个世纪以来，散居海内外的华南校友们都能牢记"受当施"校训，尽力支持母校办学，传承"受当施"精神。1950 届校友杨淑月最近委托美国律师辗转联系上我院，为她办理遗产捐赠给母校的手续。暌隔 64 载，她临终时还记着母校，还不忘"受当施"校训，此情此景，实令人感佩！1945 年王世静院长从南平回到仓山校园，看到毁于战乱的彭氏楼时，她说了这样一句话："大楼不代表华南，华南的校友才能真正代表华南。"华南经费一向不足，王院长常年在美国、中国香港、东南亚各地访问校友，筹集经费。她最深知校友的热心和力量。

1984 年春，余宝笙老师到北京参加全国人大会议。从北京华南校友欢迎她的座谈会上得知燕京大学已成立校友会，她一回来就向省委书记项南申请，当年 8 月 1 日华南女子文理学院校友会成立了，并即刻决定复办华南。此后海内外校友齐心协力，戴月披星，含辛茹苦，终于实现了梦想。余院长和王院长一样深知校友的热心和力量，深知"受当施"校训的力量。

今天华南女子学院已是全国少有的一所靠校友力量举办的民办高校了。它办出了自己的特色和水平，努力为社会经济建设服务，为使更多女性接受高等教育，培养更多女性人才做出应有的贡献。对此，我相信将来中国教育史册上会有一页记载，而王世静院长和余宝笙院长的功绩必有浓重的一笔。

创办新华南，接续百年华南的历史是余宝笙院长的杰作。今天我们缅怀余宝笙院长的功绩和贡献，回忆她那卓尔不群的品格和气质，还有那温馨动人的故事，应该更加自觉地学习她践行"受当施"校训的精神，要像她那样把自己毕生的精力都奉献给女子教育事业。

当前，我们要构建和谐社会，大力倡导"爱心"与"奉献"等美德。因而"受当施"的内涵更加丰富了，意义更加宽广了。让我们永远牢记这言简意赅、能指导我们终生的美丽校训吧！

2014 年 8 月 10 日

下
编

华南以淑月为荣

杨淑月，福州华南女子文理学院教育系 1951 届毕业生。

她个子偏矮，但娇小玲珑，活泼可爱。她喜欢唱歌，在漳州老家上学时，就唱呀唱呀，但她不知道什么叫"声乐"。

1946 年 9 月考进福州华南女子文理学院后，她在宿舍里随意放声歌唱，歌声从窗口流出。华南学院那三座美丽的大楼是连接着的，老师们分别住在两座学生宿舍靠近阳台的两头。因此，都能听到她那美妙的歌声。

当时教授音乐课的老师有中国老师陈懿德女士和美国老师福路先生、美国老师傅顿女士。他们邀请淑月到琴房去为她伴奏，教她正确发声，为她讲"声乐"原理。她的聪明和勤奋令老师们吃惊，进步非常快速。到了 1949 年春季，她已成为华南一年一度音乐周的主角了。

华南女子文理学院的办学宗旨是培养妇女界领袖人才和具有健全人格的女性，十分重视德智体美全面发展，对音乐尤其重视。每年 5 月都举办音乐周。所有能唱歌能弹奏的师生都有机会上台表演。她们在华南校史上留下许多有关音乐活动的照片。音乐周的安排是：每晚一个专题演出，如福路先生的钢琴独奏、傅顿女士的女声独唱，还有一对犹太夫妇的大提琴演奏、学生的合唱等。当时学生们约定每天中午饭后上琴房排练半小时，并不影响学习。

音乐周举办大型音乐会。受邀请的来宾们，主要是本市各高校和教会中学的音乐爱好者，这在当时确实起到引领重视美育和推广音乐教育的作用。杨淑月就是在这样的环境和氛围中逐渐成为远近闻名的校园歌星。她以优美的抒情女高音演唱意大利歌剧《蝴蝶夫人》："当那晴朗的一天，在那遥远的海面……"给我们留下深刻的印象，至今难忘。

1951 年她毕业离校，随丈夫陈至德博士到新加坡任音乐老师。后在新加坡布法罗大学读硕士学位，又到美国纽约大学读音乐博士学位。她的音乐天才得到更大的拓展，经常参加当地的音乐盛会。1956 年 12 月 2 日新加坡《世界先驱报》、1958 年 3 月 21 日美国《每日时报》都刊载她演出的盛况和大幅剧照。美丽的蝴蝶夫人跃跃欲出。

春秋轮转，时移世易。60 多年过去了。2016 年 5 月，我院接到美国某基金机构律师的函件，短短告知：杨淑月校友和陈至德博士遗嘱将部分遗产折合人民币 230 余万元捐给华南女子学院作为基本建设基金。此时此刻我们才知道他俩已不在人间了。后来，定居加拿大校友苏玉英，也是漳州人，告诉我：淑月是在教堂参加平安夜音乐会，唱了一夜歌回家不久去世的。她大概是被自己的歌声沉醉了，再也醒不来了。

后来她的侄儿陈然先生将淑月在国外演出的海报、资料赠送给我院。我看到，在各种场合，在众多荣誉面前，她都要说：我原来不懂什么叫"声乐"，是福州华南女子文理学院培养了我，感恩母校……从杨淑月的成长成才的历程，我悟出了一个道理：女校是女性成才的沃土，老师们像家长一样亲切，呵护着学生，同学们亲如骨肉，互助友爱，乐见彼此事业有成。至今我还记得杨淑月专场音乐会举办的夜晚。同学们早早吃了晚饭，梳妆打扮，如同出席盛大庆典，争着在大门口站岗收门票，或站在舞台上拉大幕，或担任晚

下编

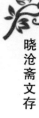

会的招待员，热情引领来宾入座，分送节目单……大家发自内心地喜庆，为自己学友的成就而喜庆。可以说，她一人演出，我们全班同学都没闲着。华南女子文理学院对杨淑月是再适合不过了。

我多次听到老华南校友说"我以华南为荣""华南以我为荣"这样的话。她们感恩母校也表现自豪，因为她们为母校增添了光彩。

杨淑月真心感到"我以华南为荣"。我们华南人确实也感到"华南以淑月为荣"。相互为荣，相得益彰。华南拥有像杨淑月这样杰出的学生、优秀的校友真不少啊！

华南所以有今天，广大校友是坚强的后盾。王世静院长早就说过："大楼不代表华南，华南的校友才能代表华南。"不论是老华南毕业的还是新华南毕业的校友，不论是华南毕业的还是非华南毕业的华南人，在华南女子学院工作一段时间后，都能感到华南的温馨，像个大家庭充满了爱，是干事创业的好地方，都以身为华南校友为荣。因此校友们成为华南办学的精神支柱。最近华南校友会正在编撰一册《优秀校友录》，书中人数不断增加，个个都很优秀，都有值得学习的亮点。像杨淑月、萨本茂这样的校友已经很了不起了，但我相信将来一定会有后来居上、更加杰出的校友出现。

增强民办教育工作的使命感和责任感
——在 1999 年秋季开学教职工大会上的发言

一、学习全国教育工作会议文件的一点体会

中国以落后的面貌进入 20 世纪，中国将以崭新的面貌进入 21 世纪。

党的十五大提出"科教兴国"的伟大号召，提出"优先发展教育"的英明决策。

1999 年 2 月国务院公布了《面向 21 世纪教育振兴行动计划》，绘出我国教育迎接新世纪的蓝图并以启动。1999 年 6 月党中央国务院召开改革开放以来第三次全国教育工作会议，颁发了《中共中央国务院关于深化教育改革全面推进素质教育的决定》。江泽民总书记在全教会开幕式上说："国运兴衰，系于教育；教育振兴，全民有责。"朱镕基总理在全教会闭幕式上说："穷国办大教育，不走多种形式办学的路子，别无选择。"

《中共中央国务院关于深化教育改革全面推进素质教育的决定》中着重强调："进一步解放思想，转变观念，积极鼓励和支持社会力量以多种形式办学，满足人民群众日益增长的教育需求，形成以政府办学为主题，公办学校和民办学校共同发展的格局。凡符合国家有关法律法规的办学形式，均可大胆试验。在发展民办教育方面迈出更大的步伐。"

下编

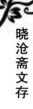

全教会之后，6月22日，国家教育部和省教委下发文件具体指示我们："加快高中阶段和高等教育的发展，特别要加强领导，抓住难得的发展机会，采取科学和实事求是的态度，根据实际需要与可能，精心操作，做好今年高中阶段和高等教育的扩大招生工作。同时积极鼓励和引导社会力量办学，尽可能满足人民群众接受更高更好教育的需求，为促进经济增长和社会发展做出更大的贡献。"

面对这令全国人民欢欣鼓舞的形势，教育工作者们，尤其是民办教育工作者们，更有一种使命感和责任感。这就是：应该抓住时机，抓住难得的发展机遇，来发展自己的事业。

多年来困扰我们大家最主要的问题之一是：校园面积太小，没有发展余地。建校初期我们办学规模只定500人，想要少而精，但事实做不到。1998年学生数已达736人，1999年将达到937人。据省计委同志说，明年大学扩招60万人。我们肯定会突破千人。7月7日来我院视察的教育部周远清副部长讲：民办教育的主要经济有两条：①经济收入主要靠学费收入；②多聘请刚退休的老教师来任教，以节约开支。这对我们很有启发。没有规模就没有效益。学生人数太少，学费收入有限，学校经济就困难，改善办学条件、提高教职工生活待遇等就难办了。因此，我们院领导小组下了很大决心，决定先从扩大校舍、扩大招生、改善办学条件着手。租用工人文化宫培训楼，与香港长益公司合作办国际幼儿园，是当前我院改革与发展的重要举措。我想同志们一定能理解并给予肯定的。一校分两处，确实诸多不便。但为了要适应形势的要求，力争得到迅速的发展，目前只能如此，别无选择。当然，这也不是长久之计，我们决定计划自建校舍。现在已有条件了，12号文件下达了，这是党中央国务院的部署。希望大家要克服困难，群策群力做好搬迁的工作。至于怎么搬迁，由严副院长来讲。搬迁之后，四个专业的办学条件得到一定改善。大家平时想做的事，如办各种类型培训班、3+1专升本、加强学生实践训练、产学研结合等都可以做了。请专业主任统筹计划。像这种可以提高办学效益和社会效益事，应该多做。

二、宣布院领导小组成员分工的决定

1. 院长分工

陈钟英负责学院全面工作。

陈琼琳副院长负责学院教学（师资培养、教学设备）、科研、外事工作。

严孟海副院长负责学院后勤基建工作（介绍严孟海）。

2. 领导小组成员分工

因学院分两处办学，为提高行政工作效率，决定由严孟海、郑元绚、刘嘉生三位同志负责文化宫地区的行政领导工作，严孟海同志为负责人。他们三人本职工作照旧，另外加上文化宫地区的行政领导工作。

3. 一点说明

学院 1999 年工作计划中曾提出：要改革管理体制，成立院务委员会，取消院领导小组。要做好"三定"工作，实行人员聘任制，原定暑假期间要好好坐下来研究管理体制改革的问题，因扩大工作紧急而又繁重，无暇顾及，只好等安定之后再来研究，特此说明。

下编

以德才立身，才能立于不败之地

——在 2000 年新生开学典礼上的讲话

我代表华南女子学院全体师生员工欢迎你们来我们学院读书，欢迎你们成为我们这个大家庭中的一员。从现在开始，你们就要在这里度过三年紧张而愉快的学习生活，完成大专学历教育，掌握过硬的本领，准备三年之后走向社会，参加国家的经济建设。这三年时间是你们成长、成才的关键时期，你们必须十分珍惜这三年时间，要把握好每一分钟。为了使大家能很快熟悉新的环境，明确自己的任务，现在我向大家介绍学院的情况，并对大家提出一些希望。

一、民办福建华南女子职业学院是一所什么样的学校

（一）它是由老华南的海内外校友共同创办的一所私立的女子职业学院

1985 年 10 月建校。创办人第一任院长余宝笙博士，她是福建省著名的科学家、教育家，福建师范大学化学系老教授。1985 年她已81 岁高龄，为福建的改革开放培养高素质的女性人才，带领她于 20世纪 30 年代、40 年代、50 年代初在华南女子文理学院任教时培养的一批学生来创办我们这所学院。余院长不顾年迈，三次到美国、中国香港等地捐款盖校舍，聘请外籍教师，为青年教师开辟出国进修的渠道等等，为办新的华南女子学院呕心沥血。1996 年 9 月余院长离开了我们，享年 93 岁。

余院长是当年华南女子文理学院的化学系主任。这所学院成立于1908年，是美国教会办的，1951年合并成为今日的福建师大。当年的校友散居世界各地，她们早有校友会的组织，如北美、新加坡、中国台湾等。我们余院长一出来办学就得到北美校友会的支持，她们不仅捐款盖教学大楼、提供每年的奖学金，还亲自来参加教学工作。北美校友会第一任会长刘永和博士曾担任儿教专业主任、教授，她是著名的心理学家。说到此，大家一定能理解什么叫老华南，为什么说老华南校友创办新华南，以及为什么我们的校名要叫华南了。这是创办人群体的标记，这是历史渊源的延续关系，我们不能取别的名字。

（二）怎样认识"民办"二字

民办是与公办相对而言的。国家出钱办的学校叫公办。老百姓自己集资办的学校叫民办。过去叫私立，现在也称社会力量办学。都是一个意思：不是政府出钱办的，是老百姓自己筹钱办的。我们国家这么大，人口这么多，穷国办大教育有困难。政府鼓励社会力量办学，以满足群众受教育的愿望，以减轻政府的负担。十几年来全国民办的高等学校已经发展到千余所，规模层次不一样。绝大部分民办高校只能通过自学考试发文凭，能发学历文凭资格的很少。福建省民办高校6所，只有我们华南与仰恩大学能发国家教育部印制的学历文凭。

民办学校在培养人才方面与公办学校一样，都必须贯彻国家的教育方针。培养德智体美等全面发展的社会主义的建设者和接班人，这一点决不能含糊。我们学院是经过福建省政府立案、原国家教委备案的，是在国家教委和省教委领导下工作的。从招生计划到教学管理中的重大事项都要得到省教委认可和批准。但由于我们是民办的，经费靠自筹，人员靠自聘，办学的自由度或灵活性比公办学校要大一些。1. 对外交流，例如外聘教师，外教数目之多、渠道之广

下编

是公办学校做不到的。我们能聘请到高水平的兼职教师。2. 兼课师资，能快速有效地培养青年教师成为教学骨干力量。3. 及时教改，能灵活及时地根据我院的实际情况进行教改等。所以，虽然我们的校园很小，设备还不齐全，但是我们的教学质量是有保证的，是得到社会好评的。

（三）女子学校好不好

凭我十几二十年读女校办女校的经验，我觉得女校更有利于女性人才的培养。因为女校的学习环境好，干扰少，可以专心读书，聪明能干的女孩子容易脱颖而出，有利于培养女性领袖人才。美国、日本女校较多，美国有 84 所女子学院（宋氏三姐妹、冰心均毕业于美国威尔斯利女子学院），英国、德国也有不少女子学院。韩国梨花女大是世界上规模最大的女子大学。我国自 20 世纪 80 年代开始复办女校，现有北京中华女子学院、西安培华女大、长沙湖南女大。我们是全国唯一的民办女子大学，又办得最早，也小有名气。50 周年大庆，《共和国之最》摄制组来校拍摄这"百最"之一，已由省教育台播映。

专家认为女校学生性格开朗，集体荣誉感强，善于交流，变得更坚强，更勇敢。对于女校培养人才的优势，美国做过调查。据美国女子学院联盟的调查：与男女混合学校相比，女子学院毕业生的职业晋升机会多一倍。美国国会女议员中有 40％是出身女校的。美国《幸福》杂志报道的 1000 家最成功的公司里的监事会，女成员中有三分之一上过女子学院。

从我院毕业生来看，毕业 13 届 2320 名，有四分之一左右的人担任企事业单位的部门主管或助理，许多人被评为先进、模范。华南的声誉是毕业生们创造出来的，而我们老师们最感到欣慰的是：我院录取分偏低，但经过三年的培养，学生的知识、能力、素质不比别的同类学校的学生差，某些方面甚至超过。因此，我再说一遍：

女子学校好，"爱我华南"！

（四）职业学院与普通院校有何不同

我国高等学校分本科院校、专科院校、职业院校三种类型。本科院校是四年制的，科系比较多，规模大，肩负有培养研究生，博士生的任务。专科院校三年制，培养目标：专门行业，如师专、建专、商专等。职业院校在美国称社区学院，在日本称短期大学，在德国称专科学校，学制二、三年不等，有的更短，实际上也是专科。不过它更强调"技术"，专业随社会经济发展而灵活变化。职业院校的培养目标是：经济、生产第一线的技术和管理人才。在第一线要求动手能力很强、专业技术要过硬。这一点是职业院校与普通院校最大的不同。国家规定大专生可再读本科，第三次全国教育会议决定职大生可升入本科，学校为大家创造条件：1. 自考；2.3＋1。今年已选拔四名：英语 2 名，服装 1 名，营养 1 名。

二、怎样当好华南女子学院的学生

（一）明确奋斗目标，立志磨炼成才

中国是以落后的面貌进入 20 世纪的，中国将以崭新的面貌进入 21 世纪。同学们都是 21 世纪的建设人才，祖国的富强，民族的复兴，希望就在你们身上。你们要明确：上大学不仅仅是为了个人接受高等教育，将来能谋个好的职业，而且是为了将来有能力建设祖国，报效祖国。因此，你们要明确奋斗目标，立志磨炼成才。

成才的标准就是要做个"四有"大学生。

"有理想"——大学生要有美好、科学的社会理想：社会主义、共产主义理想。要有从业理想：选择为人民服务、有利于社会发展的事业。要有成就意识：读书做事都要追求卓越，不甘平庸。理想不是空话，它表现在日常的言行中。在大是大非面前，它左右人的判断力，决定人的选择。胸无大志的人也就是没有理想的人，常常会做错事或糊涂事。

下编

"有道德"——大学生应以一个奉公守法的公民的权利、义务规范自己的言行。在社会要讲社会公德；在家庭要讲家庭美德；也要学习将来的职业道德；还必须讲奉献精神，公德、美德离不开奉献。道德素质是一个人在社会生活中为人处世，处理同他人、同社会各种关系的一种素质。这是做人最基本的素质。大学生一定要做一个道德高尚的人。

"有文化"——对大学生文化素质的要求是比较高的，要求有实践能力与创新精神，懂得如何获取知识与如何运用知识，通过实践创造新的知识。创新靠知识的积累，积累知识要靠学习。文化素质、思想素质的提高都要靠学习。所谓发展个性，对大学生来说，就是在学习上发扬自觉性、积极性、主动性，根据社会发展的要求，对学习内容、学习方法做科学的判断、准确的选择；培养自己独立思考、动手、创新的能力，并在学习中发现、培养自己的特长，一边学习，一边应用，不断提高自己的素质与能力。

"有纪律"——大学生必须遵守学校的纪律和各种规章制度。这是任何一个集体都有的起码要求。大学生的学习、生活比中学生自由，个人活动的空间大，时间多，但不可因此而漠视学校的纪律。学校规定的必要的规章制度，是为每个大学生正常学习、提高素质提供保证，同时能增强大学生的纪律意识，所以，你们必须做一个守纪律的大学生。

做"四有"的女大学生还要加上"自强"二字，成才本不容易，女子要成才更难，受社会因素、心理因素制约。总之，我们应当自强不息，顽强拼搏。

（二）勤奋读书，积极参加集体活动，不断提高自身素质

1. 自觉读书、多读书，读书要有计划

上中学时由于高考的压力，常常是在父母和老师的强迫下被动地读书。进入大学完全不同了，没有人强迫你，要靠你自己主动、

自觉地去学习。因此，你们进入大学后，首先要改变观念，由被动学习转到主动学习，由"要我学"转到"我要学"，有了学习的积极性，才有可能读好书。

在中学，你们只要把课本读熟能应付考试就可以了。上大学可不同，标准的课本不多，要靠看讲义和记笔记，课外也要大量阅读参考书，还要参加课堂讨论、实践训练等，才能真正掌握到这一门课程所包含的内容。因此，你们要多读书，多读与课程有关的参考书，才能获得丰富的专业理论知识。

读书要有计划才能节约时间，取得好的效果。现在每周上课五天，课程排得很满，空余时间不多，你们要首先保证学习课程讲义、笔记，阅读指定的参考书，做好读书笔记，勤于思考，融会贯通，牢固掌握所学的知识。其次，你们要根据自身知识的缺漏，有计划地在三年内补一补。大学生的知识面要宽一些，文史哲经地音美以及一般的自然科学知识都要有。你们要订出计划，利用双休日和寒暑假慢慢补上。读小说一定要读中外古今的名著，一般的言情小说不必读。多读散文可提高写作能力。作品思想深刻、文笔优美才有益处。时间有限，一定要有选择，要有严格的计划才能成功。

你们一定要掌握读书方法，"三多"，即多读、多想、多写。多读——古人说"开卷有益"，意思就是鼓励人们书要读得广泛些，才能开阔视野，丰富知识的库存。多想——想就是识别，就是消化。读书不动脑筋，等于白读。朱熹说读书要"三到"，即"心到、眼到、口到"。所谓"心到"就是要认真、要专心、要多想，才不会读了之后，心中还是茫然一片，没有自己的想法，让别人牵着鼻子走。多写——这就是要善于借助笔记来帮助思维，通过多写来促进思考、巩固记忆。多读、多想、多写的关键在于勤奋。

2. 努力培养高品位的兴趣爱好，积极参加校园文化活动

21世纪对人才的要求是：知识＋能力＋素质。要求一个人有知

下编

识也要有能力，有比较高的素质。所谓能力，是学习知识和应用知识的一种智力，要求一个人有好的表达能力、动手能力、创新能力、组织能力等。所谓素质，包括思想品德素质、专业素质、文化素质、身心素质。在今后科学竞争日趋激烈的情况下，人的素质与能力变得越来越重要。同学们在校三年应该努力培养高品位的兴趣爱好，积极参加校园文化活动，如艺术节、技能节、校园歌手大奖赛、小品会演、舞蹈比赛、公关礼仪比赛、服装模特表演队、专业技能表演赛等。培养兴趣、特长，培养表达能力、组织能力、创新能力、合作能力，不断提高自己的素质。

总之，你们跨进大学校门就突然间长大了，不再是小孩子、中学生，而是当代中国的大学生了。要很好地安排自己，计划自己的未来。当前最重要的是勤奋读书、提高素质、自强不息，做个有德有才的人。希望同学们一定要记住：以德才立身，才能永远立于不败之地。希望大家都做一个德智体美全面发展的当代大学生，做一个华南女子学院的好学生。同学们，努力吧！

女性创业的时代已经到来

——在第十三届毕业生毕业典礼上的讲话

今天我们学院全体师生在这里隆重举行第十三届毕业生毕业典礼。我谨代表全体教职员工祝贺毕业班同学学成毕业并祝愿你们：工作顺利，事业有成，为父母争光，为母校争光！

我们建校15年，已经毕业了12届2094名毕业生，加上你们这一届226名毕业生，我们学院已为国家培养了2320名合格的女性建设人才。培养2320名女性人才，是我们学院对国家对社会最大的贡献。记得我们最崇敬的福建籍老作家冰心先生说过："世界上如果没有女人，这个世界至少会失去十分之五的真、十分之六的善、十分之七的美。"我们受过高等教育的2000多名女大学毕业生投入社会各行各业，该给这个社会增添多少真、善、美啊！

学院的老师们经常听到社会各界人士对我们毕业生的赞扬。他们认为我们的毕业生除了工作能力强、热情肯干、服务态度好、英语口语棒之外，最突出的特点是自强自立的精神与气质要胜过其他高校的女性。这话说得好！不是吗？我们的毕业生中不知有多少人已经在各大公司、商贸大厦、高级宾馆、工厂、学校、机关等单位担任部门主管或助理职务。有几家公司如雷保鞋业公司、闽侯艺术品出口公司等，有六七位华南毕业生在同一公司工作。她们已经成为公司的业务主干，经常出国谈生意。她们团结合作，创造好成绩，

下编

受公司重视，受社会赞扬。在教育部门工作的毕业生如留在本院的，已有一批人当了主任、处长或助理职务。在中小学、幼儿园和特殊教育学校工作的，被评为优秀教师的有好几位，从事广播电视工作的，也有被评为十佳节目主持人。自己创业办厂的，也闯出了自己的服装品牌。还有身残志坚的陈响校友，不仅担任广电节目主持人，还经营餐馆，积累资金准备创办残疾人大学……行行出状元，处处活跃着华南女儿成功的身影。这成功，是自强自立、艰苦奋斗换来的。这成功，体现了我们华南的办学特色。特色就是水平。你们走上社会后就会遇到许许多多华南的学姐们，你们应该好好向她们学习。

现在有一个新观念：要把大学生的"就业"改为"创业"。的确，时代已经改变了。不管是政府部门还是私营企业，都需要有创新能力、有创业精神才能做好工作，办好企业。在这个时代，个人的潜能可以得到最大的发挥。这个时代给妇女的创业提供了最好的机会。有一篇文章叫《新世纪妇女经商的时代》（《光明日报》2000年4月30日）写道："人们有理由相信21世纪将是妇女经商的时代。"理由是什么呢？文章先以数字说明："目前，美国女性拥有的企业达910万个，占美国公司总数的38％，每年创造的收入近4万亿美元。"以前可不是这样，20世纪60年代哈佛大学商学院还不让妇女申请上学，70年代只有9％的女性上学。到了80年代许多公司都有妇女管理人员了。这20年来女性创业的发展速度很快。原因有三：第一，企业管理知识的普及和管理经验的推广，提高了女性的素质，增强了女性的竞争能力。第二，在全球经济结构的变革中，第三产业迅速成长壮大。第三产业的一个共同特征是提供一种服务而非物质生产，这有利于妇女的创业。据联合国的统计，各国从事第三产业的妇女占第三产业就业人数的36.8％，占女性就业人数的42.9％。第三，知识经济的发展为女性创业提供了良好的机遇。知识经济将改变传统物质生产方式，使脑力劳动和体力劳动的差别进一步缩小。知识成为竞争中的决定性因素，有利于发挥女性善于管理和善于人际交流的特长。新世纪给予女性创业大好时机，目前经济形势特点是经济全球化，我国开放全方位扩大。希望毕业班同学们要抓住机遇，勇敢开拓，大胆创业。可以学习学姐们的榜样：自己办公司、办企业、开工厂、办幼儿园。当然，大多数人应该先在工作岗位上积累三五年的经验与资金，然后大展宏图。伟大的科学家居里夫人说："每个人都要相信我自己有一定的天赋。"让我们大家共勉吧！

以上说的是我们的长处与优势，说起来真令人高兴。但任何事物都是一分为二的，我们也应看到自己的不足。近年来教育界一直在讨论现代大学生文化素质偏低这个问题。教育部领导在一篇文章中指出："长期以来，我国高等学校人才培养方面存在着一些偏颇与不足，其中人文教育薄弱尤其突出。针对这一状况，我们提出通过加强对大学生进行文、史、哲、艺术等人文社会科学和自然科学方面的教育，以提高全体大学生的审美情趣、文化品位、人文素养和科学素质。"文章还指出："在特殊的时代背景下，强调加强文化素质教育，主要是基于两方面的认识。其一，加强文化素质教育，是高等教育加强素质教育、深化人才培养模式改革的一个重要切入点；其二，加强文化素质教育在提高人才整体素质中具有重要的基础性的地位和作用。"（周远清：《素质·素质教育·文化素质教育》）这就是说文化素质教育是加强素质教育的重要基础。对这一点，江泽民总书记在第三次全国教育工作会议上的讲话中有精辟的论述。江总书记说："要说素质，思想政治素质是最重要的素质。不断增强学生和群众的爱国主义、集体主义、社会主义思想，是素质教育的灵魂。"他同时指出："对干部、群众和学生必须认真进行中国历史、地理、文学知识和政治知识的教育，没有这些知识的武装，人们的

下编

爱国主义、集体主义、社会主义思想是难以确立起来的。"1999 年 1 月 31 日，江泽民总书记在视察内蒙古大学时指出："文化素质教育很重要，应当好好抓，理科的学生要加强学习人文方面的知识，文科的学生要加强学习自然科学方面的知识。"这实际上强调了文化素质教育对于思想政治素质的形成和确定，对于业务素质的养成和提高，起着重要的基础性的作用。同学们在校时间只有三年，即使是四年、五年，要掌握我国十分丰富的文、史、哲、艺术等人文社科方面的传统的与现代的知识也是不可能的。这就需要我们坚持不懈地学习，锲而不舍地积累，不断地提高我们自己的文化素质。同学们参加工作以后，不管有多忙、多累，都应该安排计划，自学一些文学、历史、哲学、艺术、自然科学等书籍，要持之以恒，日积月累。文化素质提高了，业务素质将随之提高，政治思想素质的基础将会更加扎实。

最后，我还要对毕业班同学叮嘱一句话：学校送给毕业班同学每人一册《余宝笙院长纪念集》。余院长是福建省著名教育家，华南女子学院的创办人，在你们入学前一年逝世，享年 93 岁。希望你们要学习余院长热爱祖国，为祖国的教育事业鞠躬尽瘁、奉献终生的精神。我们学院正面临大发展的时机。今年秋季招收新生 570 名，在校生规模将达到 1254 名。我们的校舍太小了，租用文化宫还不能满足发展的需要，必须选择建校的地址，确定扩建校舍的方案。希望同学们离开学校以后，仍然要关心母校的建设与发展，有机会常回家看看，尽自己的力量为母校做些贡献。

再一次祝贺你们鹏程万里，前途无量！

百年华南　再铸辉煌

——在建校 100 周年庆典上的致辞

今天我们华南女子学院在这非常美丽但尚未建设完成的新校区举行建校 100 周年庆典，感谢各位领导和来宾的光临，并恳请大家原谅我们的条件限制，不能很好地招待大家。

现在请让我代表学院理事会作校庆致辞。

百年华南，百年沧桑。福建华南女子学院在历史长河中，已经走过了 100 年。

1908 年，美国女传教士程吕底亚在不断地呼吁"女子也应该接受高等教育"之后，以她的爱心和毅力，加以各方的资助，终于建成了雄踞藤山之脊、闽江之湄的华南女大，她担任首任校长。

1929 年，华南女大培养出来的优秀毕业生王世静接受当时形势加给她的重任，接过办学接力棒，担任首任华人校长。王世静宣布华南女大的办学宗旨是："要使福建的女子，人人都能有受高等教育的机会，为教育而教育，为养成女子最高的人格而教育"，"栽培中国女青年接受文学、科学上、职业上之高等教育并养成牺牲服务之高尚人格"。校训"受当施"即铸造这种高尚人格的最精辟话语。1933 年王世静完成了学校在国民政府教育部的立案工作，定校名为私立华南女子文理学院。数十年来学院专注女子教育，重视文、理、家政、音乐各科的综合素质培养，常设社会服务部，使学生在学习

下编

知识的同时，不忘为社会服务，不忘"受当施"，即使在抗战期间迁校南平的艰苦岁月，也在黄金山上搭盖木屋办社会服务部，为当地群众服务。华南女子文理学院以优质女子教育，在20世纪40年代成为我国东南沿海著名的女校。校友遍布美国和东南亚，大部分在国内服务，许多人已成为教育家、科学家及各界的优秀人物。

1985年，老华南化学系主任余宝笙教授在改革开放春风的吹拂下，萌发要再办华南女校的念想，她说："提高妇女的素质是提高全民族素质的关键。"省委书记项南看过她1981年从美国回来发表的《祖国，母亲！》一文，深知她的心志与胆识，全力支持她办学。于是从立案到开学仅半年多时间，福建华南女子学院——全国第一所民办女子院校宣告成立了，81岁的余宝笙博士担任首任院长。

在余宝笙老师的感召下，老华南的海内外校友，纷纷拥到她的旗下，国内先后有33位校友来校服务。海外校友刘永和博士回来任儿童教育专业主任并授课、带领社会实践；多数校友用捐款建校舍、设立奖学金的形式支持办学。薪火相传，"受当施"校训今天更鲜明地诠释为"自强、开拓、勤朴、奉献"，而老校友们的艰苦奋斗、无私奉献精神已被誉为"华南精神"。

根据新时代的需要与职业院校的要求，新华南的专业设置从符合女性心理生理特点出发，以紧贴民生为依归；在教学过程中重视健康人格的塑造和实用职业技能的培养。至今已为国家输送近万名毕业生，她们一部分在海外发展，大部分在国内创业，改革开放不断深入扩大的时势给了她们施展才能的良机。我们已无法统计出她们之中有多少人是财经商贸界的白领高管，有多少人是政府机构中的领军人物，有多少人在教育界崭露头角，有多少人自立创新自办工厂、商店和公司。我们要为华南女儿喝彩！百年华南无数前辈的办学苦心，今朝已结出硕果。

我们要感谢美国亚洲基督教高等教育联合董事会，从老华南到新华南，都给予我们很大的支持。他们最早分期分批派来外籍教师，至今在我院任教的外籍教师已达 140 名 200 多人次；他们长期出资帮助我们培养青年教师赴国内外名校进修。如今，学院已形成了一支高素质的师资队伍，她们之中的拔尖人物已成为学院各级各部门的领导者。

我们要感谢香港董事会的闽籍企业家们。他们二十几年来一直关心支持着学院的发展，把家乡教育事业视同自己的事业。

我们最衷心地感谢党和政府对华南的关怀与扶植。历届省市领导都关注华南的生存与发展。今天我们能拥有这样美丽的旗山校区就是有力的明证。

最后，我们要感谢广大新老华南的校友们。校友们的不懈努力和出色表现，使华南得到社会的认可和赞誉。今后，我们应当继续努力，坚守华南精神，坚决办好华南，为海西建设输送更多的高素质女性人才。让我们共同祝愿：

老树新枝枝繁叶茂，
百年华南再铸辉煌。

2008 年 10 月 18 日

下
编

认真贯彻《中华人民共和国民办教育促进法》

——在 2003 年全院教职工大会上的讲话

认真贯彻《中华人民共和国民办教育促进法》（下简称《民办教育促进法》），深化管理机制改革，加速新老交替步伐，为我院办学水平和教育教学质量的提高而共同奋斗。

《民办教育促进法》历经艰难评审，终于在 2003 年 12 月 28 日九届全国人民代表大会常委会第 31 次会议上获得通过。《民办教育促进法》较好地处理了民办教育的公益性本质和取得合理回报的关系，较好地处理了民办教育加强管理与维护民办学校、举办者和受教育者合法权益的关系，可以说是一部具有中国特色的，适合中国民办教育实际情况和民办教育的法律。《民办教育促进法》的颁布实施必将有力地推动中国民办教育的大发展。

我院是我国最早创办的一批民办高校之一。我们已走过了 18 年的风雨历程。今天来学习我国刚刚诞生的这一部《民办教育促进法》，倍感亲切和理解。我们必须对照这部法律来考虑我们学校的工作应该怎么做，来检验我们学校的工作是否符合国家法律的要求。总之，我们必须按照《民办教育促进法》的要求，把我们的学院办得更加规范，更有活力，更有利于将来的发展。

5 月份我们学院开展了学习《民办教育促进法》活动。同志们讨论很热烈，提出不少很好的建议，其中包括建议聘请校长的人选。

老华南校友会的理事们认为 9 月 1 日就要开始实行《民办教育促进法》了，我们必须做好思想上和组织上的准备。老华南校友会是我们学院的举办者。老华南校友会理事们经过认真学习《民办教育促进法》及其实施条例这两个文件，结合我院的实际情况，郑重提出关于学院理事会的组成、学院新一届领导班子的组成，以及学院资产的管理与移接等三个重要问题的具体方案，并经 6 月 16 日党政联席会议通过。现在由我把这三个重大问题及其具体方案向大家报告如下。

为了理清头绪，我得先把我们向政府申请立案，政府批复的主要内容宣读一下："福建省人民政府文件（闽政〔1984〕综 782 号）《关于同意创办华南女子职业学院的批复》。省教育厅：你厅转来福建师大余宝笙教授关于筹办华南女子职业学院的报告收悉。经研究，同意华南女子文理学院暨附中校友会创办华南女子职业学院，校址在福州市仓山区，由校友提供校舍，办学经费也由校友会筹集。这是第一段。第二段讲专业设置，承认大专学历、毕业生享受大专毕业生待遇。第三段讲希望高教厅和福建师大给予支持和指导，争取 1985 年秋季开始招生。福建省人民政府 1984 年 11 月 16 日。"

省政府文件明确规定我院的举办者是华南女子文理学院暨附中校友会。

《民办教育促进法》实施条例第七条规定：民办学校的举办者是指申请设立民办学校并具有相应权利义务的社会组织或者个人。

我院是由华南女子文理学院暨附中校友会申请设立的。由德高望重的理事长余宝笙老师担任院长。学院的举办者就是华南女子文理学院暨附中校友会。

现在由我作为学院举办者的代表，向大家宣布三项重要决定。

一、关于学院理事会的组成

《民办教育促进法》第十九条规定：民办学校应当设立学校理事

下编

会、董事会或者其他形式的决策机构。

《民办教育促进法》第二十条规定：学校理事会或者董事会由举办者或者其代表、校长、教职工代表等人员组成。其中三分之一以上的理事或者董事应当具有5年以上教育教学经验。学校理事会或者董事会由5人以上组成，设理事长或者董事长一人。理事长、理事或者董事长、董事名单报审批机关备案。

《民办教育促进法》第二十一条规定：学校理事会或者董事会行使下列职权。1. 聘任和解聘校长；2. 修改学校章程和制定学校的规章制度；3. 制订发展规划，批准年度工作计划；4. 筹集办学经费，审核预算、决算；5. 决定教职工的编制定额和工资标准；6. 决定学校的分立、合并、终止。7. 决定其他重大事项。

《民办教育促进法》规定，学院理事会理事人数要5人以上；要由三部分人组成：举办者或其代表、校长、教职工代表。

《民办教育促进法》实施条例第十条规定：举办者应当拟定学校章程，推选民办学校的首批理事、董事或者其他形式决策机构的负责人。

根据以上的规定，我们认为：学院理事会应由9人组成为宜。举办者代表5名，院长1名，教职工代表3名。推选名单如下：举办者代表5名，陈钟英、陈琼琳、汪玲、郑元绚、朱恒英。院长1名。教职工代表3名，王炜、王凌、苏萌娜。

以上9人组成学院第一届理事会。

二、关于学院新一届领导班子的组成

首先要讲院长问题。

《民办教育促进法》第二十三条规定：民办学校参照同级同类公办学校校长任职的条件聘任校长，年龄可以适当放宽，并报审批机关核准。

那就是说我们要聘任院长，必须参照公办的高职高专校长任职条件（关键的一条是职称的要求），还要上报省教育厅核准。年龄可以适当放宽，能放宽多少呢？

《民办教育促进法》实施条例第二十二条规定：民办学校校长应当符合法定条件，经审批机关核准，年龄可以适当放宽，一般不得超过70岁。

根据这条规定，院长一般不得超过70岁，我已经超过太多了。必须聘请符合条件、年富力强的人来担任第三任院长。因此，我们聘请李纾老师回校担任院长职务，聘期三年。省教育厅已于6月16日审批核准了。李纾老师1988—1991年在我院儿教专业任讲师，后到澳大利亚读博士。现任职澳门科技大学管理学院博士后研究院。学术著作很多。他是一位学者型的人，为人正派和善，热爱华南，了解华南。愿意放弃澳门科大的优厚待遇，弃高就低，回来为华南服务。这是十分难得的人选。我相信李纾博士来主持学院的工作，我们学院整体的教学科研水平一定会有迅速的提高。

在培养接班人的问题上，从余院长病重以后，我们确实意识到要加紧步伐进行。将近十年的时间，我们分批选拔青年教师担任各专业、各处室的领导职务，从副职到正职，一个一个台阶上来。到了2002年3月，经过全体教职工推荐，选拔三名院长助理，参加学院的领导班子工作。按照我们原定的方案，准备2003年12月底前，竞聘选拔三名副院长。这个方案已经过教代会讨论通过。《民办教育促进法》公布后，我们必须依法办学，必须修改我们原来的计划。因为《民办教育促进法》规定校长是由学校理事会聘任的，而学校工作人员（包括副院长在内）是由校长聘任的。

根据这部新出台的法律的精神，结合我院的实际情况，我们认为三位院长助理应当继续参加新一届院领导班子的工作。而且最好能减轻一些负担，让她们有更多的时间从事教学与科研。特别是科研，要出成果，要写论文和学术著作，没有充分的时间是根本办不

下编

到的。因此，我们建议新一届领导班子的组成人员及分工如下：

院长李纾全面负责学院的教育教学和行政管理工作，重点负责教育教学工作。

副院长王炜分管教师、学生的思想政治工作和学院的日常管理工作。

副院长严孟海分管学院的总务后勤和安全保卫工作。

办公室主任郑元绚负责学院财务管理工作。

院长助理王凌负责学院发展办公室工作和协助学院行政管理工作。

院长助理任建红负责教务处工作和协助学院教育教学管理工作。

院长助理徐欧负责学生处工作和协助学院教育管理学生工作。

学院新一届领导班子由以上 7 位同志组成。

三、关于学院资产管理与移接

关于学校的资产管理问题，《民办教育促进法》第五章第三十四条至三十八条专门有五条规定。我们必须重点研究的有以下两条：

第三十五条，民办学校对举办者投入民办学校的资产、国有资产、受赠的财产以及办学积累，享有法人财产权。

第三十六条，民办学校存续期间，所有资产由民办学校依法管理和使用，任何组织和个人不得侵占。

这就是说，举办者——老华南校友会享有法人财产权。在学院存续期间，所有资产由学院依法管理和使用。

关于举办者投入的资产这个问题，《民办教育促进法》实施条例第八条规定：举办者可以以资金、实物、土地使用权、知识产权或者其他无形的资产等形式出资，但知识产权或者其他无形资产的出资比例不得高于总出资额的 1/3。

我院创办之初的资产投入情况是："海外校友出钱，国内校友出力。"政府补助 40 万元快速盖成教学楼，按期开学。以余院长为代表的老华南校友群体应该算是一笔非常丰厚的无形资产。1988 年 11 月至 1989 年 3 月，余院长赴中国香港、美国等地捐款，香港董事会及闽籍企业家、北美校友会及校友个人捐款 200 多万元，盖文理科楼（1 号楼）。1995 年省、市政府各拨 100 万元，共 200 万元盖 3 号楼。这些固定资产加上办学积累，构成今日学院所拥有的资产。根据《民办教育促进法》，举办者享有法人财产权。那就是说老华南校友会享有法人财产权。自然规律告诉我们，老华南校友会存续时间很有限了。将来学院的举办者应该是新华南校友会。再过一段时间，应该通过法律程序进行新老华南校友会的交接。老华南校友会要把法人财产权移交给新华南校友会。因此，新华南校友会必须加强组织工作，选好干部，锻炼好队伍，以便逐步接替老华南校友会的工作，担负起学院举办者的重任。薪火相传，越烧越旺。我们华南女子学院的明天，一定是非常美好的。岁月更迭，新老交接。不久的将来，我们华南女子学院将会出现这样的新局面：拥有大几千名校友的新华南校友会中的代表人物，有的成为学院的行政领导者，有的成为学院理事会的领导者。到那个时候，我们学院一定会办得更有自己的特色，更富有活力与魅力，真正能成为培育八闽杰出女性人才的摇篮，为中国的教育事业和妇女事业贡献更大的力量。

同志们！为了实现上述远大的目标，我们近期的目标应该是：平稳过渡，顺利发展。我们扩建校园的问题已经有重要的突破了。首山商专校址下周可签约。两年后还有卫校可供我们发展。老华南校址仍然是我们奋斗的目标。现在关键的问题是我们必须集中一切力量建设好一支高素质的师资队伍和管理队伍，才有可能把学校办好，才有可能提高教育教学质量，才有可能办出自己的特色，才有可能在当前如此激烈的竞争中不仅能生存，还能稳扎稳打地得到很好的发展。同志们，我们任重而道远啊！我们务必更加紧密地团结起来，扎实工作，埋头苦干，为华南的明天再铸辉煌。

下编

《华南情思——纪念福建华南女子学院成立 105 周年文集》序

105 年风雨，105 年沧桑。

华南女子学院屹立在藤山之脊，闽江之湄，已经 105 年！

1949 年以前，它是外国教会在华创办的 13 所著名的教会大学之一。1929 年王世静院长就职宣誓时说：学院"要培养中华女界的领袖人才"。历史老人的意旨，时代使命的催生，任何人都无法阻止。老华南在王院长的带领下，遵循"培养健全人格与牺牲服务精神"之办学理念，以"受当施"为校训，培养了一代又一代的女性人才。20 世纪 80 年代，改革开放的春风吹醒了老华南校友们，余宝笙院长以 81 岁高龄擎起了新华南的校旗，为国家改革开放事业，为福建的经济社会建设，培养一批又一批受到人们赞誉的现代女性人才。

老华南、新华南的女儿们能不怀念她们亲爱的母校吗？能不为她们刻骨铭心地记忆着的有关母校的故事和细节写点什么吗？

于是，便有了这本《华南情思》。

在这里，她们可以痛快淋漓地直抒胸臆，也可以细密悠远地寄托自己情思。

她们最难忘怀的是那温馨甜蜜如同家庭的校园与共同生活在其中的师友姐妹。不管是在藤山之脊拥有那三座典雅美丽建筑物的小型校园，还是在烟山之巅，只有 6.6 亩土地的超小型校园，抑或在旗山之麓拥有漂亮建筑群的中型校园，她们都感到一样温馨、宁静，一样能读好书，完成学业，愉快地走出校门。

她们对老师的深切怀念是与她们对华南精神的永远服膺联系在一起的。"受当施"和"自强、开拓、勤朴、奉献"的华南精神是老师们言传身教教授给她们的，而她们接着再传承发扬，因此，能够学业有成，事业有誉。

她们还发现，在这个小型的女校里，是能够成长成才的。因此她们特别热爱华南。华南师资队伍的领军人物余宝笙博士和刘永和博士最能说明问题了。她俩都是华南毕业生，后来又当了多年的华南老师，余博士在老华南亲授 6 门化学课程。老华南化学系毕业生特别出色，模范人物、特级教师特别多，这和她的教诲不无关系。刘博士在新华南初办的 20 世纪 80 年代，已独创"智力扶贫"，组织儿教专业学生到闽东山区实践扶贫计划，得到社会的广泛赞誉。在这个集子里，读者可以感受到华南女儿们的喜悦心情。这是成功的喜悦，也是感恩的喜悦。

于是，华南的女儿们自然会想到女子教育的问题。百年华南应是研究我国女子教育的模本。在 21 世纪，在当今世界，女子高等教育怎样办才能办出特色和水平，集子中已有触及，望能继续讨论，探索并撰文。

华南校友遍布世界各地，征集文稿不易。时间紧迫，此次先出一集，期待着第二、第三集的出版。华南女儿们，尽情续写母校的昨天、今天与辉煌的明天吧！

2013 年 9 月 27 日

下
编

《华南情思——校训精神研讨会文集》序

　　这个集子里所收集的文章，是今年校庆举行的校训"受当施"精神研讨会上华南儿女们所写所说的心声留痕。

　　校庆纪念日，校友们围坐在一起讨论校训，作为纪念母校诞生107周年的开锣戏，这真是太有创意了。百余年来，"受当施"校训精神已成为华南人刻骨铭心的记忆与做人行事的准则。他们心心念念要牢记"受当施"，要践行"自强、开拓、勤朴、奉献"的新时期校训精神的新阐释。所以校友们都感到很欣慰，很乐意借此平台来表达自己心中最想说的话。

　　于是，《华南情思》第二集诞生了。

　　从这一组文章中，人们不难看到作者们对"受当施"校训的感佩与敬畏。他们感恩之情、执着之念溢于言表。为什么？因为女性教育事业太重要了。像老华南王世静院长、新华南余宝笙院长那样的女教育家实在太少了。她们一生都在为培养女性人才，为使更多的女性接受高等教育，培养她们具有健全的人格与牺牲服务之精神而奔走呼号，默默耕耘。她们坚守华南几十年，戴月披星，沐风栉雨，只为实践"受当施"诺言。这样的精神世间少有，使人不能不信"女性是改造世界的温柔力量"这句名言。

　　华南的儿女们不仅深受老一辈师尊这种精神品格的感染，而且决心要追随她们的足迹，立志把华南女子学院办好，为国家为人民做出更大的贡献。他们的誓言已闪耀在自己的文章中，大家请看吧！

2015 年 12 月 1 日

下编

《余宝笙百年画传》序

　　余宝笙院长是福州华南女子文理学院著名的六博士之一（另五位是王世静、陈叔圭、许引明、周贞英、吴芝兰博士），又是福建华南女子职业学院的创校院长。六博士共同创造了昔日华南女院的辉煌历史，而她独自带领着她的一代又一代学生创造了今朝华南女院的灿烂篇章。

　　福州华南女子文理学院是美国教会在中国办的 13 所大学之一，成立于 1908 年。1928 年收回教育主权后由王世静担任首任华人院长。余宝笙 1922 年读完陶淑女中后便考入华南女子文理学院，1924年赴美留学，1928 年回华南学院工作创立化学系，1935 年由华南学院派送赴美攻读博士学位。抗日战争全面爆发后，她赶回已迁至南平的华南学院，与大家同甘共苦，坚持办学。

　　华南女子文理学院的办学宗旨是"使更多女性接受高等教育，培养中华妇女领袖人才"，校训是"受当施"。余宝笙博士终身牢记宗旨，时刻不忘校训。她常说："女性素质的提高是提高国民素质的关键。"因此她愿终身为女性教育默默耕耘，执着奉献。

　　1951 年华南女子文理学院与福建协和大学合并成立福州大学，1953 年省立师专并入后改为福建师范学院，1972 年改称福建师范大学。余宝笙博士继续担任副教务长、化学系主任等职，直到退休。

　　1984 年，改革开放的春风吹拂大地，余宝笙博士埋存心底的种子也发芽了。她以惊人的胆识向省委书记项南提出复办华南学院，英明的领导与热心的校友帮助她实现了梦想。1985 年 10 月 18 日，新华南——福建华南女子职业学院，在烟台山 6.6 亩的土地上正式开学了。她的中国情结与国际视野加上对妇女教育的执着与热爱，使华南女子学院特色突出，效果显著，备受各界的瞩目。《人民日报》《光明日报》等海内外十余种报纸均有报道。1992 年学院代表曾被教育部邀请上北京作《解放思想，大胆探索，华南女子职业学院闯出一条民间办学之路》的报告。

1996 年 9 月 23 日，余宝笙因病逝世，享年 93 岁，华南女院学子们在追悼会上献上挽联："一生奉献祖国教育事业，耆年犹创华南女子学院；四代学子谨遵恩师遗训，旦暮不忘矢志薪火相传。"历史要把她所开创的妇女教育事业延绵不断地继承发展下去。

今年是余宝笙院长逝世 20 周年，对于这位中国教育史和妇女教育史上难得的杰出人物，我们感到很有必要编书立传，以励后人。于是学院理事会成立了编委会，由理事长陈钟英任编委会主任，马秀发、徐碧瑜、张迅捷、苏萌娜、陈尚旺、陈萍、卓燕、林本椿、林晓鸿、郑元绚、黄晓红任编委（以姓氏笔画为序）。

收集在这里的近 300 幅照片展示了余院长一生的奉献与努力，展示了一位杰出的女校长的治校魅力。她是一位具有远见卓识的教育家、科学家，一位既宽厚又严厉的化学老师，一位极刚毅而又柔美的女性。她确实值得人们崇敬与爱戴。尤其是华南女院的儿女们，更应以余院长为楷模，终身学习，特别要学习她博大仁爱的胸怀，牢记她的传世名作《祖国，母亲！》，为我们亲爱的祖国努力工作！

下编

继承光荣传统　提高参政水平

——在福建省民盟成立 60 周年纪念会上的发言

今天我能和大家一起开会庆祝我们福建民盟成立 60 周年，并且让我在这里讲话，我感到十分荣幸，十分高兴。

58 年前我争取加入民盟组织的情景，今天依然历历在目。那时，我是穿着学校的制服——湖色旗袍到中央日报社找吴修平同志的。他给我讲了许多革命的形势与民盟的性质任务等大道理。我记得最核心的一句话是"民盟是共产党的助手"。我听明白了，表示愿意加入民盟。过几个月福州解放了。解放后的第二天，我们在福州鼓东路开元寺内开会，听参加地下斗争和做迎接解放军进城工作的同志们谈各自所做工作的情况，都很激动人心，大家心情都特别振奋，不断地重复说："天亮了，解放了！"但在激动中也有理性的思考。主持会议的同志提醒大家："共产党是领导党，要搞好党盟关系。"这说明当时福建民盟的领导人很清醒，及时地提出民盟组织应注意与共产党合作共事的问题。

以后，我参加仓山区盟小组的活动。在省社会科学研究所，与傅家麟、罗郁聪等同志同组。学习首届政协制定的"共同纲领"和"盟章"等文件，也是明确共产党领导这个首要的问题。

接着来了各种运动。我们这批盟员都在各自单位的党委领导下，积极参加运动，做党的助手。而且听党的话，认真地改造自己。再接着来的便是民主党派帮助党整风、反"右派"运动和"文化大革命"。共产党领导的多党合作的局面被"左"倾错误干扰破坏，损失惨重。

中共十一届三中全会正确评价了民主党派的进步性，科学地界定了新时期民主党派的性质，就是说，现在社会阶级状况已发生根本变化了，"民主党派已成为各自所联系的一部分社会主义劳动者和一部分拥护社会主义的爱国者的政治联盟"，都是在共产党领导下为社会主义服务的政治力量。因此，将1956年提出的"长期共存，互相监督"的8字方针，发展为"长期共存，互相监督，肝胆相照，荣辱与共"的16字方针，明确提出："在中国共产党的领导下，实行多党派合作，这是我国具体历史条件和现实条件所决定的，也是我国政治制度中的一个特点和优点。"

我以为，这是从我国国情出发做出的最英明的决定，这是统一战线事业最彻底的拨乱反正。

1989年中共中央发表了《中共中央关于坚持和完善中国共产党领导的多党合作和政治协商制度的意见》。1993年，全国人大八届一次会议将"中国共产党领导的多党合作和政治协商制度将长期存在和发展"写入了宪法。1997年中共十五大把坚持完善多党合作和政治协商制度列入了党在社会主义初级阶段的基本纲领，明确定为我国的基本政治制度。2000年全国统战工作会议把我国政党制度的特征概括得十分形象，十分明白："共产党领导，多党派合作；共产党执政，多党派参政。"

中共十六大之后，2005年颁布了《关于进一步加强中国共产党领导的多党合作和政治协商制度建设的意见》，对多党合作和政治协商的原则、内容、方式、程序等作了科学规范。

同志们，我之所以要从58年前个人入盟的情况与社会背景的变迁讲起，目的在于说明：我们今天是多么幸福啊！这幸福的确是来

下编

之不易，一定要珍惜。

我们民主党派的任务是参政议政、政治协商、民主监督。费孝通主席用非常生活化的语言来启发我们，这就是"出主意、想办法，做好事，做实事"。他自己是长期不懈地身体力行，而且做得多好啊！

目前，教育改革问题已经到了最紧要的关头。教育是我们民盟传统的关注领域。我们福建省盟员自改革开放以来，在教育参政方面做了不少工作。当前在情况复杂、众说纷纭的现实中，我们最好能够提出有针对性、实效性，又有战略意义和全局意义的建议来，为我国教育改革多出主意，多想办法。只有这样，才能提高我们的参政能力，提高我们参政的质量和水平。

同志们！我们民盟有与中共长期合作、风雨同舟的光荣传统，有负责任、守良知、讲真理的优良传统。我们应该继承和弘扬这个光荣和优良的传统，努力为祖国的各项建设事业做出我们应有的贡献。

2007 年 5 月 25 日

华南之歌（一）

——女子教育最重要

女子教育最重要，民族素质赖提高。

女占小家半边天，主内责任重如山。

家庭主妇教育好，一家老小无烦恼。

母是子女第一师，肩负养育与教育。

女儿尤其恋母亲，喜爱以母为榜样。

民间谚语说得好，选妻要看丈母娘。

华南女院受欢迎，就是因为这道理。

华南之歌（二）

——老姐妹咏叹调

人生到老实堪悲，知交故旧半聋痴。

幸有华南姐妹在，相依相伴奔期颐。

有人说你们恋栈，我们心中自有主张：

当今我们唯一的任务，就是——一生守望华南。

华南之歌（三）
——领导班子新模式

继承华南老传统，五朵金花共主政。

姐妹轮流当院长，精诚团结一条心。

一人当头四辅助，有序轮换共担负。

齐心选准接班人，后备梯队早练成。

一茬一茬相衔接，彼此信任又理解。

华南本是民办校，历史使命共承担。

秉承校训"受当施"，鞠躬尽瘁为华南。

基业长青薪火传，教育史上留美谈。

下编

华 南 颂

——快板词

女子教育最重要，民族素质能提高。

家庭主妇教育好，全家和睦无烦恼。

母亲在家是定力，家庭稳定须靠她。

"有其母必有其女"，女性影响真深远。

民间俗话说得好，选妻先看丈母娘。

华南女院受欢迎，道理就在这里了。

王、余院长办华南，薪火相继代代传。

培养女子意义大，女校备受人敬仰。

编　后　记

　　陈钟英教授因病医治无效，于 2018 年 1 月 14 日与世长辞，享年 92 岁。

　　陈钟英教授 1950 年华南女子文理学院毕业后，一直从事教育工作。她先后在福建师范大学、福建华南女子职业学院工作 60 多年。在此期间，她潜心教学、科研和管理工作，撰写了数十篇文章，包括论文、散文、随笔、评论、讲话稿等，字里行间凝聚着她对文学的热爱和向往，倾注着她对教育的理解和执着，抒发着她对师长的尊敬和爱戴，读后令人感动。出于对陈钟英教授的景仰和怀念，我们将她生前发表或未刊文章汇编成册，以她的笔名晓沧，取名《晓沧斋文存》。

　　本书编辑得到陈钟英教授在福建师范大学任教时的许多学生、同事和好友的大力支持，同时得到其亲属的帮助，谨此致谢！在搜集、整理陈钟英教授的文章时可能有所疏漏，瑕疵在所难免，敬请读者提出宝贵意见。

福建华南女子职业学院

2019 年 3 月 11 日

编后记